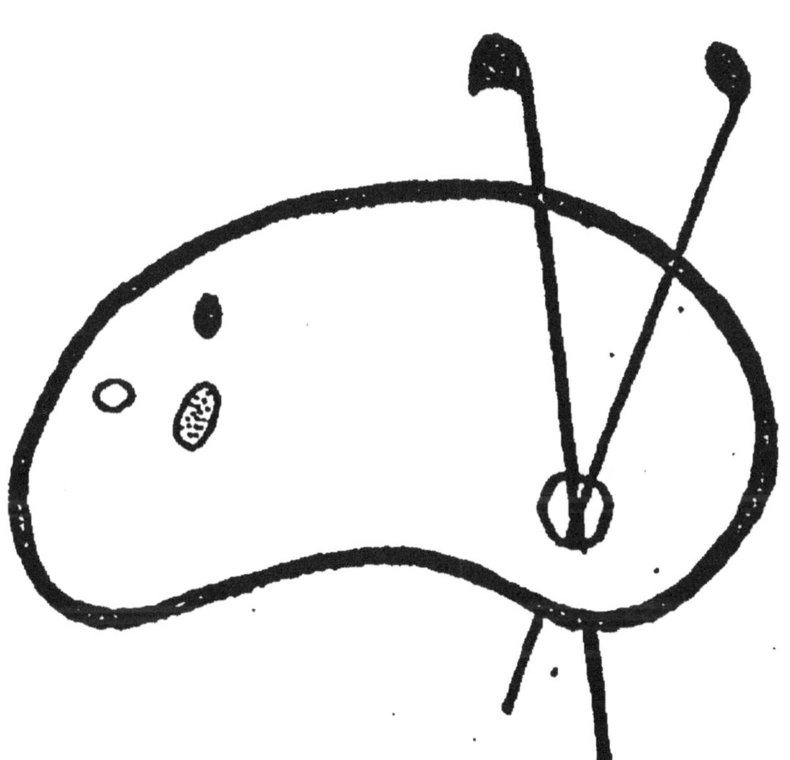

DEBUT D'UNE SERIE DE DOCUMENTS
EN COULEUR

DÉPÔT LÉGAL
Somme
386
1882

ENSEIGNEMENT SUPÉRIEUR LIBRE

UNIVERSITÉ CATHOLIQUE DE PARIS — FACULTÉ DE DROIT

# THÈSE

POUR

# LA LICENCE

PARIS

L. LAROSE, LIBRAIRE-ÉDITEUR

22, RUE SOUFFLOT, 22

—

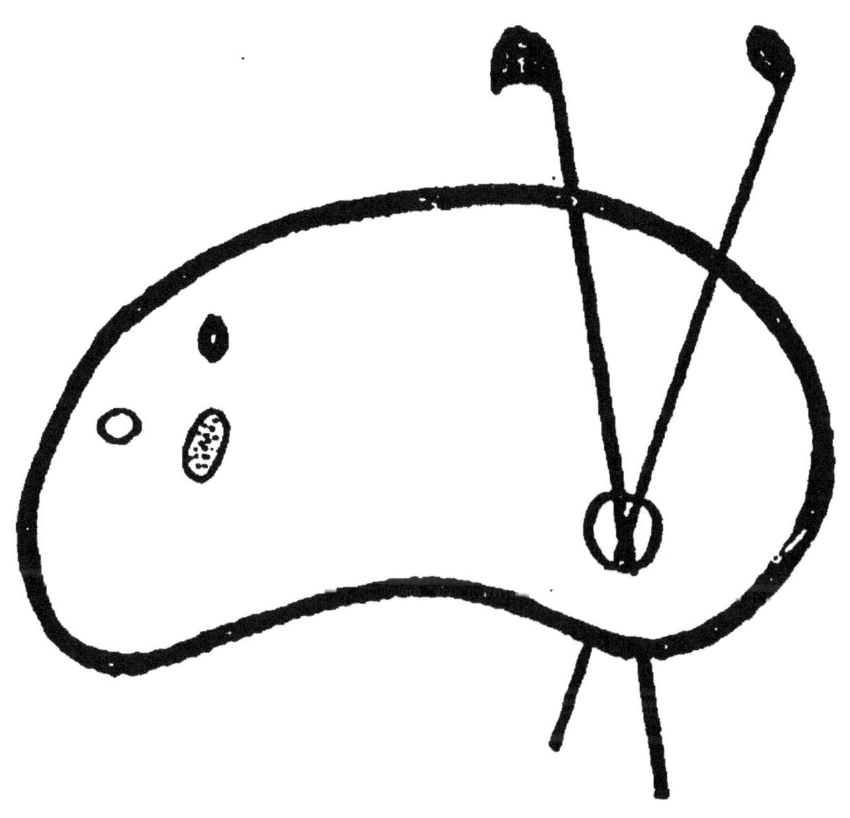

FIN D'UNE SERIE DE DOCUMENTS
EN COULEUR

# A TRAVERS L'AFRIQUE

2372. — Abbeville. — Typ. et stér. Gustave Retaux.

# A TRAVERS L'AFRIQUE

TRADUIT DE L'ANGLAIS

PAR

## Mme LÉONTINE ROUSSEAU

DEUXIÈME ÉDITION

PARIS

C. DILLET, LIBRAIRE-ÉDITEUR

15, RUE DE SÈVRES, 15

1882

# A TRAVERS L'AFRIQUE

## I



Le 30 avril 1860, je m'embarquai à Plymouth en compagnie du capitaine Speke, à bord de *la Torte*, frégate à vapeur de 51 canons de la marine royale d'Angleterre, portant le pavillon de l'amiral Henry Keppel et commandée par le capitaine G. W. Turnone. Peu de personnes, généralement parlant, se soucient d'entendre le récit d'une traversée au Cap, bien qu'un pareil voyage, à bord d'une frégate portant 610 hommes offre une plus grande variété d'événements intéressants que s'il eût été accompli sur un navire à voiles ordinaire.

Les huit premiers jours se passèrent sans accident. Le neuvième, nous descendîmes gaiement à terre dans l'île de Madère, dont les ombrages odorants nous offrirent contre une température de plus en plus élevée un abri d'une délicieuse fraîcheur. Des bals, des pique-niques, des cavalcades, des promenades dans de pittoresques ravins et des parties de crick en formèrent pendant plusieurs jours notre principale occupation. Il y eut à bord un bal d'adieu : des dames, portant d'éclatantes ceintures, sur lesquelles était brodé le nom de notre bon navire *la Torte*, donnaient au pont l'aspect d'une fête du 1er mai. Puis vint le jour de naissance de la reine ; l'amiral le célébra par un somptueux banquet, tandis que des drapeaux de soie décoraient la dunette en gracieux festons. Le passage de la ligne fut dûment solennisé, selon la mode antique des marins, par des douches abondantes et l'emploi efficace de la pompe à vapeur, que maniait la bande joyeuse des aspirants. L'argent de la loterie tirée en l'honneur de notre arrivée à Rio échut à la seule dame que nous avions à bord.

Les navires de guerre brésiliens, français et américains, en rade près de la ville, saluèrent notre entrée dans cette baie splendide, d'une véritable tempête de musique et de coups de canon. Nous fûmes particulièrement frappés, en mettant pied à terre, par les voitures attelées de mules, le teint noir du peuple, l'éblouissant étalage de bijoux et de fleurs artificielles fabriquées avec les plumes éclatantes des oiseaux du pays.

Une promenade en voiture pour visiter un jardin botanique, l'avenue des bétels et les forêts avoisinantes ne firent qu'augmenter l'intérêt que nous inspirait Rio. Comme le choléra sévissait dans la ville, plusieurs d'entre nous prirent le bateau à vapeur jusqu'à l'entrée de la baie, laissant derrière nous, dans notre course précipitée, de nombreux îlots au riche feuillage. De là, un trajet de quarante milles, en chemin de fer, nous conduisit, à travers des forêts et des marécages, jusqu'au pied des montagnes. Nous gravîmes celles-ci dans des voitures qui ressemblent assez à nos omnibus, tirées par des mules. En route, nous rencontrâmes de beaux spécimens de ces animaux chargés de marchandises pour l'intérieur.

Le voyage était des plus intéressants ; la route, en se

contournant comme celle du Simplon, nous dévoilait à chaque instant de nouvelles beautés. Des fougères arborescentes, des papayers, des orchidées de toutes couleurs, tapissaient le versant de la montagne. Vers la chute du jour, nous atteignîmes Pétropolis, séjour favori de ceux qui cherchent un refuge contre les chaleurs et les épidémies. Nous y passâmes deux ou trois jours, admirant les beautés de la nature et respirant un air frais et fortifiant.

Nous nous rembarquâmes à Rio. Le lendemain de notre départ, le cri de « Un homme à la mer » mit tout en émoi à bord. Aussitôt on lança la bouée de sauvetage, on mit un canot à la mer. Nous vîmes le pauvre diable saisir la bouée, se débattre et disparaître. Néanmoins on réussit à le sauver et le navire reprit sa marche : le tout se passa en moins de temps qu'il ne m'en faut pour le raconter. Le héros de cet incident se vit, par surcroît de malheur, privé de sa ration de grog, pour s'être trouvé au moment du sinistre dans un état prohibé. La nuit du 22 juin, des ordres donnés à la hâte, un trouble insolite sur le pont, des pas précipités indiquèrent une tempête ; le sommeil devint impossible. Seize heures après, la mer s'agitait encore dans un courroux majestueux, le navire filait onze nœuds, lorsque le cri de « un homme à la mer » se fit entendre de nouveau.

Tout le monde fut à l'instant à son poste ; et telle était la discipline qu'au premier cri d'alarme jusqu'au moment où on descendit le canot, il s'écoula seulement deux minutes. On voit l'homme s'accrocher à la bouée, l'obscurité le fait perdre de vue, le canot même disparaît et l'inquiétude devient générale ; mais un bruit de rames soudain retentit ; chacun retient sa respiration pour mieux écouter jusqu'à ce que les mots si simples « *All Right* [1] » viennent répandre la

___
[1] Tout va bien.

joie dans tous les cœurs. Le vaillant loup de mer, cause de tout le trouble, ramait même comme les autres. A la hauteur du Cap, et pendant la nuit, il nous fallut encore essuyer une tempête ; et bien que la mer, déferlant sur le pont avec furie, nous enlevât quatre canots, qu'elle brisât la vergue, que l'eau se répandît en cascades dans les cabines, notre belle frégate se comporta admirablement, et le lendemain, 4 juillet, nous mouillâmes dans la baie de Simon.

Sir Georges Grey, gouverneur de la colonie du cap de Bonne-Espérance et que *la Torte* transportait au siége de son gouvernement, se montra très bienveillant et favorisa notre expédition de tout son pouvoir. Par son influence, le Parlement du Cap nous accorda 700 livres sterling pour acheter douze mulets qui devaient porter nos bagages. Deux honorables membres, qui représentaient la minorité, déclarèrent au moment du vote qu'ils éprouvaient une suprême indifférence pour la topographie des sources du Nil ; tout le monde ne savait-il pas qu'elles se trouvaient au sud de l'Équateur !

En vérité, c'était d'une assez bonne force ! Il n'y eut pas la moindre opposition dans la garde du gouverneur lorsqu'on fit appel à des volontaires pour traverser l'Afrique. Tous s'offrirent ; nous choisîmes dix d'entre eux, un brigadier et neuf soldats des carabiniers montés du Cap. Le 16 juillet, deux superbes attelages s'arrêtèrent devant la maison de l'amiral, à la baie de Simon, où nous nous trouvions alors. C'étaient nos dix volontaires qui nous arrivaient ainsi en voitures découvertes. Quelques soldats de marine de *la Torte* semblaient envier le sort de ces derniers et nous eussent volontiers suivis.

M. Wilkinson voulut bien se charger de veiller à l'embarquement de nos matelots indociles. Enfin, ayant pris congé de tous les officiers de la frégate, nous partîmes la même nuit pour Zanzibar, à bord du *Brisk*, bâtiment à vapeur de 16 canons, de la marine royale, et commandé par le capitaine Horsay. Sir Henry Keppel, en tournée d'inspection, se trouvait également à bord avec son état-major. La première nuit fut des plus désagréables. Une séparation provisoire nous renfermait dans un espace de dix pieds de long et d'autant de large ; le tangage du navire faisait entre-choquer les cadres directement au dessus de nos têtes, et durant toute la nuit criaient et piétinaient cinq ou six mulets épouvantés. Toutefois, l'affabilité des officiers du bord nous fit vite oublier ces petites misères. Chaque matin, un matelot nommé Long, qui prétendait se connaître en mulets, parce que, disait-il, sa mère en possédait deux, venait faire son rapport et nous annoncer que ces intéressants animaux étaient pleins de vie, information superflue pour nous qui, toute la nuit, entendions leur sabbat infernal. Souvent, dans l'après-midi, l'on profitait d'un temps favorable pour promener les mulets sur le pont et donner aux élèves le plaisir de ce petit spectacle. Le dimanche, à l'appel de l'équipage, on entendait quelques noms étranges : par exemple, de trois Kroomans l'un s'intitulait : « le roi Lear » ; l'autre, « Sodawater » ; et un troisième, « Prince de Galles », tandis que mon domestique répondait au nom de « Avril ». Celui ci était d'un noir intense et appartenait aux Tots (Hottentots). Ses premiers essais dans les fonctions de valet de chambre nous amusèrent à l'infini. Je ne possédais pas de taies d'oreiller à bord ; *Avril* crut devoir y suppléer dès la première nuit, en adaptant à cet usage un sac vide, destiné au linge sale, invention ingénieuse, mais d'une propreté douteuse. Durant notre séjour à la baie d'Algoa, Avril imagina de descendre à terre dans le plus singulier des costumes : il portait un habit de chasse en velours vert, des culottes de jockey, un bonnet de police ; c'était une tenue de vrai gentleman. Bien qu'il eût la peau beaucoup plus noire que celle des indigènes, il était probablement issu de la même souche, et cependant il prétendait ne pas comprendre un seul mot de leur langage. Ces hommes d'Algoa s'offraient à moi comme les premiers véritables Africains que j'eusse vus : minces, élancés, horriblement laids, le regard farouche et avide, mais ne manquant pas d'intelligence ; ils mangeaient et buvaient avec voracité n'importe quoi et se disputaient entre eux nos bouts de cigares. Quel contraste avec le timide Hindou ! Je remarquai qu'ils gardaient des porcs, près de leurs cabanes, chose qui ne se voit jamais près d'un village indien : c'était une race noire au groin court, d'assez bonne apparence.

Deux navires montés par des Indiens étaient dans le port ; « le prince de Galles » et d'autres hommes encore de notre équipage, qui avaient été à bord, déclarèrent que c'étaient des négriers ; mais le gouverneur portugais nous affirma qu'aucun négrier n'était venu à Algoa depuis un an, époque qui coïncidait avec la dernière visite d'un navire de guerre anglais. Cependant nos soupçons persistèrent, car les maisons à toiture plate du bazar semblaient être destinées à renfermer des esclaves.

Dans la nuit du 1ᵉʳ août, l'amiral permit à tout le monde de visiter un îlot de corail inhabité, appelé Europe. Il fut le premier à renverser sur le dos une énorme tortue ; ensuite il s'assit sur elle dans l'eau peu profonde à cet endroit, pendant qu'un élève de marine, O'Konkr, allait chercher du renfort. La bête eût été assez vigoureuse pour emporter son cavalier vers la haute mer ; elle s'aidait de ses deux pattes qui ne respectaient guère les jambes de l'amiral.

L'issue de la lutte resta indécise pendant une heure et demie ; l'arrivée de quelques matelots y mit fin. On hala la
tortue à terre ; elle pesait 360 livres. Les oiseaux qui
avaient établi leur demeure dans l'îlot, soupçonnaient si
peu le danger qu'ils se laissaient assommer à coups de
pierre et de bâton. On ramena à bord quatre tortues vi-
vantes ; elles couchaient sur le pont, retournées sur le dos,
et lorsque le navire était à l'ancre, on les descendait à la
mer au moyen d'une corde. Elles plongeaient à l'arrière et
remontaient à la surface toutes les demi-minutes pour prendre haleine. Le boucher, en tuant l'une d'elles, au moyen
d'une incision au cou, observa que leur sang épais et noir
semblait moins chaud que celui du mouton ; il partageait
aussi l'opinion vulgaire, selon laquelle les tortues ne meurent qu'au soleil couchant.

Le 7 août, nous mouillâmes près de la jetée de Mozambique, où il y avait eu des bancs de corail. Speke et moi
nous pûmes nous entretenir dans l'idiome de leur pays avec
deux fabricants indiens qui vivaient là loin de leurs femmes
et de leurs familles. Nous vîmes dans un magasin destiné
aux provisions de la marine un spectacle très-intéressant :
derrière l'établissement, se trouvait une école de couture
pour les jeunes nègres des deux sexes ; une maîtresse d'un
beau noir y présidait ; garçons et filles étaient rangés en
bon ordre, selon la mode des quakers, en deux longues
files, et travaillaient avec ardeur à la confection de chemises. Plus loin et dans un endroit moins propre, des
femmes écrasaient sous une meule le froment que d'autres
passaient au crible. L'une d'elles, belle fille à la mine
éveillée, portait suspendu à travers sa lèvre supérieure un
large bouton de bois, qu'elle faisait adroitement disparaître
dans sa bouche, soit pour provoquer le rire, soit pour solli-

citer quelques pièces d'argent. Les gens employés à la cuisine et dans la cour semblaient appartenir à une classe inférieure, et deux garçons, mendiants importuns, portaient aux chevilles une tige de fer. C'était sans doute une acquisition de trop fraîche date pour qu'on ne prît pas vis-à-vis d'eux quelques mesures de précaution. Nous fûmes vivement impressionnés de voir un métis portugais frapper brutalement et sur la poitrine une pauvre femme, son esclave, pour être sortie sans permission. Ce sont là les moindres vicissitudes de la vie d'un esclave, et la soumission la plus complète ne lui assure pas toujours de bons traitements.

Les troupes portugaises au fort Sébastien ont dans leurs rangs des hommes originaires de l'Hindoustan, et ceux-ci ne manquent jamais, à la retraite du soir, de saluer le soleil couchant en ôtant leur bonnet. Le retour de cet astre brillant, me dit un factionnaire, est célébré de même.

Le gouverneur vint dîner avec l'amiral, il était en habit bourgeois et portait un grand crachat. Son équipage, composé de dix nègres, l'attendait dans la chaloupe pendant le repas. Ceux-ci avaient l'uniforme de la marine anglaise et, chose bizarre, leur coiffure se composait du bonnet noir avec la houppe des montagnards.

Le 10 août, on captura un négrier appelé *Sunny-South* ou *Manetta* ; il y avait à bord 500 esclaves et parmi eux 75 femmes. La plume se refuse à décrire un pareil tableau. Ces malheureux, épuisés par la faim, la maladie, gisaient pêle-mêle, complétement nus ; cependant le capitaine et l'équipage ne devaient manquer de rien, à en juger par le jambon et les viandes fumées que Long, le gardien des mules, rapporta du navire où nous l'avions envoyé. L'équipage fut conduit à bord du *Brisk*, pour être inspecté par l'amiral. Tous s'y prêtèrent de bonne grâce à l'exception de deux ou trois individus dont l'humeur rétive rendit nécessaire la poigne solide des soldats de marine. Le sergent d'armes les rangea sur une file et prit note de leurs noms; puis on les laissa se disperser à leur gré sur notre navire. Il suffit de quelques jours pour leur faire prendre part aux travaux des autres matelots. Le négrier, bâtiment nouvellement construit et marcheur de première force, fut envoyé à Maurice; 105 de ces pauvres créatures affamées périrent durant le trajet, et le navire même se perdit plus tard dans les parages où il avait été capturé.

Nous restâmes quatre jours à l'île de Johanne pour embarquer du charbon. Il n'y a pas sous les tropiques un séjour plus enchanteur pour quiconque aime à se promener le long des clairs ruisseaux, bordés par une flore d'une singulière richesse. Cependant son hâvre, simple lagune de corail, offre beaucoup de danger.

Le 17 août, nous vîmes Zanzibar et quatre îlots de peu d'importance; ceux-ci reposaient sur l'eau, semblables à d'énormes arches à poupe et à proue élevées. L'île elle-même paraît très enfoncée. La ville, dont les constructions à toiture basse et en forme de magasin s'étendent sur le rivage pendant un quart de mille, n'offre rien d'imposant; les drapeaux de quatre consulats et quelques tourelles d'un fort sont les seuls objets qui attirent le regard. Mais la baie est admirable, et nous jetâmes l'ancre près de la terre dans un fond de sept brasses. C'était le cent-huitième jour de notre départ d'Angleterre.

Ce fut à Mozambique que nous eûmes à subir la plus grande chaleur; par 16° de lat. austr., la température du 7 août était de 78° Fahrenheit à l'ombre; le 22 juin cependant, après une tempête qui avait sévi pendant la nuit par

37⁰ lat. austr. et 22⁰ longit. est, elle ne s'était élevée qu'à
46⁰ Fahrenheit. Le temps s'écoulait gaiement pendant ces
deux voyages : nous nous exercions au tir; nous jouions
au whist; trois beaux chiens, Tawney, Opium et Lumpus
animaient le navire de leurs gambades. On dessinait, on
faisait des photographies, on préparait des herbiers sans
manquer un jour de s'instruire dans l'art de faire des observations.


## II


Zanzibar. — Le marché aux esclaves. — Climat et produits de
l'île. — Commerce et navigation. — Exécution de deux assassins. — Départ pour le continent de l'Afrique.


En jetant l'ancre à Zanzibar, le *Brisk* fut salué par des
salves tirées à bord des navires de guerre qui se trouvaient
dans le port, dont l'un appartenait à la marine française, et
l'autre, *Lyra*, à celle de notre pays; le reste composait la
flotte du sultan.

Le lendemain, à huit heures, l'amiral reçut d'une des
frégates du sultan un salut spécial; pareil honneur lui
fut rendu lorsqu'il descendit à terre pour assister à une audience. Nos vaisseaux répondirent à chaque coup de canon.

Le colonel Rigby, de l'armée du Bengal et consul de Sa
Majesté Britannique, nous prodigua pendant les dix-neuf
jours de notre passage, une hospitalité vraiment indienne
et contribua puissamment à faciliter notre départ. Possédant
six langues, il servit d'interprète à l'audience ou *Durbar*
pendant laquelle le sultan se montra plein d'affabilité envers nous tous.

Quoique les rues de Zanzibar soient trop étroites pour laisser passer une voiture et que l'eau soit peu abondante dans l'île, tout paraissait tenu avec beaucoup de propreté. Les boutiquiers, presque tous indiens, se levaient sur notre passage et se montraient même désagréablement respectueux. Le bazar est amplement pourvu de légumes, de fruits et de poisson sec; peu de viande de boucherie, mais les débits de boissons abondent. L'eau se vend; la meilleure vient d'une source chaude, qui se trouve à la distance de 1 mille; elle sort d'un rocher, et son degré de température la rend peu agréable au goût. Les hommes du marché colportent leurs marchandises d'une singulière façon: chèvres, portes sculptées, lits, couteaux, armes, etc., tout est promené de long en large et les prix se crient à haute voix.

Le marché de denrée humaine forme un espace triangulaire, entouré de misérables cabanes couvertes de feuilles de cocotier. Les esclaves, — hommes et femmes nègres, originaires de l'intérieur de l'Afrique, — sont gardés, lorsqu'on les exhibe, par des hommes armés de sabres. Plusieurs de ces malheureux sont assis en groupes au marché; ils paraissent très propres, bien vêtus et bien nourris, mais le regard humblement suppliant qu'ils vous jettent semble dire : « Arrachez-moi à ce joug funeste. »

C'est un spectacle frappant d'intérêt, en dépit de ce qu'il a d'humiliant, que de voir un de ces bâtiments de Zanzibar, gréé en felouque, arriver d'Ibo sur le continent avec un chargement d'esclaves nus. Un silence de mort règne parmi eux. Les propriétaires, en habits de fête, se tiennent à l'arrière; l'un d'eux, comme pour défier le consulat britannique, hisse le drapeau du pays en passant devant l'île. Le prix des esclaves était tombé, en 1860, à 3 livres sterling, et beaucoup d'Arabes se seraient contentés de moins, car le colonel Higby avait donné la liberté à environ quarante mille de ces malheureux. Ceux-ci, installés dans un des quartiers de la ville, gagnaient leur vie en vendant de l'eau et divers produits du pays.

Le sultan nous offrit gracieusement ses chevaux de selle, tous d'origine arabe. Le groom du consul me fit voir le haras : il se composait de quarante bêtes. Elles occupaient sur deux lignes un long hangar et étaient tellement serrées les unes contre les autres, qu'elles ne pouvaient se coucher. Des entraves leur permettaient à peine de lever les pieds ; quelques-unes de ces pauvres bêtes portaient la queue rasée jusqu'à l'os ; chez d'autres, elle était coupée avec des ciseaux. Il n'y avait pas un seul cheval en bon état; maigres, galeux, ils présentaient le plus triste aspect ; l'un d'eux paraissait tellement réduit à l'état de squelette que je m'approchai pour voir s'il respirait encore. Certes, le spectacle était moins lugubre le matin, lorsque les juments se trouvaient au piquet dans la cour, mangeant leur ration de grain dans un sac lié à leur tête ; d'autres animaux domestiques complétaient le tableau, et l'on eût pu facilement se croire dans une ferme de notre pays.

Le climat de Zanzibar exerce, à cause de la grande humidité de l'air, une action affaiblissante. La pluie y tombe en averses, en cataractes ou en grains comme en mer ; pendant les intervalles, toute fatigue est accompagnée d'une profonde transpiration et d'une lassitude extrême.

Je dirai ici que le 13 septembre, nous fîmes camper nos carabiniers à cheval du Cap sur un terrain élevé, près d'un étang, derrière la ville ; ils y passèrent dix jours. Le 28, sur le continent de l'Afrique, trois de ces Tots furent pris par la fièvre, deux autres la gagnèrent également, et à la fin de la journée, pas un seul d'exempt. Speke et moi ne couchions pas dans ce camp, aussi notre santé ne fut pas compromise. Le colonel Higby nous cita le même cas chez des hommes d'Assayr. Vingt-six sur soixante couchaient dans l'intérieur des terres et furent saisis par la fièvre ; ceux d'entre eux qui avaient pris de la quinine se guérirent, tandis que les autres moururent. Il s'en suivrait qu'il y a pour certains tempéraments, du danger à dormir à l'intérieur, loin de la brise de mer ; cependant je ne crois pas qu'on coure le moindre risque sur les hauteurs de l'île, où le sol se compose d'un grès rouge ou d'une argile très friable ; mais le manque d'eau présente dans ces parages un grand inconvénient ; je n'en pus trouver une goutte dans un puits de quarante pieds de profondeur.

Je conseillerais le régime suivant à quiconque voudrait conserver la santé : demeurer près de la mer, sortir en bateau dès le lever du soleil et ramer jusqu'à l'endroit où le corail commence à se former ; puis revenir à pied le long des haies parfumées, à travers les ravissantes plantations de girofliers et de mangoustans ; savourer le lait rafraîchissant de noix de coco ; admirer les industrieux travailleurs des champs, les demeures confortables des Arabes ; assister à la récolte du copal, regarder les hommes laver à la mer les défenses d'éléphant ; bref enfin, être constamment en activité, et on trouvera, j'en suis sûr, qu'il y a des climats pires que celui de Zanzibar.

L'île produit annuellement deux récoltes de blé et quatre de manioc ; cette dernière substance compose, avec la chair desséchée du requin, la principale nourriture des indigènes ; ils la réduisent en farine et l'apprêtent de mille manières. On n'a qu'à suivre le matin une des routes conduisant à la ville pour se rendre compte de l'étonnante fertilité de l'île. Des nègres des deux sexes, chargés de mangoustes, d'oranges, de bananes, de cannes à sucre, d'herbes, de noix de coco, de manioc, d'ignames, de patates douces, de blé de Turquie, de noix de terre, etc., se rendent au marché en longues files. Le retour de cette foule est par contre excessivement plaisant : sauf un bâton qu'ils portent sur l'épaule et d'où pend une branche de vieux poisson, nul ne porte rien. On est tenté, au sein de tant d'abondance, de prendre en pitié leur dénûment.

On cultive encore aux environs le coton, les girofliers, le bajra [1], le sorgho, le tabac, le café, le sésame, la muscade, le poivre rouge, la noix de bétel et la noix de cachou, l'amande, la grenade, le ricin et le papayer.

Le mangoustan qu'on rencontre à chaque pas, donne un épais ombrage et atteint une plus grande hauteur que l'espèce cultivée aux Indes ; il porte par an deux récoltes d'un fruit filandreux ; l'île de Pemba fournit toutefois de meilleures espèces.

Le giroflier se plante en rangées à vingt pieds de distance ; et après avoir grandi jusqu'à trente pieds, il semble dépérir sous l'effet des fourmis. Les clous ont énormément perdu de leur valeur ; ce qu'on payait il y a douze ans vingt-cinq dollars, s'obtient maintenant pour un dollar ; en conséquence, les cultivateurs ne remplacent pas les arbres morts. Des hommes, montés sur des échelles à trépieds faisaient le 6 septembre la récolte de cette épice.

Le coco est très rare, et pourtant le cocotier est l'arbre le plus commun du pays ; la coque sert de bois de chauffage et les feuilles rangées en couronne au sommet de l'arbre, fournissent une excellente salade. Les Arabes permettent à leurs esclaves de cultiver le manioc ou *mohoga*, au pied des

[1] Espèce de blé indigène.

cocotiers, en paiement de leurs travaux pendant la cueillette des mangoustes, des clous de girofle, etc. Le développement de la noix de terre est très intéressant. La plante, qui porte des fleurs jaunes et des feuilles semblables au trèfle, rampe à terre. Lorsqu'elle se fane, l'écorce s'enfonce dans le sol et y mûrit. Le caféier, ainsi que la canne à sucre, présente une admirable végétation ; le grenadier paraît moins bien réussir. Le ricin marque souvent les limites d'une ferme.

De maigres chameaux mettent en mouvement les moulins à huile. Le bétail ne réussit pas à Zanzibar ; cependant l'île voisine de Pemba en possède une petite race. On trouve peu de viande de boucherie et le peuple est condamné à vivre d'herbes et de légumes. Les chèvres qu'on engraisse à l'étable acquièrent un gros volume, et les Arabes sont très friands de leur chair.

Le commerce s'est considérablement développé ; à l'exception de trente à quarante navires de Bombay, de Mascate et de trois ou quatre venant d'Europe et d'Amérique, tout est transporté par les grands bâtiments indigènes. Il y a pour les négociants une Bourse, si toutefois on peut appeler ainsi l'espèce de bâtiment où se tiennent leurs réunions. Des êtres humains, l'argent, l'ivoire, le copal, les clous de girofle, le riz, les perles et des marchandises venant de tous les points du globe y sont l'objet de nombreuses transactions. La dent d'éléphant la plus grande que nous vîmes à Zanzibar pesait 165 livres et demie ; elle mesurait 8 pieds 7 pouces et demi de longueur ; sa plus grande circonférence était de 1 pied 11 pouces. Elle était de l'ivoire le plus pur, à teinte azurée et appartenait à M. Webb, consul des États-Unis. Celui-ci possédait également une énorme défense d'hippopotame, mesurant 9 pouces à sa plus grande circonférence et faisant, comme la corne du bélier des Higlands, un tour et demi sur elle-même. Le prix de l'ivoire augmente en proportion avec la grosseur de la dent ; l'écaille de tortue valait 16 shillings la livre ; il n'y a pas pour l'ivoire d'hippopotame une seule demande d'Europe.

Notre séjour à Zanzibar fut marqué par plusieurs événements importants. Le *Brisk* eut connaissance d'un négrier, croisant dans ces parages, mais il ne réussit pas à le rencontrer ; le sultan pria Speke de prendre un de ses navires de guerre pour le poursuivre ou pour en rechercher un autre jusqu'à Panganée. Cette poursuite resta également sans résultat, et comme nous étions impatients de retourner à nos préparatifs de départ, nous quittâmes en mer la corvette du sultan, et montés sur une chaloupe portant dix rames, nous fîmes route à dix heures du matin pour Zanzibar, dont nous étions éloignés de 40 milles. Nous marchâmes à la rame jusqu'à cinq heures du soir ; et comme le courant semblait nous porter vers l'Océan Indien, nous débarquâmes pour la nuit sur un îlot de corail.

Notre brave équipage nègre, le même qui plus tard prit part à notre expédition, se remit de nouveau à l'œuvre dès quatre heures du matin, et le jour même, à huit heures du soir, nous étions de retour. Nos rameurs accomplirent cet exploit sans un seul murmure, chantant la plupart du temps, bien qu'ils n'eussent eu d'autre nourriture, pendant deux jours, que quelques biscuits, des sucreries et des oranges. Cependant, lorsque cette race africaine erre libre et sans frein dans les déserts de son pays, elle n'hésite pas devant un meurtre ; nous en eûmes un exemple.

Le docteur Roscher, un Allemand, fut assassiné en 1859, pendant qu'il explorait le lac Nyanza, par des indigènes qui convoitaient un de ses instruments scientifiques. Le sultan, justement indigné, envoya quatre des coupables à Zanzibar pour être jugés. Deux d'entre eux furent condamnés comme coupables et décapités le 23 avril. J'assistai à l'exécution en compagnie du *surrung* ou maître d'équipage du consulat : il servait à me frayer un passage à travers la foule.

Je trouvai les condamnés accroupis dans le plus grand calme à l'intérieur du fort ; ils ne portaient qu'un *pagne* et avaient la liberté de leurs membres ; quelques soldats les gardaient sans prendre beaucoup de précautions. L'ordre de procéder à l'exécution n'étant pas arrivé, il y eut un retard considérable ; un des prisonniers en profita pour m'assurer qu'il avait commis le crime sans en avoir eu au moment même la moindre conscience !

Enfin un employé de la prison arriva, m'annonçant que le sultan me priait de donner les ordres nécessaires pour l'exécution, honneur inattendu, dont j'avertis immédiatement le colonel Higby. Celui-ci connaissait l'irrésolution et la timidité du sultan, il fut d'avis que la sentence ayant été rendue depuis plusieurs semaines, il ne fallait pas d'autres ordres. En revenant au lieu du supplice, nous trouvâmes la foule considérablement augmentée.

Un Arabe me demanda hardiment pourquoi deux hommes devaient mourir pour un blanc.

Sur mon observation qu'il y aurait de la charité à ne pas retarder l'exécution, puisque les coupables n'avaient pas de grâce à espérer et que la chaleur augmentait à chaque minute d'intensité, on me répondit que des animaux de cette espèce n'éprouvaient aucune sensation. Cependant, l'ordre n'arrivant pas, on s'adressa de nouveau au sultan. Cinq ou six Arabes, vêtus de beaux habits, brandissant leur sabre et leur bouclier, firent en ce moment une trouée dans la foule. Je crus à une délivrance à main armée, mais les prétendus assaillants cherchaient seulement à voir de plus près les patients. Un des gardes avec qui je causais me prit alors par le bras, et suivis d'un tambour assourdissant, des prisonniers et du peuple, nous nous avançâmes vers un espace libre où ruminaient quelques vaches. On fit asseoir sur l'herbe les deux malheureux, après leur avoir lié les bras. Ceux-ci continuaient à s'entretenir tranquillement, tandis que la foule se livrait à mille plaisanteries. Nouveau délai, car l'ordre final n'arrivait pas. On me demanda s'il fallait commencer; sur ma réponse affirmative, l'exécuteur s'avança, tira son glaive, le fit tournoyer dans sa main, retroussa ses manches et se dépouilla de sa chaussure. Une multitude innombrable, retenant sa respiration, suivait ces préparatifs avec une curiosité fiévreuse. L'exécuteur était de petite taille et convenablement vêtu. Les prisonniers se tenaient assis à trois mètres de distance l'un de l'autre. On ordonna au premier de baisser la tête, il suffit d'un seul coup pour la lui trancher jusqu'aux vertèbres. Le malheureux tomba en avant et resta couché la joue droite baignée dans son propre sang; il respirait encore et n'avait pas jeté le moindre cri.

Le bourreau, après avoir essuyé le glaive au pagne du mourant, en examina tranquillement le tranchant. L'autre victime avait tout vu, sans dire un mot, sans faire un geste. L'horrible scène se renouvela, mais cette fois le patient retomba sans vie sur le sol. Tous deux semblaient dormir, les vaches ruminaient toujours et quelques poules vinrent se percher sur les corps palpitants.

Je quittai ces lieux, espérant ne plus jamais assister à un pareil spectacle ; cependant je me disais avec satisfaction que la sentence avait été justement prononcée et que sans moi elle n'eût pas été exécutée, grâce à la timidité efféminée du sultan de Zanzibar. On mena les deux complices voir les cadavres ; chacun avait au cou un gros morceau de bois ; puis ils furent mis en liberté.

Le sultan voulut bien nous donner sa corvette, la *Secundra-Shah*, commandée par le capitaine Mohammed Carnese, pour faire la traversée jusqu'au continent d'Afrique, qui se trouvait à quarante milles. Nous mîmes à la voile le 25 septembre. Le vent était contraire, les bancs de sable abondaient, et, après avoir perdu la grande voile, malgré les jurons énergiques du commandant, — tous, chose bizarre, prononcés en bon anglais, — nous revînmes jeter l'ancre pour la nuit près de l'endroit d'où nous étions partis. Le commodore arabe, homme plein de distinction, vint à bord pour s'informer de la cause de notre retour. Il ne nous quitta pas et nous accompagna le lendemain de bonne heure jusqu'à l'île de Choomba. Une chaloupe le ramena à Zanzibar. La traversée au port de Bayomayo se fit en dix heures ; il nous fallut faire en canot les trois derniers milles, à cause du peu de profondeur de l'eau. Près du rivage, deux vigoureux gaillards vinrent à nous en bondissant à travers les vagues. M'enlever du canot et me porter *nolens volens*, sur leurs épaules jusqu'à la terre ferme, fut l'affaire de quelques instants. C'étaient nos propres *Séédés*[1] ; ils nous firent un chaleureux accueil. Le sheikh, leur chef arabe, ayant déclaré tout en ordre, nous essayâmes de commencer notre marche le 7 octobre ; mais le méchant bazar, dont toutes les marchandises réunies : pierres à fusil, poisson, riz, grog, accordéons, ne valaient pas dix livres sterling, exerça sur nos hommes une puissante attraction et

---

[1] Nom générique des nègres.

nous ne pûmes nous mettre en route que le lendemain, après avoir vidé une bouteille de champagne au succès de l'expédition et vu notre digne hôte, le colonel Higby, se rembarquer pour Zanzibar.


# III

Voyage à Kazeh, à 500 milles dans l'intérieur. — Notre escorte. — Accidents de la route. — Traversée de la Chaîne orientale. — Climat et maladies de Kazeh. — L'agriculture et ses produits. — Animaux sauvages, oiseaux et poissons. — Les quatre races indigènes de Ouzaramo, Ouzagara et Ounyamnesy.


Le 2 octobre 1860, nous partîmes de Bayomayo, sur la côte orientale de l'Afrique, pour Kazeh, situé à 500 milles dans l'intérieur, 5° lat. austr. L'expédition se composait ainsi :

Le capitaine Speke, commandant en chef.

Le capitaine Grant, commandant en second.

Un brigadier des carabiniers du Cap, un boucher et dix soldats, savoir :

William, trompette et cuisinier.

Middleton, domestique de Speke.

Avril, domestique de Grant, caissier, etc.

Lemon, pour tout faire.

Reyters, joueur de violon.

Peters.

Arries.

Jansen.

Jacob Adams.

Saïd-ben-Salem, commandant indigène.
Bombay, interprète et factotum.
Baraka, d° et chef des hommes de Zanzibar.
Rahan, interprète,
Frig, d°
Ulédi, valet,
Mabrook, ânier,
Trois ou quatre femmes.
} porteurs de carabines.

Soixante quatre Séedés,
Cent quinze porteurs de l'intérieur.
Onze mulets pour nos munitions.
} portant nos bagages et nos marchandises.

Cinq ânes pour les malades.

Vingt-cinq soldats Belooch nous accompagnèrent pendant les treize premiers relais. Voici la liste des accidents du voyage : le soldat Peters mourut, cinq de ses camarades furent renvoyés malades, trente Séedés désertèrent, un autre fut congédié, onze valets et deux ânes succombèrent. quinze chèvres sur vingt furent volées et le chef indigène, le sheikh, fut mis hors de combat.

Le capitaine Speke [1] a si bien décrit nos marches de tous les jours, que je n'y reviendrai pas. Je ne mentionnerai que quelques incidents se rapportant à notre manière de vivre et pouvant servir à faire connaître la faune du pays. Il nous fallut les mois d'octobre, de novembre, de décembre et vingt-cinq jours de janvier pour parcourir cette distance de 500 milles. Nous eûmes à lutter contre les caprices de nos serviteurs, les difficultés de la route et la fuite des porteurs.

Le pays n'ayant ni chemins frayés, ni bêtes de somme, nos effets furent partagés en charges de cinquante à soixante

---

[1] Voyage aux sources du Nil.

livres, et pendant toute une journée nos hommes s'exer-
cèrent chacun à porter son fardeau. Leur chef, que distinguait une coiffure de plumes d'autruche passées à travers
un morceau de flanelle écarlate, voyant tout prêt, se mit à
leur tête et les conduisit avec beaucoup de dignité. Ils marchaient à la file l'un de l'autre et ne faisaient pas plus de
trois milles et demi par heure. Si le chef déposait sa charge
pour se reposer un instant, tous ces nègres à cheveux cré-
pus, sans autre vêtement qu'un léger pagne en peau de
bique, imitaient son exemple, et pour se restaurer fumaient,
prisaient et mangeaient. Les danses, les chants en chœur,
se succédaient. La durée de la marche provoquait ordinairement de longues discussions ; les prétextes pour s'arrêter
ne faisaient pas défaut, et la probabilité de ne pas rencontrer d'eau plus loin formait l'argument le plus usité. Lorsque
les charges étaient mises en pile et le camp formé, chacun
s'inquiétait de recevoir ses gages journaliers, soit un morceau de toile, soit un collier de verroterie ; pendant ce
temps, nous nous retirions sous nos tentes ; elles avaient
sept pieds carrés et nous les plantions généralement à
l'ombre d'un arbre et au beau milieu de la foule bigarrée.
Si nous avions atteint le quartier général d'un sultan, un
officier venait réclamer pour son maître tant de toile et
d'autres objets, sans oublier sa propre part. La discussion se
changeait en menaces, les conférences se renouvelaient souvent pendant plusieurs jours, car on nous disait que le
sultan était absent, ou, ce qui arrivait le plus ordinairement,
se trouvait sous l'influence des boissons fermentées. Enfin,
l'affaire arrangée, et si aucun porteur n'avait fui, nous nous
remettions en route. Je dirai ici que rien ne donne une
idée du joyeux vacarme d'un campement africain pendant
la nuit. Les chants, les éclats de rire mêlés à des roule-

ments de tambour, des carillons de sonnettes, des cliquetis de ferraille, bref mille bruits discordants nous empêchaient souvent, nous les maîtres, de causer ensemble. Jamais un Hindou n'oserait se comporter ainsi en notre présence, l'Africain s'étonne simplement de ce que vous ne partagez pas ces folles gaietés.

Nous traversâmes trois pays bien distincts : Ouzaramo, Ouzagara et Ougago. A Kazeh nous nous trouvâmes dans l'Ounyannezy, autrement dit *le Pays de la Lune.*

Nos interprètes africains parlaient l'hindou et se familiarisaient en route avec les différents dialectes ; leur propre langue, le kisuabili, leur fournissait un fonds utile. Ces quatre pays n'obéissent pas à un seul roi ; ils sont divisés en provinces de vingt à trente milles de parcours dont chacune est gouvernée par un despote, la terreur des voyageurs qu'il rançonne à sa guise et sans merci. Ces chefs ne vivent pas avec plus de luxe que leurs sujets, bien que les amendes, les impôts, tels qu'une dent pour chaque éléphant tué ou mort dans la province, ainsi que de nombreux bestiaux, leur fournissent des revenus.

En quittant la côte, nous suivîmes pendant vingt journées de marche un chemin coupé dans une large vallée qui abondait en herbe et en arbres de toute sorte. Le neuvième jour, nous aperçûmes, du haut d'un monticule formé de cailloux et de grès, des collines vers le nord-ouest, ainsi que le cours lent et tortueux du Kingani ; nous ne perdîmes de vue ce dernier qu'à notre treizième marche. Après avoir traversé la Chaîne orientale africaine à une élévation de 4750 pieds, nous entrâmes dans l'Ougago, plateau sans rivière et dont le *neeka* ou désert exige d'abondantes pluies pour y faire croître un peu de verdure. Ses collines ne présentaient pas le moindre accident de terrain, la flore en était

peu variée, aussi saluâmes-nous avec joie le pays d'Ou-
nyamnezy, où partout jaillissaient des sources abondantes.
Les habitants, à l'air simple et confiant nous laissèrent
une toute autre impression que ces races misérables au
milieu desquelles nous venions de passer.

La température, quand nous marchions vent arrière,
était moins accablante que dans l'Inde ; il régnait le soir
une délicieuse fraîcheur ; le soleil se couchait toujours ra-
dieux et la matinée seule du 24 janvier fut brumeuse. La
nuit, certains de n'être pas attaqués, nous couchions sans
vêtements ; quelques couvertures légères nous suffisaient
amplement. Pendant la dernière semaine de novembre et
avant les pluies journalières, notre camp d'Ougago souffrit
beaucoup de violentes rafales qui soufflaient dès neuf heures
du matin du nord et de l'ouest, soulevant des tourbillons de
poussière. En décembre, la pluie écrasait presque, par moments, nos tentes de toile, mais plus tard elle communiqua
à l'atmosphère l'agréable fraîcheur de la « saison froide »
du Puajaub.

Malgré la beauté apparente du climat, nous eûmes presque tous à subir une fièvre d'acclimatation qui nous enlevait rapidement nos forces. Il nous fallut renvoyer les cinq
Tots ; des douleurs à la tête, aux yeux, dans tous les membres, une transpiration abondante, des somnolences, le
délire caractérisaient cette maladie. Des doses de caramel,
de julep et de quinine, le matin, une bonne soupe dans la
journée ou du grog très chaud étaient les seuls remèdes qui
fussent en notre pouvoir. Le 27 octobre 1860, nous avions
huit hommes à l'infirmerie, et ce nombre se maintint pendant quelque temps avec de très-légères variations. Notre
pharmacie, qui faisait partie de nos bagages, inspirait aux
indigènes une confiance absolue ; si on administrait en leur

présence quelque médicament, ils réclamaient avec avidité ce qui restait dans le verre. Il fallut aussi procéder à une amputation. Nos hommes s'exerçaient à viser en tirant sur une bouteille suspendue ; l'arme de Rahan, l'un d'eux, ayant éclaté, il eut le doigt fracassé ; il accourut au camp furieux, en criant : « Voyez ce que me coûte ce maudit voyage ; je perds tout mon sang ! » Il avait évidemment trop bu, mais on ne pouvait attendre, et j'eus immédiatement la pensée que cette corvée me reviendrait ; effectivement, Speke me pria de faire l'opération. Surmontant un sentiment de répugnance assez naturelle, je demandai un couteau. Le sheikh m'offrit son rasoir. A la première incision, Rahan recula, en poussant des cris furieux et nous accablant d'injures. Il fallut force promesses et bonnes paroles pour le décider à m'abandonner de nouveau sa main. Cependant je réussis à mener à bonne fin l'amputation, et sans aucune ligature des artères, Rahan recouvra en peu de jours l'usage de sa main, ainsi que sa bonne humeur habituelle.

Nul de nous ne put se rendre compte d'une maladie qui sévit sur les ânes et sur les mulets. Speke et les Tots auraient reconnu la mouche tsetsé, mais nous n'en vîmes pas une seule ; il fallut donc attribuer la mort de nos bêtes à quelque herbe nuisible, car elles n'avaient d'autre nourriture que ce qu'elles trouvaient sur notre chemin. Voici un extrait de mon journal : — 30 décembre 1860 ; le mulet rouge est, depuis deux jours, entièrement gonflé, il respire péniblement, une eau incolore baigne son pelage ; des incisions font couler du sang et de l'eau, sans apporter aucun soulagement ; on coupe la queue à la moitié, il ne sort que de l'eau ; la marque du pouce pressé sur le corps ne s'efface pas. C'est un cas désespéré. — Il succomba en effet.

Les ânes étaient plus vigoureux ; pendant la route il n'en mourut que trois sur cinq, bien qu'ils fussent chargés à l'excès. Dans le lointain retentissaient en signe de condoléance sympathique des cris de zèbres et d'ânes sauvages.

Je citerai encore quelques passages de mon journal : — 8 novembre 1860 ; Peters est tombé malade hier pour avoir dormi au soleil ; les dents sont serrées, les yeux toujours en mouvement, le corps rigide, le pouls bat 120. Je l'ai fait saigner ; il a été transporté à dos d'âne pendant l'étape d'aujourd'hui, encore a-t-on été obligé de l'attacher. Il gît maintenant sans connaissance. A trois heures de l'après-midi, la caravane s'ébranle de nouveau. Peters est lié à sa monture comme Mazeppa ; quant à moi, la fièvre ne me quitte pas. — 9 novembre — « L'homme est mort » dit le brigadier pendant que nous déclinions. Cet événement nous causa une impression pénible, Peters était mort dans le plus grand calme et sans que ses camarades s'en fussent aperçus. — 10 novembre ; aujourd'hui à cinq heures du matin a lieu l'enterrement. Le corps est cousu dans une grosse toile ; quatre Tots le portent dans une couverture dont ils tiennent les coins. Speke, le brigadier et moi, formons le cortége ; au pied d'un arbre se trouve une fosse profonde d'un pied, à moitié remplie d'herbes ; après l'avoir élargie au moyen d'une hache et de deux sabre-baïonnettes, nous y déposons le corps, je lis à haute voix l'office des morts, puis nous reprenons le chemin du camp. J'ai toujours la fièvre, un peu de délire, et mon sommeil est très-agité.

L'emplacement de notre premier camp, près de la côte, paraissait, chose grave, entièrement dépourvu d'eau ; mais Bombay, voyageur expérimenté et rempli de ressources, rassura nos Tots, leur disant qu'il serait facile d'en trouver

en creusant la terre. Le résultat en effet confirma ses paroles. Près du Kingani, — véritable rivière africaine,
bordée de grands roseaux, — nous eûmes de l'eau en abondance, mais elle était très fade. La rivière coulait lentement, chargée d'une boue blanchâtre ; elle mesurait en
largeur trente-cinq à quarante mètres ; encaissée entre
deux rives de terre argileuse et de seize pieds d'élévation,
elle tournait quelquefois si brusquement qu'un bateau à
vapeur n'aurait pu naviguer dans ses eaux. On la traversait en pirogues. Il y avait à peu de distance du Kingani
un puits ou plutôt une mare dont l'eau noircissait nos cuil-
lères plaquées et changeait en rouge le bleu du papier
réactif.

Les puits d'Ougago avaient de onze à quinze pieds de
profondeur, l'eau en était nitreuse et moussait presque autant
que de la bière. Lorsque nous avions à faire un parcours
de trente milles pendant lequel nous ne devions pas rencontrer d'eau, nous en emportions une petite quantité dans
des calebasses ; mais la chaleur et les secousses lui donnaient un goût nauséabond. Nos Séédés de Zanzibar ont
une coutume charmante ; quand ils voient quelque pauvre
diable approcher du camp, épuisé par les fatigues de l'é-
tape, mourant de soif et rêvant peut-être de boissons, de
fruits délicieux, ils courent à sa rencontre comme de bons
camarades, et lui portent à boire. Que l'eau alors soit
chaude, amère ou noire comme celle d'un fossé, n'importe,
la soif se trouve calmée ; et si, curieux de savoir d'où vient
chose si exquise, vous jetez un regard alentour, vous verrez
les hommes debout dans une mare boueuse, tandis que de
malheureux oiseaux guettent sur les arbres du voisinage
le départ de ces importuns.

Pas de charrue dans tout le pays : une large houe la

remplace. Les hommes munis de petites haches abattent
la forêt ; les arbres et les broussailles étant consumés par
le feu, les femmes retournent le sol meuble et laissent
tomber le grain dans le trou que fait leur orteil, puis elles
le recouvrent de terre au moyen de la houe de fer à long
manche. On se sert rarement de fumier, on y supplée par
six mois de jachère. Quelquefois les champs qui se trouvent
près des villages reçoivent de temps en temps une fumure ;
d'autrefois on améliore avec de la marne le sol sec et sablonneux d'Ougago. Nous n'eûmes pas l'occasion d'assister
à la moisson. Le copal ne se récolte qu'entre les côtes et la
chaîne des montagnes. Les produits du pays consistent
principalement en *sorgho* [1], en Bajra [2], en patates douces
et en maïs ; on y cultive aussi du tabac, un peu de riz, des
courges, du manioc, des noix de terre et les graines citées
dans l'appendice de l'ouvrage de Speke. Les champignons
poussent sans culture et comptent pour une large part dans
la nourriture. Les tomates ne se mangent pas ; les tamarins,
le miel qu'on recueille dans les troncs creux sont d'une
qualité exquise. Une bouillie de ces graines appelées *sorgho*
forme la principale nourriture ; on prépare aussi avec ce
grain une liqueur épaisse très facilement enivrante et ayant
par le goût quelque analogie avec le moût. Dans le pays
d'Ougago on obtient, par l'évaporation, du sel en petits piliers, mais d'une saveur un peu amère. On nous apportait
quelquefois des poules, des œufs et des chèvres en échange
de toile, de tabac, ou de perles de verre, car les indigènes

---

[1] Espèce de blé très commun en Afrique et dans l'Inde. On le
prépare en bouillie, on en fabrique aussi une liqueur fermentée.
C'est le blé *kaffir* du Cap la *m'tama* de l'Afrique orientale, le
*dom* de l'Égypte et le *johwari* de l'Inde.

[2] Nom indien du *Princillaria spicata.*

refusaient obstinément toute monnaie, fut-elle de cuivre, d'argent ou d'or.

A l'exception du bétail rassemblé sur la côte pour l'exportation, nous n'en rencontrâmes qu'après notre vingtième étape. C'était une race petite, à bosse, d'un pelage blanc et rouge ; les taureaux avaient les cornes petites et une gibbosité très-développée. Les chèvres appartenaient à la race commune à poils courts ; on ne les trayait jamais. Les rares moutons que nous vîmes étaient des *doombas*, variété à grosse queue et de la taille d'un leicester d'un an ; le prix en était de huit mètres de coton. Des chiens à jambes torses et de diverses couleurs accompagnaient les Ougagos.

La nourriture manquait parfois, car c'était la saison des grandes sécheresses et notre subsistance dépendait souvent des hasards de la chasse. Notre repas, au soir, se composait uniquement de deux épis de maïs, assaisonnés de sel, sans riz ni pain. Ce banquet était servi dans des couvercles de fer blanc renversés et placés sur une caisse de bois. Une fois, Bombay, qui nous avait quittés un instant, revint triomphant avec un poulet froid grillé, d'une taille exiguë et troussé en dépit de toutes les règles de l'art culinaire. Si grande que fût la faim, nous n'acceptâmes cependant pas cette aimable offre. Pendant que nous regardions en silence nos assiettes complètement vides, Bombay disparut une seconde fois, puis revint quelque temps après, portant cinq poulets vivants, fruits de sa maraude. Le souper, ainsi que les repas des deux jours suivants, se trouvaient assurés. Nos provisions de grains s'épuisèrent plus d'une fois au camp, mais dans le pays que nous traversions, un chasseur n'a pas à redouter de mourir de faim, car si le gros gibier n'était pas toujours à la portée de nos fusils, en revanche les moineaux, les pigeons, les pintades abondaient. On pouvait encore, à la rigueur, se nourrir d'herbes, en remarquant toutefois les espèces que mangeaient les indigènes. Cependant, lorsque nous manquions de grain et qu'aucun gibier n'apparaissait à l'horizon, nos hommes se laissaient aller à l'abattement et un sombre silence régnait dans le camp. Personne alors n'obéissait, on refusait de continuer la marche et nous eûmes à punir, afin de maintenir la discipline, par des peines corporelles, quelques vols de toile commis dans le but de se procurer des vivres en échange. Un des Séedés, d'une force herculéenne, poussa pendant qu'on le châtiait des cris violents et fit connaître son complice. On lui fit grâce du reste de la peine, mais on le garrotta solidement et il fut dès le lendemain expulsé du camp.

A force d'énergie et de persévérance nous réussîmes à approvisionner tant bien que mal le camp et à donner à chaque homme un peu de viande. Les rhinocéros noirs nous attaquaient rarement, même lorsque nous étions très-rapprochés d'eux. Cependant leurs ruses, leurs grognements sourds et prolongés nous troublèrent plus d'une fois. Quelques-uns avaient les oreilles déchirées et la queue mutilée par suite des combats qu'ils se livrent entre eux. Tout le camp mangea du rhinocéros avec appétit; sa chair, sans aucun mauvais goût, exige néanmoins des dents solides. Ces animaux semblent éprouver pour leurs petits une affection extrême. Un jour que j'avais chassé pendant quatre milles une femelle que j'avais blessée la veille, je la vis tout à coup devant moi, le dos tourné et assise comme un lièvre. Des gémissements plaintifs me firent croire sa fin prochaine. Je m'élançai avec prudence, un second rhinocéros surgit soudain et pendant un instant je me demandai lequel des deux il fallait ajuster. Je lâchai mes deux coups sur mon nouvel ennemi; celui-ci s'élança d'un galop furieux à travers les broussailles, et je vis alors que sa compagne n'était plus qu'un cadavre. L'animal blessé était venu mourir auprès de son petit, et les gémissements que j'avais entendus étaient ceux de l'enfant pleurant sa mère.

C'est un spectacle charmant que de voir des zèbres caracolant au milieu d'une forêt dont les arbres élevés, dégagés de taillis, s'élèvent majestueux et superbes. Ces animaux se laissent facilement approcher, à moins que des antilopes paissant avec eux ne les avertissent du danger ; alors ils se retournent, vous regardent fixement et quelquefois s'avancent d'un pas ou deux comme fait le cheval sauvage du Thibet. La première fois que j'entendis le cri du zèbre, je le pris pour un appel d'oiseau terminé par une espèce de braiement ; je dirai, maintenant que je suis plus familiarisé avec l'animal, qu'il y a de l'âne et du poulain. Les zèbres sont d'une symétrie parfaite, les bandes noires de la peau descendent jusqu'à leurs sabots. Tous nos hommes, à l'exception de deux Tots qui, n'ayant jamais goûté de viande de cheval, refusèrent de manger celle du zèbre, acceptèrent cette nourriture avec plaisir sans demander même si elle provenait d'une bête jeune ou vieille. C'est cependant la plus désagréable de toutes les viandes d'animaux sauvages à cause d'un goût très-fort. La langue ou tout autre morceau conservait, une fois bouilli, une affreuse odeur d'écurie qui donnait des nausées instantanées. On n'échappait à cet atroce inconvénient qu'en grillant la viande sur des cendres, après l'avoir coupée en lanière, et fait sécher au soleil. Peut-être la saumure aurait-elle efficacement remédié à cette insupportable odeur si nous avions eu du sel à notre disposition. Chez plusieurs de ces quadrupèdes, l'estomac contenait des vers en grappes épaisses, maladie que subissent quelquefois nos moutons.

Malgré des poursuites opiniâtres, je ne pûs tirer un seul buffle ; cependant Speke eut à soutenir plus d'une charge de ces animaux. Leur chair égale la meilleure de nos viandes de boucherie ; aussi tant qu'elle durait, nos hommes en mangeaient-ils nuit et jour. Les gnous mouchetés ne sont pas à dédaigner, cependant je les préfère lorsqu'ils courent en liberté. D'une timidité excessive, ces admirables bêtes vous regardent un instant, puis détalent lentement en se frappant les flancs de leur queue ; elles s'arrêtent après un court temps de galop, tournant vers vous des yeux étonnés, et disparaissent dans une course effrénée.

Les girafes à l'allure circonspecte, et montrant leur tête au dessus des arbres dont elles broutaient les plus hautes feuilles, ne se laissaient guère approcher. Nous ne tuâmes qu'un seul spécimen de cette race, un mâle ; une balle conique le frappa au cœur. Cet organe ne semble pas, par son petit volume, en rapport avec la structure élevée de l'animal. Je voulais préparer la tête pour la conserver, mais nos porteurs Wézées en avaient déjà coupé les oreilles, qu'ils étaient en train de griller. Les crins de la queue sont fort longs et d'un beau noir, aussi les indigènes les recherchent-ils pour leurs colliers de verroterie. L'acacia à épines dominant dans la région que nous traversions alors, nos hommes s'empressèrent de se fabriquer du cuir épais de la girafe, d'excellentes sandales ; celles-ci conservèrent pendant longtemps une très-forte odeur de ménagerie.

Durant une marche au clair de lune, nous tirâmes deux fois sur des lions ; d'autres se firent entendre le jour et la nuit, mais sans pousser des rugissements formidables. Lorsqu'on les a pris dans une trappe, on les porte liés, sur une litière, au sultan, comme propriété royale. On rencontre dans le pays d'Ougago des traces nombreuses d'éléphants.

Là, nous vîmes quelques chasseurs Mukues du Lufigi armés d'anciens fusils d'ordonnance anglais et à silex, mais qui paraissaient dans un excellent état. Ils guettent l'éléphant la nuit, dans le voisinage d'une mare, et lui envoient une volée pendant qu'ils se désaltère ; ils trouvent préférable de le frapper juste dans l'orifice de l'oreille. Des antilopes noires, et des espèces plus petites, des *hartebeets* [1], des élans tombèrent souvent sous nos coups. Je ne me lassai pas d'admirer l'antilope *saltatrix*, grande comme le chamois, s'éloignant, effrayée, en bonds rapides et gracieux ou se tenant hors distance, fièrement campée sur quelque rocher en talus ; elle me rappelait le goorul ou chamois de l'Himalaya. Le talon du pied de devant est excessivement long et leur permet de s'accrocher aux rochers.

Souvent nous rencontrions un hirax [2] couché au soleil ; cet animal est presque trois fois plus grand que les lièvres: Ces derniers ne semblent pas très-abondants ; ils ont le même pelage que ceux de notre pays, mais leur taille est moindre et les oreilles démesurément longues : leur allure ressemble à celle du lapin. Les singes sont rares, on en rencontre peu ; les indigènes d'Ourazamo les chassent avec le chien pour prendre leur peau, mais ils ne les mangent pas. Les écureuils cassaient des noix sur les arbres des forêts, et ils étaient fort difficiles à tirer. Il y avait aussi des belettes, des furets bruns, des petits renards à museau noir ; d'autres étaient rouges, à la poitrine blanche, de la taille du chacal, avec la queue longue et foncée, aboyant comme le chien et très gracieux dans leurs mouvements.

Des hyènes hardies, au pelage galeux, rôdaient en hurlant

[1] Sorte d'Antilope.
[2] Espèce de lapin.

autour du camp ; nous ne pûmes en tirer qu'une seule, car elles sont très rusées. Nos hommes n'hésitèrent pas à nous l'apporter, afin que nous pussions l'examiner de près ; tout serviteur indien se serait refusé à toucher pareille charogne.

La palme de la laideur appartient au sanglier ; il a la hure longue et étroite, aussi large au groin qu'entre les yeux, avec quatre protubérances en forme de verrue. Une immense crinière le couvre, et à voir un troupeau de ces bêtes fuyant rapidement à travers la forêt, la tête dressée, la queue en l'air, on pense involontairement au cheval arabe. Nous rencontrâmes sur les bords du Kingani un crocodile de couleur fauve, des hippopotames y avaient laissé aussi des trous. Peu de caméléons et de serpents ; cependant nous vîmes une couleuvre longue de deux pieds et demi, ayant quatre crochets et dont la queue se terminait très brusquement. Les lézards abondaient ; une très belle espèce, de douze pouces de long, avec la tête et les épaules d'un beau vermeil et le reste du corps d'un bleu clair. Il m'en coûta douze morceaux de toile pour avoir tiré deux reptiles dans les rochers ; l'endroit, m'assurait-on, était consacré. Les rats, les punaises et les moustiques ne nous importunaient que rarement ; mais les grenouilles, les criquets faisaient pendant la pluie un vacarme assourdissant. Des fourmis blanches que mangent les indigènes, des insectes semblaient éprouver un singulier plaisir à nous attaquer et s'enivraient de lumière ; des petits papillons, d'un vert-pomme en dessous, voletaient à la surface des mares.

Le nombre des oiseaux chanteurs était remarquablement restreint ; c'est-à-peine si une espèce d'alouette faisait çà et là entendre sa note vive et douce. Le gibier à plumes se composait surtout de pintades ; celles-ci, pesant de trois livres à trois livres et demie fournissaient, lorsqu'on les gardait deux jours, un manger délicieux. Le matin, elles perchaient, indolentes, sur les grands arbres, et allaient le soir chasser les insectes et déterrer dans les champs les patates douces. J'en tuai une espèce très rare, aux yeux et au cou cerclés de rouge ; une peau lâche d'un beau pourpre formait le collier, et une rangée de plumes noires, semblables à celles de l'autruche, allait des narines jusque derrière la tête. La chair la plus savoureuse était celle du florikau [1] à l'appel un peu rauque ; mais on ne tire que peu de ces oiseaux, à cause de leur timidité. Les pigeons verts sont très-beaux, et lorsqu'ils se sont nourris de figues sauvages, ils présentent à table l'aspect le plus réjouissant. La chasse nous fournissait de temps en temps des bécassines, des ramiers, des cailles, des pluviers et quelques variétés de perdreaux, ainsi qu'une jolie espèce de colombe à queue effilée. Les pigeons blancs en général ne diffèrent pas des nôtres ; les gens des bourgades aiment à en avoir chez eux. Nous ne vîmes qu'un seul troupeau d'autruches, dans les plaines arides d'Ougago. Parmi les oiseaux qui se trouvaient sur notre passage, il faut encore mentionner des grues huppées, des éperviers, un corbeau ou deux, quelques perroquets et parfois une corneille. Les indigènes se servent de trappes et de piéges pour prendre ces pauvres bêtes. On tue les animaux à coups de lance ; on mange la chair, on fabrique avec les tendons des cordes d'arc, et les peaux, grossièrement apprêtées, servent de vêtements, tandis que les cornes sont conservées comme charmes.

Il y a fort peu de poisson. Les femmes de la côte, entrant

[1] *Florikau,* espèce d'outarde qu'on trouve dans les plaines cultivées.

dans la mer jusqu'à la ceinture et formant un cercle, se servent de leurs vêtements comme filets pour prendre les petits poissons. J'ai vu aussi ces mêmes femmes placer des filets en forme d'un U, dont l'ouverture se rétrécissait. J'assistai aussi dans l'intérieur avec mes compagnons à une autre pêche qui se fit de la manière suivante: des hommes, tenant chacun un petit filet, parcouraient le M'gazée, rivière limpide à fond caillouteux, tandis que des jeunes garçons fouillaient les trous des bords au moyen de lances ; on prit de cette façon une grande quantité de poissons, ils avaient dix-huit à vingt pouces de long et étaient d'un aspect visqueux fort peu agréable. L'un des pêcheurs les portait autour de sa ceinture, enfilés sur une corde, ce qui donnait à cet homme un faux air d'highlander,

Les indigènes se composent de quatre races.

I. Les *Ouazaramos.* Ce peuple, à l'air suffisant et vainqueur, adore la toilette, bien qu'il soit presque nu ; il recherche les ornements de graines, de coquillages ou de fer-blanc. Une laine épaisse couvre la tête et pend en longs écheveaux superposés avec des filaments d'écorce ; le corps est enduit d'une pommade huileuse faite avec de l'ocre rouge, dont le contact salit bien vite; l'unique vêtement se compose d'un morceau d'étoffe roulé autour des reins. Les femmes sont un peu plus couvertes. Les armes consistent en lances, en arcs et en quelques fusils à silex. Cette tribu ne permet pas aux étrangers de camper dans les villages ; ce n'est donc que très vite et très légèrement que nous pûmes examiner quelques maisons ; elles étaient bâties de terre et de branchages, et couvertes de chaume. L'ordre et la propreté y régnaient. Somme toute, ce peuple nous impressionna favorablement. Les hommes manifestaient beaucoup d'égards pour les femmes ; il n'était pas rare de voir dans un champ un homme remplir auprès de la dame de ses pensées l'office de coiffeur, ou bien, armé d'une lance, escorter des femmes allant chercher de l'eau, la cruche sur la tête, afin de les défendre au besoin contre nos attaques. Une très jolie fille et son fiancé consentirent à poser pour leur portrait ; ils nous quittèrent en souriant et satisfaits de nos procédés ; mais deux horribles vieilles femmes se mirent à pousser des cris aigus parce que nous n'avions donné qu'un collier de verroterie à nos modèles pour les remercier d'avoir pris place un instant devant l'objectif. L'assassinat de M. Maysan, un Européen, montre la nature sauvage de ce peuple, et je suis certain que l'attitude de nos sentinelles, qui pendant la nuit tiraient des coups de fusil d'heure en heure, nous a seule préservés d'une attaque pour laquelle du reste nous étions préparés.

Tout le monde accourait sur notre passage pour voir les hommes blancs. Un jour, deux albinos, dont un avait les cheveux noirs, vinrent nous visiter. Il n'était pas rare, dans l'après-midi, que le camp fût envahi par les curieux, dont quelques-uns venaient pour trafiquer leurs échanges. Tous se conduisaient en général très bien. Les femmes prenaient place devant nos tentes et s'amusaient à nos dépens tout en allaitant leur enfant. Nous ne vîmes pas d'endroit de sépulture ; une seule fois je me heurtai dans ma route à des ossements humains, ceux d'un voyageur sans doute. Il y avait çà et là quelques tombeaux isolés sur lesquels on avait placé, en guise de couronnes d'immortelles, de grandes poupées de bois ou des poteries à demi-cassées ; c'était là que dormaient dans l'éternel repos, des Séedés de Zanzibar. Je ne remarquai qu'une seule pratique superstitieuse : dans un champ, au pied d'un arbre, on avait érigé en l'honneur du dieu de la pluie une cabane faite d'herbes sèches, à ce

que nous dirent nos hommes, et appelée selon l'usage un
*M'yauga* [1]. Le reproche le plus grave qu'on puisse faire aux
Ouazaramos, c'est qu'ils ne prêtent jamais secours aux voyageurs et qu'ils attaquent les traînards. Ils pratiquent la po-
lygamie, ne croient qu'à *l'art noir*, et, bien que vivant sur
les confins de la civilisation, ne manifestent ni curiosité ni
ambition.

II. Les *Ouazagoras*, habitant les sommets coniques de
leurs montagnes, bien au dessus du sentier des voyageurs, se
dérobèrent à nos études. Les gens de la côte les attaquent
afin de s'emparer d'eux et de leur bétail; et comme nous
passions pour appartenir à la même classe, nos serviteurs
avaient une peine infinie à nous procurer des provisions.
Des chasseurs d'esclaves nous firent également souffrir, en
donnant partout l'ordre de ne rien nous fournir, sous prétexte que nous venions dans le but d'abolir l'esclavage.
Toutefois, et malgré la répugnance des indigènes à nous
servir de guides, le pays étant giboyeux, nous pûmes surmonter les difficultés. L'un d'eux, homme intelligent et
adroit, ne consentit qu'avec peine à m'accompagner à la
chasse. Il me fit parcourir un beau pays coupé par des
cours d'eau et semé de frais ombrages. Ce lieu semblait
fait pour servir de retraite aux buffles et aux rhinocéros,
mais nous n'en rencontrâmes pas un, et je ne vis dans ces
bois que d'immenses convolvuluslilas. Mon compagnon
causait sans cesse et les heures s'écoulaient fort agréablement; il s'exerçait à l'arc sur une feuille placée à dix pas
de distance et me faisait rire de son sultan Senga et de ses
quatorze femmes. Lui-même, me disait-il, ne songeait pas

---

[1] *M'yauga* ou *Ouyauga*, c'est le nom qu'on donne aux charmes
ainsi qu'à ceux qui s'occupent de divination.

au mariage, tant que sa garde-robe ne serait pas mieux fournie ; elle se composait pour le moment de ce qu'il portait, — un haillon autour des reins.

III. Les *Ovagagos*. Nous n'entrâmes pas dans leurs villages, entourés de murs ; toutefois, j'ai conservé de ce peuple un souvenir très vif. Il y avait parmi eux des jeunes gens actifs, intelligents, et bien proportionnés, dont on aurait pu faire d'excellents soldats. Leur chevelure laineuse, allongée aussi avec des filaments d'écorce, voltigeait dans l'air pendant qu'ils couraient ; ils y attachaient parfois des grains de verre, des plumes d'autruche. Une cheville de bois passait à travers le lobe de l'oreille. Ils avaient pour armes des lances de cinq pieds de long, des bâtons noueux et des boucliers en cuir de forme oblongue. Un pagne était leur unique vêtement. Ils faisaient l'eau dans des gourdes et la versaient dans des vases de terre semblables aux *gourahs* de l'Inde. Les femmes portaient les enfants sur le dos, dans une peau fixée par des courroies ; les jeunes garçons les suivaient en faisant de la musique au moyen d'un archet à cordes attaché à une calebasse qui servait de table d'harmonie. Ces sauvages nous importunaient tellement dans notre camp, qu'il fallut fixer une corde autour de nos tentes ; mais cette précaution ne faisait qu'augmenter leur curiosité. Lorsque nous leur ordonnions de se retirer et de ne pas soulever la toile des tentes, ils nous répondaient en riant que ce terrain leur appartenait et qu'il leur serait facile de s'emparer de nos effets et de nos armes s'ils en avaient l'envie. Un de nos porteurs brisa par accident un de leurs arcs : ils profitèrent immédiatement de la circonstance pour demander dix fois plus que cela ne valait. J'avais tiré sur des rochers un lézard de forme très singulière : on me dit que ce fait les avait profondément blessés, et il me fallut me soumettre à toutes leurs exigences. Avant de tirer et pensant aux superstitions hindoues au sujet des endroits sacrés, j'avais bien examiné les lieux sans voir aucune trace de considération. Mais mon amende ne se rapportait nullement à aucune des traditions de ce genre. Ils nous obligèrent à éteindre les lumières dont Speke se servait pour ses observations astronomiques. Comme tous les Africains, ils ne fournissaient aucun renseignement sans en exiger aussitôt le paiement. L'impôt qu'il nous fallait acquitter nous causa des embarras pénibles. Le sultan, après avoir reçu tout ce qu'il avait demandé, nous déclara que les toiles n'étaient pas dignes de son rang : — vous avez mieux que cela, me dit-il, il me faut quelque chose de plus beau pour la première de mes femmes.

Bref, la menace de nous attaquer et de nous piller effraya tellement cent treize Wézées qui formaient la presque totalité de nos porteurs, qu'ils prirent lâchement la fuite au moment le plus critique de l'expédition.

IV. Les *Ounyamuezis*. Les cent quinze porteurs que nous avions amenés de la côte appartenaient à cette race, aussi eûmes-nous le loisir d'étudier leurs mœurs et leur caractère. C'étaient des nègres de taille moyenne, aux membres grêles ; beaucoup d'entre eux étaient beaux de visage et avaient, au dessus des pommettes, des incisions de caste. Leur vêtement consistait en une peau de chèvre flottant de l'épaule droite ; la plupart portaient un mauvais arc et deux flèches ; quelques-uns, de classe supérieure, portaient un fusil à pierre qu'ils traînaient maladroitement, le canon tourné vers ceux qui les suivaient.

Ils montrent, à la première entrevue, beaucoup de bonne humeur, acceptent, mangent tout ce que vous leur offrez, et entonnent en chœur des chansons joyeuses. Mais ils cherchent bientôt à devenir les maîtres; ils sont alors boudeurs, se refusent à faire le soir l'enceinte du camp, et n'écoutent que leur fantaisie pour fournir les étapes. Il nous fallait sans cesse supporter tous les inconvénients de leur sans-gêne absolu, et j'admirai souvent mon compagnon qui montrait dans ces circonstances une patience à toute épreuve et réussit ordinairement à ramener parmi eux l'ordre et la gaieté, en priant le soir leur capitaine de leur adresser une harangue. Un jour qu'on avait tué et coupé par portions égales une pièce de gros gibier, ils s'oublièrent au point de tout prendre et de l'emporter à la barbe de nos hommes de Zanzibar, tout ébahis d'une pareille audace. Ils tuaient une chèvre sans verser une goutte de son sang: ils lui cassaient la tête à coups de pierre ou de bâton. A la chasse, ils se montraient d'excellents traqueurs, et ne restaient jamais à bout d'expédients. D'un peu d'argile et d'un tuyau d'écorce ils se fabriquaient une pipe. Ils s'emparaient de la graisse de tous les animaux qu'on tuait et possédaient une connaissance extraordinaire des plantes et des herbes nutritives, aussi n'étaient-ils jamais exposés à mourir absolument de faim. Je n'ai remarqué chez eux aucune superstition particulière. Ils étaient intelligents et assez amusants, mais ils ne devaient avoir aucune prétention à l'honneur ni à l'honnêteté. Cent treize d'entre eux, quoiqu'ils fussent bien payés, désertèrent en nous emportant de nombreux effets de valeur. Peut-être agirent-ils ainsi, parce que les trafiquants arabes avaient, dans d'autres occasions, très mal rétribué leurs services.

Plusieurs de leurs femmes nous accompagnaient; elles étaient décentes, tranquilles, et se conduisaient très bien. Chacune d'elles portait généralement un enfant sur le dos, et sur la tête un escabeau et divers autres objets. Toutes in-

variablement fumaient pendant la marche ; arrivées au
camp, elles préparaient, avec des herbes, des mets ass·z
appétissants, et se construisaient aussi, au moyen de branchages, des cabanes en forme de cloche.


# IV

Séjour à Kazeh, lat. 5° S., long. 33° E. — Province d'Ounyanyembo. — Récoltes, bétail, etc. — Moossah, trafiquant Indien,
ses femmes, ses serviteurs, ses vaches. — Le Watuzi. — Effets
désastreux de la guerre. — Récit de Moossah sur les royaumes
du Nord.


Les pluies abondantes, les flots boueux de la rivière que
nous avions devant nous, l'impossibilité de faire marcher
les porteurs dans une saison où l'on ne se procure que difficilement du grain, nous retinrent prisonniers à Kazeh pendant cinquante et un jours. Notre arrivée fut saluée avec
joie. Moossah, un excellent ami de Speke, quelques Arabes
et de nombreux serviteurs, tous en habit de fête, vinrent à
notre rencontre. On tira des coups de fusil en notre honneur, on échangea force compliments et force poignées de
main et nous nous trouvâmes de nouveau sous un toit hospitalier.

Le pays est entouré de collines dénudées ; un brouillard
épais et sombre les enveloppait chaque matin jusqu'à huit
ou neuf heures et envahissait l'immense vallée dans laquelle nous nous trouvions. Rien dans ce lieu ne réjouissait
l'œil, pas un arbre, pas une rivière ; suivant Speke, c'était
la Crimée. Çà et là quelques rares et minces filets d'eau
couraient dans l'herbe et allaient se perdre dans un sable

blanc ; l'un d'eux, aboutissant à une grande mare, fournissait l'eau à boire des habitants. Nous eûmes presque tous la fièvre. Nous étions arrivés le 25 janvier, et le 5 février déjà plusieurs cas s'étaient déclarés. Cette fièvre laissait chez tous une grande fatigue, quelques-uns même perdirent un œil, mais la maladie n'était pas très douloureuse ; pour ma part, j'eus à en subir plusieurs attaques. Nos hommes attribuèrent leur mauvaise santé à l'eau du pays, à laquelle ils n'étaient pas habitués. Les indigènes ne savaient pas de remèdes pour prévenir le retour de la fièvre, ils prenaient quelques pincées d'une herbe ou d'un bois pulvérisé contre les maux de tête ou se posaient des ventouses : un homme, tenant dans la bouche un peu de cire, appliquait une petite corne de vache sur les incisions faites à la tempe du malade ; puis il épuisait l'air en le suçant et, se servant de la langue, bouchait avec de la cire l'autre extrémité de la corne. Nous n'eûmes à déplorer qu'une mort.

Le vent, pendant notre séjour, soufflait en général de l'est, du nord-est, et du sud-est : le vent le plus froid était celui qui soufflait de l'ouest après une pluie. Les matinées étaient brumeuses, la rosée mouillait l'herbe en abondance pendant la nuit et gênait beaucoup Speke dans ses observations astronomiques, en s'attachant à ses instruments. Nous eûmes souvent des jours sombres, de violentes averses venant du nord-ouest, mais quelquefois aussi de belles et fraîches matinées comme celles de notre pays apportèrent la joie dans nos cœurs. Le thermomètre ne marquait alors que 69° Fahrenheit à neuf heures du matin, le vent soufflant du nord-ouest. Il n'y avait plus de ces splendides couchers de soleil, tels qu'on en voit en mer sous l'équateur ; cependant les fleurs brillaient sous ses derniers rayons d'un éclat incomparable. Quelques beaux jours suivaient souvent ces soirées, nous avions alors une température de 82° Fahrenheit. Il y eut en moyenne vingt jours de pluie sur cinquante et un. Ces pluies ne sont pas suivies comme dans l'Inde de chaudes évaporations ; au contraire, on respirait alors une délicieuse fraîcheur. Il nous fallut aussi essuyer quelques orages, mais quelquefois ils se passaient sans pluie. On peut donc calculer qu'il y a dans la province d'Ounyanyembo presque quatre mois de pluie, de novembre à février. Dès que la terre est assez molle on répand la semence, et le 1er février tout brille d'un beau vert émeraude. Les jeunes pousses du riz ont à souffrir, pendant quinze jours, des déprédations d'une petite chenille noire, dont le ventre est vert. C'est pour le cultivateur une époque critique, car s'il ne tombe pas de pluie la récolte est perdue, dévorée par ces insectes. Des femmes parcourent les champs, armées de houes, brisent les mottes de terre et enlèvent les vers, ainsi que les mauvaises herbes. Il n'y a qu'une récolte par an et toutes les céréales qu'on trouve à Zanzibar, sont cultivées ici. Un Indien qui résidait dans ce pays me dit que le coton valait celui de Cutch, mais on ne s'en servait, selon lui, que pour faire des mèches à brûler. Le blé de l'année étant déjà consommé, les classes pauvres préparaient avec les feuilles d'une plante sauvage — *Dactyloctum ægyptiacum,* — une bouillie après les avoir séchées au soleil et réduites en farine sur des pierres plates. Les Arabes possédaient tous les bestiaux et toutes les chèvres du pays ; ils s'en étaient emparés pendant une guerre qu'ils avaient faite aux indigènes et qui durait encore. Il n'y a pas de gibier dans les environs, mais à une journée de marche dans la vallée de la rivière Wallah, ainsi que dans une forêt voisine, nous rencontrâmes des antilopes, des girafes, des lions et quelques éléphants. Les écailles de l'armadille, larges de trois pouces et striées à une extrémité, semblaient se porter comme un charme. Nos hommes prétendaient que celui qui trouvait une armadille deviendrait roi ; peut-être voulaient-ils dire par là que ces bêtes sont excessivement rares. On n'entend guère chanter d'oiseaux près des villages, mais ceux que l'on voit ont un plumage splendide. Des volées de charmants petits oiseaux, au corps noir, à la tête et au dos mouchetés d'or et de pourpre, picotaient les épis de blé ; le favori des fermiers du Cap, *l'oiseau locuste*, tout noir et ressemblant au courlis dans sa démarche, se promenait dans les rizières. Des corneilles à collier blanc volaient aux alentours par deux et par trois. Dans les maisons, les nattes fourmillaient de tiques et de punaises, cause d'horribles démangeaisons pendant la nuit.

Ce n'est pas un pays à ivoire, et les indigènes en apportent rarement à vendre. Le blé était si rare qu'on avait une esclave pour trois mètres et demi de calicot. Un jour je vis passer un indigène tout nu, sous l'escorte de trois Sécés armés de lances ; ils l'avaient pris, commettant un vol, et le mettaient en vente. Personne ne voulant l'acheter, on le conduisit au sultan, qui, à ce que me disait Moossah, le tuerait d'un coup de lance, ou le ferait vendre, s'il ne le gardait pas pour lui-même. Les esclaves du royaume du nord d'Ouganda, etc., étaient des plus estimés ; on les tenait pour plus fidèles que ceux des pays de la côte. Ils faisaient d'excellents serviteurs et n'avaient pas leurs pareils pour prendre et tuer les animaux sauvages. Les femmes les plus recherchées appartenaient à la tribu des Waharnah de Karague : elles ressemblent aux Abyssiniennes.

Moossah, l'Indien chez qui nous demeurions, beau vieillard, à l'air bienveillant, possédait un établissement de trois cents indigènes des deux sexes. L'habitation, élevée depuis trois ans, renfermait dans son enceinte circulaire les maisons, les vergers, les potagers et le bétail. Une femme de dimensions colossales y régnait en souveraine; sa parole faisait loi. Moossah passait la journée entière assis avec son régisseur en chef, tandis que les principaux serviteurs se tenaient à distance, prêts à recevoir ses ordres. Tous les passants, riches ou pauvres, lui adressaient un salut, un compliment. La géante présidait aux affaires de l'intérieur et jamais maison ne fut mieux tenue, comme nous pûmes nous en assurer, car nous avions un libre accès auprès de ces deux personnages. Moossah, dont la vie n'avait pas toujours été si facile, prenait à trois heures du matin une pilule d'opium, pratique à laquelle il ne manquait pas depuis quarante ans; cela le maintenait en joie et éveillé jusqu'à midi. Alors il s'occupait d'affaires, causait et nous racontait toutes les nouvelles, lorsque nous voulions bien prendre place sur le tapis où il était assis. Je me souviens que nous trouvions très étrange qu'il continuât à parler, pendant que le *Boukeen* ou *Madecasse* lisait les prières du Koran. Peut-être n'éprouvait-il qu'un mince respect pour l'officiant, vu que le révérend faisait aussi ses chemises. Après la sieste de midi, il se régalait d'une seconde pilule, plus grosse que la première; le reste de la journée se passait en affaires, en conversations, etc.

L'intérieur du harem offrait des scènes d'un caractère plus intime. Au point du jour, des femmes habillées de perse, les cheveux soigneusement nattés, venaient donner du lait à des hordes de chats noirs et faisaient du beurre en agitant sur les genoux des calebasses remplies de lait. A sept heures, tout était rangé, balayé. Des servantes donnaient à manger aux coqs de combat, d'autres soignaient

les canards et les pigeons ; deux femmes enchaînées par le
cou allaient chercher du bois à brûler, ou écrasaient du blé
sur une pierre. Les enfants mangeaient ensemble sans la
moindre dispute, parce qu'une vénérable matrone présidait
au repas. Tout le monde travaillait gaiement et paraissait
heureux de son sort. Grande était la joie quand une des
femmes de Moossah donnait le jour à un enfant ; mais si
au contraire un enfant mourait, on entendait toute la nuit
les cris aigus des femmes. Lorsqu'un enfant n'était pas
sage, on le menaçait « des hommes blancs », comme chez
nous nos nourrices nous font peur avec des contes de reve-
nants.

Le fonctionnaire le plus important de cette cour était le
*foondee* ou intendant général. Esclave toute sa vie, il possédait maintenant un village, une femme et des bestiaux.
Ses fonctions l'obligeaient à s'asseoir chaque jour en vue
du maître. Lors d'une visite que je lui fis avec Speke, pour
examiner sa collection de bois, trophées de chasse, et extraire une balle de la jambe d'un de ses esclaves, le foonde
nous reçut très cordialement.

Pendant la nuit, on tenait allumés à l'extérieur cinq
grands feux pour éloigner les moustiques. Il y avait une
grille des plus originales : trois fortes chevilles de bois vert,
fixées dans le sol, formaient un triangle équilatéral et rem-
plaçaient parfaitement un ustensile de fer ; on posait dessus
une poêle en écorce dans laquelle grillaient, à la grande satisfaction du chef, des champignons et de la viande. Il nous
dit avoir tué beaucoup de lions, lorsqu'il faisait transporter
les marchandises de son maître à Zanzibar, en les tirant
d'un arbre ; il tuait en route, aidé de ses subordonnés, assez
de gibier pour nourrir les porteurs et épargner par là le salaire habituel de verroteries. Il contait d'une façon très

drôle et passablement amusante ses aventures de chasse.
Le lion, selon lui, attaque rarement l'homme; il y avait peu
de temps qu'un de ces carnassiers, franchissant l'enclos,
avait tué cinq vaches et emporté deux d'entre elles par-
dessus le mur, sans que les indigènes aient osé intervenir.

Je m'intéressai beaucoup aux vachers de Moossah ; d'une
taille élevée, ils avaient de beaux traits et formaient un
grand contraste avec les autres Africains. C'étaient dix Watusi du Karague, tant hommes que femmes ; tous avaient
des cheveux laineux : les premiers les portant en croissant
et le reste de la tête étant rasé. Ils se noircissaient les gen-
cives avec une préparation de graines de tamarin ; après
avoir fait griller et pulvérisé la graine, on la mêle avec du
vitriol bleu jusqu'à ce qu'elle acquière la consistance d'une
pâte ; on la chauffe pour s'en servir. Ils avaient aux poignets
de larges bracelets de cuivre, et à la cheville des quantités
d'anneaux de fer. Ils portaient en marchant un arc, des
flèches, un bâton et une pipe à long tuyau. Les femmes,
à la taille droite et élevée, se faisaient remarquer par un
visage d'un ovale parfait ; une peau de vache bien apprêtée
les couvrait depuis la ceinture jusqu'aux pieds. Leurs cabanes différaient de toutes celles que j'avais vues ; faites de
branchages et couvertes d'herbe, elles présentaient la forme
d'une orange coupée en deux ; elles avaient cinq pieds en
hauteur, une seule porte et pas de cheminée, la fumée
s'échappant à travers les interstices de la toiture d'herbe.
Je remarquai à l'intérieur un foyer portatif appelé *choolah*
dans l'Inde.

Les Watusi constituent une race distincte, très intéressante sous tous les rapports. Le matin, avant de traire les
vaches, ils se lavent eux, leurs dents et les calebasses avec
l'urine de la bête, à laquelle ils attribuent une vertu parti-

culière ; puis ils emploient de l'eau propre. On leur abandonne la moitié du lait, et tous les matins, à huit heures,
Moossah faisait traire sa part dans des vases à lui, soigneusement nettoyés. Une vache valait de quatre à cinq dollars;
une race supérieure coûtait le double. Les hommes les
trayaient dans la cour et recueillaient le lait dans des vases
de bois ou gourdes ; une lanière de cuir liait les jambes de
derrière de l'animal au dessus du jarret ; une de leurs plus
belles femmes, assise de l'autre côté, chassait les mouches
avec une branche ; un petit garçon, muni d'un bâton,
assistait quelquefois à cette opération ; il devait surveiller
le veau placé à la tête de la mère. Lorsqu'un veau meurt,
on l'empaille grossièrement, puis on pose ce simulacre
devant la mère, qui sans cela refuse de se laisser traire.
Les Wanyamnezi traitent ces animaux avec beaucoup de
considération. Les Wézées joignent les deux mains lorsqu'ils en rencontrent ; les Watusi les poussent doucement
contre eux ou prononcent quelques paroles à peine intelligibles. La salutation du Watusi, quand il se trouve en
présence d'une femme de sa race, plus âgée que lui, est
charmante : il place ses mains sur les bras de la femme,
au dessous de l'épaule, tandis que celle-ci laisse pendre les
siennes. Durant plusieurs jours, après notre arrivée, quelques Arabes nous envoyèrent des présents d'œufs, de café,
le riz d'un gros veau, charmante coutume qui tenait lieu
d'une visite. A notre tour, nous fîmes parvenir à chacun
d'eux un beau morceau de toile, qu'ils estimaient très haut.
Cette formalité accomplie, ils venaient librement nous consulter à l'occasion.

Depuis la mort du chef du pays, les gens de Kazeh avaient
été en guerre avec l'héritier légitime, afin de maintenir
l'imbécile qu'ils avaient mis sur le trône. Leurs pertes se

bornaient jusque-là à deux Arabes et à soixante esclaves, tandis que trois cents des indigènes étaient tombés sous leurs coups. Ils subirent pendant notre séjour une grande défaite. Shay, le principal Arabe, six autres avec leurs suivants, furent tués. Une panique s'en suivit; on pria Speke de bâcler une paix, en invitant le rebelle Mamma Sera à venir à Kazeh assister à une conférence. Une fois en notre pouvoir, disaient-ils, nous pourrons l'assassiner. Ce projet nous révolta, bien que Moossah nous dit que les choses ne se passaient guère autrement parmi eux.

La guerre continuait à tenir les indigènes éloignés de l'établissement arabe, le bazar ne fournissait presque rien, du tabac et un peu de blé. Il ne restait pas un seul homme capable de faire le moindre ouvrage en fer, il n'y avait dans les villages d'alentour que les vieillards, les infirmes et les malades; tous ces malheureux mouraient de faim. On nous conseilla de ne pas nous éloigner sans escorte, car le mois précédent, il y avait eu un voyageur tué; et cependant, lorsqu'une nuit un des nôtres s'enfuit de sa cabane, Moossah nous dit avec assurance: Les Wézées ne lui feront aucun mal, et nous le retrouverons. Cette prévision se réalisa. Tous les indigènes étaient des Hywans, c'est-à-dire qu'ils ne savaient ni compter, ni écrire, ni dire leur âge. Plusieurs d'entre eux s'occupaient de médecine; ils donnèrent à un des nôtres, souffrant après la fièvre d'une excessive faiblesse dans tous les membres, un onguent noir fait de racines. On pratique dans ce pays l'art noir des Damars; on brise les dents suivant la coutume des Oovamba dont parle Anderson dans son voyage. La maladie du dernier chef fut attribuée à la sorcellerie. On mit un poulet dans la main de la personne soupçonnée; un devin le disséqua et prononça son jugement. Des pratiques de ce genre ont longtemps existé chez les Highlands d'Écosse. Rien, par exemple, n'était plus ordinaire que d'enfouir un poulet noir à la place même où quelqu'un était tombé malade. Moossah n'avait jamais entendu dire qu'on jetât des poulets en l'air pour découvrir l'auteur d'un maléfice, et l'on ne tua qu'une seule femme, qu'on enterra avec le vieux roi.

Bien que notre hôte, le bon Moossah, ne parlât que par ouï-dire, tout ce qu'il nous raconta des royaumes du Nord était miracle d'exactitude: « Le fleuve égyptien, nous dit-il, découle du lac Nyanza ; le cuivre et l'or abondent dans l'Ouganda ; nous ne pûmes cependant en découvrir. Le roi seul porte des vêtements et tue tous ceux qui osent l'imiter. Il possède beaucoup d'esclaves et trois mille femmes ; les autres n'en ont que cent et les très jeunes hommes seulement dix à vingt ; ils les volent ou les prennent à la guerre. Les gens du Karague se nourrissent entièrement de laitage; cependant ce sont d'excellents hommes de guerre. M'téza, le roi de l'Ouganda, est *boorra aelni,* un méchant homme, mais comme il est très ami de Roumanika, roi du Karague, il vous donnera une escorte de trois à quatre cents hommes. La petite vérole exerce tous les ans ses ravages dans l'Ouganda. Le roi possède des fusils de Zanzibar. Les sultans de l'Ouganda et du Karague ne s'adjugent pas comme ailleurs une défense pour chaque éléphant qu'on tue. Ceux du Karague portent dans des calebasses du grog dont il existe deux espèces, l'une ardente et enivrante, l'autre douce et bienfaisante. Les rhinocéros blancs abondent dans le pays. Le roi de l'Ouganda ordonne à ses sujets de se mettre à genoux en sa présence et leur défend d'exposer ni leur peau ni leurs pieds devant ses femmes. Les cabanes de roseaux dans le Karague et dans l'Ouganda sont assez élevées pour qu'on puisse y allumer de grands feux. Le roi possède cinq pendules qui lui ont été envoyées de Kazeh. Il aime beaucoup la musique, aussi les musiciens sont-ils nombreux dans ses États. Le murwa [1] et le sorgham du Karague fournissent trois récoltes par an. Le roi d'Ouganda possède une ménagerie de deux cents buffles sauvages ; il vous donnera autant de peaux de léopards que vous voudrez. Les Wahnmah du Karague ont un corps, des bras et des jambes monstrueux ; ils ne peuvent pas marcher et se tiennent toujours sur les genoux et sur les coudes ; ils ont les pieds et les mains petits, le nez bien fait et la peau de couleur claire. Le sultan du Karague ne sachant pas écrire envoie une corde d'écorce dont les nœuds correspondent au nombre de dents d'éléphant qu'il expédie. »

Ces renseignements accrurent notre impatience de nous mettre en route, mais Moossah ne se hâtait guère. Le 16 mars 1861, nous partîmes sans lui, nous dirigeant vers le nord, laissant derrière nous et aux soins de Bombay la majeure partie de nos effets. Speke fit cadeau à Moossah, en retour de son hospitalité, de cinq cents dollars (2,600 fr. environ) et d'une belle montre d'or. A Kazeh, il nous fallut supporter une grande privation, car nous n'y reçûmes aucune lettre, et cependant celles expédiées par nous parvinrent à leur destination.

---

[1] Murwa (*Cleusine coracana*), grain de petit volume qu'on convertit en farine pour en faire une bouillie et une boisson fermentée.

## V

Voyage à Oukuni. — Obstacles à notre départ. — Paysage pittoresque. — Arbres et fruits. — Manière de faire les tissus d'écorce. — Histoire naturelle. — Club d'indigènes. — Danses et jeux. — Un sultan. — Les femmes du pays. — Les esclaves. — Cuisine indigène.

Il nous fut impossible de faire partager aux Africains notre vif désir de hâter la marche de l'expédition. On avait beau commander des porteurs ; une panique générale s'était emparée des indigènes. On craignait une attaque de la part des Watula, race pillarde s'il en fut, et les villages du nord s'occupaient à se fortifier. Ils avaient aussi appris la mort de deux des leurs, tués par les Arabes. Comment s'engager à notre service, s'il nous prenait fantaisie de les traiter de la même façon ? Tout semblait nous être contraire. Les esclaves même des Arabes refusèrent nos offres, bien que Speke fît plus de quatre-vingts milles pour aller les engager à se joindre à nous. De guerre lasse, nous partîmes par détachements, accomplissant quatre-vingt-dix milles en soixante-quinze jours, avec la charge de soixante-quinze hommes. Je consacre ce court chapitre à la description du pays et de ses habitants.

La route était belle, l'eau abondait, les forêts étaient pleines d'ombre. Une riche végétation couvrait les collines. Des rochers à formes fantastiques étaient çà et là jetés parmi les arbres et s'élevaient parfois au dessus d'eux en masses énormes. Les vallées étaient défrichées, et plusieurs villages étaient entourés de palissades. Il ne fallait guère s'éloigner du sentier pour cueillir du maïs. La route, généralement sablonneuse, nous conduisait de vallée en vallée, de forêt en forêt. Nous passâmes à gué deux rivières se dirigeant vers l'ouest : l'une, le Gombé, avait environ 15 mètres de large et à cette époque quatre pieds et demi de profondeur, une eau bourbeuse y coulait avec lenteur, nous la traversâmes, montés sur les épaules de nos hommes ; l'autre, qu'on nous dit être à sec la moitié de l'année, était moins profonde, mais l'eau venait encore jusqu'à la poitrine, et, faible comme je l'étais, je faillis être emporté par le courant ; la fièvre me revenait tous les huit à dix jours, et durait huit à dix heures. Speke, grâce à un long séjour en Afrique, n'en était pas atteint, mais elle n'épargna aucun de nos hommes. L'un d'eux en mourut, et nos pauvres carabiniers du Cap en souffrirent tellement, ainsi que des yeux, qu'ils s'avouèrent incapables de supporter plus longtemps les fatigues de la route. Il fallut les envoyer à Kazeh. La petite vérole semblait être la maladie la plus grave de cette contrée ; nous n'en vîmes aucun cas. L'élévation générale du pays est de 3,400 pieds. Les brouillards sont rares, excepté sur le sommet des montagnes, lorsqu'il a plu. Nous avons observé que la plus grande quantité de pluie tombée était de trois quarts de pouce dans une demi-heure ; elle tomba le 13 avril après un orage épouvantable, et marqua le grand *final* de la saison des pluies. Pendant le jour, un soleil ardent brillait dans un ciel pur ; mais le soir et le matin, l'air était d'une fraîcheur délicieuse ; un bon feu était même assez agréable durant la nuit. Nous n'eûmes point à souffrir des tourbillons de poussière ; et ce fut un bonheur pour nous, car nos cabanes ouvertes n'auraient offert aucun abri contre ce phénomène. L'eau ne manquait jamais, et était excellente. A Minéenga, une source abondante jaillissait d'un tronc d'arbre gisant horizontalement au milieu d'un champ de riz. C'était la fontaine du village; sa position singulière la faisait tenir en grande vénération dans le pays; elle fournissait toute l'année une eau très fraîche.

La flore du pays était nouvelle et intéressante; mais nous fûmes étonnés de ne pas voir de meilleures récoltes, car les graminées à panicules pendantes atteignaient jusqu'à dix pieds de hauteur; le sol toutefois était léger et se composait de la terre végétale que les pluies arrachaient au flanc des montagnes. Ce fut ici que je vis les premiers palmiers depuis que nous avions quitté la côte: on en faisait des clôtures, des poutres, du bois à brûler. Il s'en fabriquait même une liqueur alcoolique; ils étaient chargés de magnifiques régimes de fruits qui pendaient à la merci du premier affamé venu. De nombreux tamariniers, aux gracieux contours, projetaient de tous côtés leur ombre épaisse; on y rencontre aussi un arbre de l'espèce du figuier, dont l'écorce fournit les vêtements des Wagandas. On enlève l'écorce par bandes, et après avoir mouillé celles-ci et battu à coup de maillet jusqu'à ce qu'elles deviennent flexibles, on les coud ensemble. Elles ont alors la couleur d'une peau de chamois, mais offrent une plus grande épaisseur; on jette l'écorce extérieure. Près des villages et sur des élévations faites par les fourmis blanches, poussaient quelques cotonniers; ce produit se convertissait, au moyen de métiers de la construction la plus primitive, en une étoffe lourde et forte, de quatre à cinq pieds de long, et dont un quart se composait d'un bord noir; elle était seulement pour l'usage des femmes. Le sésame se cultivait avec le sorgho; son huile, ainsi que celle de la noix de terre, servait aux indigènes pour s'en frotter des pieds à la tête, et donnait à leur peau le luisant du marbre poli; on y ajoutait de l'ocre rouge, pour varier la couleur. Les indigènes se nourrissent de maïs, de sorgho, de patates douces et de citrouilles ; ils venaient tous les jours nous vendre des noix de terre, du tabac et des poulets. La récolte de riz se fit cette année-là le 3 avril ; il n'y a aucune trace d'irrigation, comme en Égypte ; des pluies abondantes y suppléent. Des négresses, femmes et filles, faisaient la moisson en chantant. Une bande d'esclaves enchaînés par le cou travaillaient avec elles ; ceux-ci coupaient avec un petit couteau la tige à quatre ou cinq pieds au dessous des graines, laissant un chaume haut de trois pieds, que les bestiaux devaient piétiner. Le riz se brassait d'une façon toute originale : on plaçait sur une peau de vache une quantité d'épis ; des esclaves enchaînés les travaillaient des pieds et les vannaient au vent, et après les avoir bien séchés au soleil, on les décortiquait dans un grand mortier. Le chanvre une fois retourné avec de fortes houes à long manche, on y plantait des rejetons de patates douces. Vingt ou trente villageois s'occupaient à la fois de ce travail, criant et chantant sans cesse. Lorsque nos Séés devaient nettoyer le riz dans le mortier de bois, ils se mettaient douze pour faire l'ouvrage de deux ; ceux qui maniaient le pilon accompagnaient leur chant en battant la mesure, pendant que les assistants frappaient des pieds et des mains. Telle est la joyeuse insouciance de la race africaine. On cultive aussi des ignames, mais elles n'atteignent pas un grand développement. Le blé se conserve sous le toit en saillie des cabanes ; on pend quelquefois le maïs aux branches d'un arbre, comme on peut le voir dans les illustrations du *Journal de Speke* (la Récolte d'Ounyamnezi).

Tout était très bon marché : on avait une vache grasse pour sept mètres de calicot ; avec le double, on ajoutait quatre chèvres en sus ; un mouton était à trois mètres et demi ; on nous offrit un âne pour vingt-cinq mètres, c'était trop cher de moitié. Un indigène demanda une charge de poudre pour un poulet, sans vouloir accepter autre chose ; un autre nous amena une chèvre, à condition qu'on lui réparerait son vieux fusil à silex. Le lait était rare, car ce peuple n'osait tenir des troupeaux de bétail, de peur d'éveiller les penchants au pillage des Watulas nomades. Une pinte coûtait jusqu'à trois rangs de verroteries ; on avait douze mesures de riz pour deux mètres de calicot, et pour un rang de perles ordinaires on obtenait une charge de bois ou un plat de noix de terre. Bref, nos hommes, qui recevaient un rang de grains de verre par jour et par tête, firent bonne chère. Le soir, quand les vaches sont rentrées, on allume au milieu de leur enclos un grand amas de détritus, que le feu consume lentement, en donnant une grande fumée. Nous nous amusions à voir chaque bête prendre sa place autour du feu et respirer avec délices la fumée qui l'empêchait d'être tourmentée par les insectes. Les moutons manquaient de rondeur, ils étaient tout blancs ou tout noirs, sans laine, mais couverts d'un poil frisé. La queue, très-grosse à la base, allait en diminuant ; la tête seule était belle ; deux morceaux de peau pendaient du cou, comme chez les chèvres à longues oreilles de l'Inde.

Nous voyions çà et là, loin des cultures, des traces de buffles et d'antilopes, et pourtant il nous fut impossible de tuer aucun de ces animaux. Un troupeau de dix éléphants, passant par le district, avait mangé toute la récolte de sorgho, mais nul ne voulut les poursuivre. On nous offrit en vente une peau de léopard ; les taches étaient d'un noir de jais sur fond jaune et luisaient comme un miroir.

A cette époque de la saison, les récoltes permettaient aux lions de s'y cacher, et un indigène ayant été dévoré par un

de ces carnassiers, on nous conseilla de ne plus sortir après
le coucher du soleil. Lorsque les indigènes voyagent la
nuit, ils marchent rapidement en masse, et soufflent dans
des cornes de vache. Pendant notre séjour à Minéenga, deux
lions donnèrent la chasse à trois hommes et s'emparèrent du
dernier au moment où celui-ci allait atteindre une cabane.
J'allai voir la scène du carnage; une longue traînée de sang
marquait la place, car les lions avaient emporté la victime à
une certaine distance : un seul petit morceau d'os était tout
ce qui restait du corps. Ce malheur arriva juste après le
coucher du soleil, moment réputé le plus dangereux.

Speke tira, dans ces parages, quatre grandes oies noires,
chacune du poids de neuf livres et ayant à l'épaule un singulier ergot de corne ; elles se réfugiaient sur les arbres
lorsqu'elles étaient blessées. J'avais déjà vu, plus au sud,
des animaux de la même espèce prendre leurs ébats sur des
rochers au milieu d'une rivière, et je les avais pris pour
des cormorans. Ces oiseaux devaient être rares, car les indigènes accoururent en foule pour les voir. Ils convertirent
en coiffures les pennes des ailes, tout en rejetant la chair.
Des pigeons sauvages, de petits faucons de différentes espèces voltigeaient constamment dans les bois de palmiers.
La chair des premiers ne valait rien ; ils avaient autour des
yeux une large peau rouge, leur plumage était très joli, les
ailes bleues, la queue noire, traversée d'une barre blanche,
et le reste du corps couleur chocolat. La grue huppée est
d'un noir bleuâtre, de la grandeur du héron ; le contraste
des couleurs rend la tête fort belle. Le bec est noir, et derrière la huppe, également noire, se trouve un bouquet de
fibres, couleur paille, de quatre pouces de long, une peau
blanche comme la craie et sans plumes, couvre les joues,
sous lesquelles pend une grande barbe éclatante.

Les villages sont entourés de hautes palissades : un large fossé à sec, une haie vive d'euphorbes, un chemin couvert auquel succède une palissade, en font souvent de véritables places fortes. Je vis une fois, placée en face de la seule entrée d'un village, sur une élévation, une vieille houe, qu'un morceau de toile d'écorce protégeait contre les intempéries de l'air : c'était un charme pour conjurer le mauvais œil. Afin de donner une idée de ces villages, je dirai qu'en entrant par la porte, toujours très basse, on se trouve dans une avenue de palissades ; les maisons ou plutôt les cabanes bâties de chaque côté sont aussi entourées de palissades. Jusqu'à ce que nous eussions obtenu un gîte à l'intérieur du village, il nous fallut rester avec nos effets dans l'*iwansa* ou club, une chambre longue, à toiture basse, n'ayant qu'une entrée et entièrement noircie par la fumée, faute d'une cheminée. Le long des murs courait un banc incliné recouvert de peaux de vache, sur lesquelles les hommes venaient faire la sieste. Dans un coin pendaient quelques bambous, des bûches fumaient à terre. Les jeunes gens du village avaient coutume de s'assembler dans ce lieu pour connaître les nouvelles. Ils y passaient le temps à fumer, à s'épiler mutuellement les sourcils et les cils, à se limer les dents et à se marquer la figure, au moyen d'incisions, des signes de leur caste ; on dansait aussi à l'extérieur : les hommes se placent en ligne sur un grand morceau d'écorce sur une peau de vache, les plus grands au centre ; les tambours commencent, un chant hurlé les accompagne, et les danseurs, les mains sur les hanches et la tête inclinée vers la terre, frappent des pieds le sol en cadence. Les femmes se tiennent en arrière, spectatrices silencieuses, mais les hommes sur le devant prennent part aux chœurs. Des éclats de rire, des cris d'admiration terminent chaque danse et impriment à la fête un cachet des plus primitifs. La danse de nos Sécés n'était pas la même : deux d'entre eux prenaient place au milieu d'un cercle; et tout en battant des mains se lançaient des coups de pied, avec force contorsions ; la foule qui les entourait chantait un air animé et battait la mesure des pieds et des mains. Ils avaient encore un autre divertissement. Les joueurs s'asseyaient par terre sur deux lignes se faisant face; chacun plaçait devant lui un épi de maïs et cherchait avec une toupie de gourde à renverser l'épi de son adversaire. Les efforts que chacun des deux joueurs faisait pour gagner, provoquaient de joyeux éclats de rire.

Il est rare que le sommeil soit interrompu la nuit dans un village wézée ; le cornet à bouquin d'un voyageur auquel on répondait du village voisin, les cris d'un enfant malade, le chant du grillon, en troublaient seuls le calme. Le chant du coq, les mugissements impatients des vaches, le bêlement des veaux nous éveillaient dès l'aube; quelques oiseaux, dont le chant était peu mélodieux, faisaient leur partie dans ce concert; puis c'était le bruit du pilon écrasant le blé, ainsi que le roucoulement des ramiers dans les bois de palmiers. Les cabanes, bâties en forme de meules de blé, avaient quinze pieds de hauteur et quinze ou dix-huit pieds de diamètre; les toits, faits d'herbes, étaient quelquefois garantis contre les étincelles par des *michans* ou cadres de tiges de maïs; on ne balayait jamais le sol de ces habitations, où il fait noir comme dans la cale d'un navire. Le mobilier consistait en quelques vases de terre pour la cuisson des légumes et de la bouillie, en peaux déguenillées et en calebasses ; quelquefois on y voyait un arc, des flèches et un siége ou deux. Le blé se conservait dans des boîtes d'écorce, et les chèvres ainsi que les veaux pénétraient librement dans les cabanes.

Les peaux de chèvre que portaient les indigènes d'Ousagara différaient de celles dont se servaient leurs voisins d'Ounyanyembo, en ce qu'elles étaient mieux préparées et qu'on y avait laissé une bordure de poils. Les femmes se ceignaient les reins d'un morceau de toile de coton indigène ou de calicot. C'est dans ce pays que je vis pour la première fois un homme portant une peau de nzoé, antilope d'une nouvelle espèce, que nous découvrîmes plus tard dans le lac Karague.

La description d'un des sultans suffira pour donner au lecteur une idée générale des trois clans wézées que nous avions rencontrés. Ce potentat était du reste un des plus beaux spécimens de la race et passait pour éclairé, bien qu'il ne connût pas son âge, qu'il ne sût ni lire, ni écrire, ni compter même au-delà de dix et qu'il ne donnât aucun nom aux jours de la semaine, ni aux mois pour les distinguer! Un mois après notre arrivée dans son district, le sultan Ugalée [1] vint à Alineenga; son arrivée fut saluée par les cris aigus des femmes et par des décharges de fusil de nos volontaires. Il nous rendit visite le lendemain; il semblait avoir vingt-deux ans environ; il a trente femmes et trois enfants. Grand de six pieds et d'une forte complexion, il porte sur son visage l'expression d'une stupidité épaisse et lourde. Les cheveux, nattés et entremêlés de fibres d'écorce, pendent en écheveaux, une espèce de bannière en drap de coton bleu et jaune frotte sur le corps et un morceau de calicot s'enroule autour des reins. Le sultan marche nu-pieds; il porte au poignet gauche un énorme anneau

[1] Ce mot veut dire bouillie.

d'ivoire et au droit un anneau de cuivre, tressé en forme de câble ; des ornements semb'ables lui couvrent les chevilles par centaines. Prié de s'asseoir sur une de nos chaises de fer, il ne répondit pas et semblait avoir peur. C'était un vieillard qui portait la parole. Speke lui fit voir un revolver à six coups ; il le regarda longtemps, mais sans manifester aucune impression. Je lui fis voir un album rempli de dessins d'oiseaux et d'animaux, sur une des pages duquel il reconnut le sirboko ou chef du village, bien qu'il tînt le livre à l'envers ; ce dessin lui arracha pourtant un sourire et il daigna faire savoir qu'il préférait les animaux aux oiseaux. Il voulut bien accepter un peu de tabac à priser ; il en aspira une prise et donna le reste à son truchement. Nous l'invitâmes à dîner avec nous, et à sept heures on dépêcha un messager pour l'avertir que le repas l'attendait, mais il nous fit répondre qu'il était *plein* et ne pouvait même pas accepter un verre de rhum. Le lendemain, il vint nous dire adieu et partit sans aucun échange de cadeaux. En cela, il ne ressemblait guère à la race avide de l'Ougago.

Tous les jours, les femmes du pays venaient, en bande, pour nous voir ; elles avaient le teint cuivré, les traits aplatis et portaient des colliers de graines rouges comme le fruit du sorbier, les chevilles disparaissaient sous des quantités d'anneaux de fil de fer. Elles se tenaient pendant des heures assises devant nous, silencieuses et fumant, occupées soit à allaiter leurs enfants, soit à les masser. Les unes portaient le lourd manteau du pays, d'autres une espèce de robe mal faite et malpropre, en calicot. Quelques jeunes filles aux traits agréables et doux n'avaient qu'un pagne pour tout vêtement ; chez les petits enfants, ce pagne était remplacé par une frange de graines.

Les hommes accompagnaient rarement les femmes ; cependant Speke ayant fait le portrait de l'une d'elles, le mari vint le prier d'y mettre son nom, afin qu'on sût en Angleterre de qui elle était la femme. Nous vîmes sur cette route quelques jeunes filles de Nyambo d'une beauté remarquable ; les hommes de cette race s'occupent exclusivement de la garde des bestiaux, tandis que les femmes soignent le ménage, la cuisine, et font un peu les coquettes. Elles ont les pieds très petits. Deux d'entre elles, dans tout l'éclat de la jeunesse, vinrent poser pour leur portrait et se tinrent gracieusement enlacées, véritables modèles de statuaire ; leur chevelure laineuse, soigneusement peignée, était relevée avec une large bande de peau de vache entièrement blanche et contrastant agréablement avec le ton de cuivre mat de leur peau transparente.

Les femmes de Waha leur ressemblent ; elles ont la taille svelte et gracieuse, — même sans crinoline, — et paraissent très intelligentes. On les regarde comme une race inférieure à celle des Watusi que nous avons décrits à Kazeh, bien qu'elles se coiffent de la même manière et portent les bras nus ; elles diffèrent par leurs vêtements de peau de vache pendant de la ceinture à la cheville et d'une couleur d'ocre jaune. Un jour, nous fîmes halte à l'établissement d'un trafiquant, Sungoro-bine-Tabeet, de qui l'on nous avait souvent parlé, car il voyageait toujours avec une double tente, à cause de ses soixante femmes. J'en vis cinq ; l'une d'elles, une Kubshée ou Abyssinienne, nous causa une profonde déception. Elle avait la bouche très grande, et bien que le nez fût arqué et le teint assez clair pour une négresse, elle ne présentait qu'un pauvre spécimen de sa race. Une autre appartenait à une caste favorite, celle des Watusi, faciles à reconnaître à leur air intelligent, à leurs manières polies et aisées; c'était une belle jeune femme à la taille élégante et noble, aux grands yeux noirs et joignant au galbe le plus pur des formes ravissantes ; les femmes de sa race préfèrent la mort à l'esclavage et ne mangent ni poulet, ni viande de chèvre. Sungoro, son mari n'était pas digne d'elle, car il avait été en prison pour un vol commis par l'ordre d'un Arabe, son maître ; celui-ci, il est vrai, lui laissa en compensation tout son bien mal acquis.

Deux ans avant notre arrivée, les Watulas nomades, dont les femmes, dit-on, manient l'arc, étaient venus traîtreusement piller les villages et enlever les bestiaux ; mais, après s'être battus pendant cinq jours contre le sultan, ils reculèrent devant les mousquets d'un Sécé nommé Sirboko. Nous passâmes plusieurs jours chez cet excellent homme, qui désirait ardemment retourner à Zanzibar ; mais le sultan faisait la sourde oreille, car pour le récompenser de ses services, il lui avait fait don d'une grande étendue de terrain pour y demeurer jusqu'à la fin de ses jours, générosité singulièrement rare dans ces contrées. Pendant que nous habitions son *Bungalow* couvert de chaume, si propre et si commode, en attendant l'arrivée de nouveaux porteurs, sheikh Saïd nous avertit par une lettre qu'il nous envoya de Kazeh qu'il fallait hâter notre voyage, car les Arabes de cette ville avaient projeté de nous tuer, nous croyant les complices de Manne Serœ, le chef rebelle. Il fallut que notre ami Moossah se portât garant de la pureté de nos intentions, et cela par serment solennel à la mahométane. L'affaire s'était assoupie, mais Moossah ne put obtenir la permission de nous rejoindre. Depuis la mort du pauvre Svay, Mohinena était le chef des Arabes ; il nous en voulait parce qu'un jour, à Kazeh, plusieurs de ses esclaves femelles, après avoir été cruellement battues, avaient imploré notre protection ; mais notre intervention toute bienveillante n'eut pour résultat qu'un surcroît de mauvais traitements. Les Arabes que nous rencontrions étaient une race vile et dégradée ; au lieu d'améliorer le pays, ils l'avaient ruiné par des exactions et des cruautés. Tous faisaient le commerce d'esclaves, envers lesquels ils montraient une dureté que leur propre sécurité rendait quelquefois nécessaire. A Minéenga nous vîmes plusieurs bandes de ces malheureux enchaînés les uns aux autres, et ce spectacle révoltant nous fit songer avec bonheur à la vie paisible et heureuse des habitants de nos fertiles campagnes.

Les esclaves, vêtus chacun d'une seule peau de chèvre, couchent la nuit près du feu. Ils ne quittent jamais leurs chaînes ; si un seul est obligé de se lever, tous les autres doivent en faire autant. Ils mangeaient à la gamelle des patates douces bouillies ou des feuilles de citrouille arrangées en épinards. On les mettait à la diète, afin d'être plus facilement maître d'eux. Un esclave, voyant un jour notre cuisinier jeter la tête d'un poulet qu'il venait de tuer, la ramassa et la porta à un esclave convalescent ; celui-ci la saisit avec l'avidité d'un chien affamé. Nous leur donnions les restes de nos repas et jusqu'aux os. Un petit gamin, — d'Ouganda probablement, — dont les oreilles étaient coupées, les surveillait et les traitait avec une brutalité féroce. On n'exigeait guère d'eux d'autre travail que de porter le bois pour le feu et de nettoyer le blé qu'ils mangeaient. Le propriétaire n'avait d'autre but que de les maintenir vivants et de les empêcher de s'évader jusqu'à ce qu'il les eût vendus sur la côte. Une expérience toute récente, la fuite de quinze esclaves dont cinq femmes, n'engageait pas

4.

Sirboko à renoncer au système des chaînes ; — Les oiseaux, sans cela, disait-il, prendraient vite leur volée. Ils avaient généralement l'air morne, cependant ils se livraient quelquefois à des danses, même bruyantes, jusqu'à ce que leur terrible gardien vînt rétablir l'ordre. Parmi ces pauvre gens, se trouvait un malheureux de la race cannibale, au nord-ouest des Tanyanyska ; il ne différait en rien de ses camarades qui, ne partageant pas ses goûts, le raillaient. Un autre, enchaîné depuis cinq ans, dit à Speke que le fardeau de la vie lui devenait impossible à supporter ; c'était le chef de la bande. Nous avions remarqué ses bonnes qualités et nous résolûmes de le délivrer ; on lui retira ses chaînes, et une fois libre, il semblait encore douter de la réalité de son bonheur ; mais lorsqu'il se vit habillé par Baraka d'un vêtement tout propre en calicot, il se regarda d'un air triomphant et vint nous faire sa plus belle révérence. Il était couvert de cicatrices ; il avait été pris par les Watulas, qui lui avaient coupé plusieurs doigts du pied. Cet homme nous resta fidèle pendant toute l'expédition ; malheur à celui de ses camarades qui osait s'attaquer à Baraka, son bienfaiteur ! D'un bond il s'élançait pour le défendre.

La curiosité des indigènes qui voyaient pour la première fois des hommes blancs, tout excusable qu'elle fût, devenait par moments intolérable. Ils ne craignaient même pas de s'introduire dans notre tente ; aussi, de guerre lasse, nous prîmes l'habitude de nous asseoir en plein air sous quelque arbre. Ce système nous réussit, car en nous examinant tout à leur aise, ils finirent par se fatiguer de ce spectacle et nous laissèrent un peu tranquilles. Les hommes se montraient généralement curieux et avides ; ils cajolaient Baraka, se jetant à son cou dans l'espoir d'obtenir de lui un cadeau ; mais ils étaient honnêtes, car bien qu'aucun de nos effets ne fût enfermé sous clef, on ne nous déroba jamais la moindre chose dans un village wézée. Des voleurs vinrent une nuit chez Sirboko, ils furent pris, battus et renvoyés. Un mois plus tard, ils revinrent à la charge et réussirent à s'emparer d'une caisse de fer-blanc, contenant des vêtements et divers effets ; ils emportèrent aussi plusieurs défenses d'éléphant appartenant à Sirboko. Nos Séedés mirent tant de zèle à faire toute la nuit des recherches à la lumière des torches, qu'au point du jour la plupart des objets étaient retrouvés. On fit venir un *mganga* ou charlatan, homme d'un âge mûr, pour découvrir le reste ; tout fut rendu au bout de deux jours, à l'exception d'une dent d'ivoire et d'une chemise de flanelle. Les voleurs, intimidés, avaient déposé les objets à la porte du village.

Pendant que nous attendions nos porteurs à Minéenga, nous employions notre temps à enseigner à nos hommes l'exercice du sabre ; ils y prenaient goût et s'y montraient très aptes ; seulement, lorsque survenait une averse, chacun se croyait en droit d'abandonner le champ de manœuvres et de chercher un abri. Sur la côte, ils avaient déjà appris à faire un feu de peloton et à tirer au but, mais ils prenaient peu de soin des munitions et oubliaient ordinairement de retirer la baguette avant de faire partir le fusil. Cependant on aurait pu, nous en étions convaincus, avec six mois d'exercice et une discipline sévère, faire d'un nègre un bon soldat d'infanterie, d'un dévouement à toute épreuve, si son officier sait lui inspirer de l'attachement.

Rien ne réjouit le voyageur comme de rencontrer des traces d'homme en traversant une immense forêt. Les Wézées en font souvent l'expérience, car au dessus ou à côté du sentier ils érigent des arcs de triomphe au moyen de perches; ils les ornent de têtes d'antilope portant leur bois, de fumier d'éléphant, d'ossements, d'arcs et de gourdes brisées. Ces trophées donnent au voyageur une nouvelle énergie, car elles lui disent que le camp et l'eau sont à proximité, et que le cornet à bouquin du conducteur de la caravane donnera bientôt le signal de la halte. Les Ounyamnezi s'égarent rarement dans ces vastes forêts ; ils s'orientent en remarquant la position du soleil et brisent des branches pour indiquer la route.

Durant les cinquante-cinq jours de ma détention à Minéenga, Speke avait passé seize jours à Kazeh pour se procurer des porteurs. Trois jours après son retour, le 18 mai 1861, je pris la direction du nord vers Oukuni, avec un détachement de quarante charges. Speke me rejoignit le 21, puis je continuai ma route sans lui et j'arrivai le 27 à Oukuni. Je donne ici un extrait de mon journal des deux derniers jours ; le lecteur y fera la connaissance du sultan Ukulima, chez qui je fus détenu pendant neuf jours.

*26. mai* — Speke a besoin de l'office ; hier soir il revint avec trois pintades et une grande oie, de celles qui perchent sur les arbres. J'allai de grand matin visiter les Watusi ; c'est une belle race, ils ont la tête petite, mais bien conformée, de grands beaux yeux, le nez mince et la mâchoire supérieure légèrement comprimée ; ils sont bien soignés, et à côté d'eux les Wézées paraissent malpropres et négligés. Ils se fabriquent des paniers d'osier au moyen d'une lance aiguisée, et se servent de leurs pieds avec beaucoup d'adresse. Un forgeron travaillait activement à faire des anneaux de fil de fer qu'ils portent à la cheville ; le soufflet était petit, de bois, avec un manche de canne ; un seul homme le maniait ; un lourd ciseau à froid servait de marteau. Ils travaillaient accroupis. Je remarque que les Watusi traitent leurs esclaves avec bonté ; ceux-ci ne font généralement que ce qui leur plaît. A Zanzibar, me dit Bombay, on les fait travailler toute la journée, et quelquefois la nuit on les envoie en maraude. Cependant la coutume orthodoxe exige que l'esclave dispose lui-même de deux jours sur sept.

*27 mai.* — Bombay et moi partons pour Nunda, dans le pays d'Oukuni, avec trente-huit porteurs. Notre chemin nous conduisit pendant sept milles à travers un beau pays, bien cultivé. A un mille de distance, le village nous apparut et, après avoir dépassé la première enceinte d'euphorbes, je me trouvai dans un chemin tournant très bien entretenu. Le village semblait presque désert. Je vis une cabane ronde et très haute, d'où venait une forte odeur de chèvres et de bestiaux ; c'était le palais. Je demandai à un vieillard assis sur un banc de bois et qu'entouraient cinq ou six hommes, s'il m'était permis d'en faire ma demeure. — *Dovgoh Yango* (viens, mon frère), me répondit-il. J'étais en présence d'Ukulima, le sultan. J'installai mon lit dans la véranda après l'avoir débarrassée du fumier des bêtes. La sultane, bonne vieille femme aux formes excessives, vint me recevoir et m'accueillit à bras ouverts, comme si j'étais son fils. Elle s'assit sur mon lit et s'étonnait de tout ce qu'elle me voyait déballer. Bombay se procura du pombé[1] ; le sultan, buveur émérite, en but le premier, au moyen d'une paille ; puis ce fut mon tour. La boisson n'était pas mauvaise, et le sultan y revenait souvent. Les curieux étaient accourus

----

[1] Boisson fermentée faite de blé, de racines ou de fruits.

par centaines et nous regardaient avec surprise. Enfin je m'endormis, malgré les tambours qui ne cessaient de battre en l'honneur de notre arrivée. La politesse et le respect de ces gens étaient remarquables, ils se retiraient dès que je m'asseyais pour prendre mes repas. Le lait coûtait fort cher et on n'en obtenait que difficilement. Je ne revis plus le sultan ce jour-là, il avait trop fêté le pombé !

# VI

Vie champêtre à Oukuni, du 27 mai au 12 septembre 1861. — Climat, vents, etc. — Musiciens aveugles. — Nourriture des indigènes. — Monnaies et manufactures. — Flore d'Oukuni. — Animaux sauvages et domestiques. — Singulière cérémonie. — Attaque de fourmis. — Le sultan et la sultane d'Oukuni. — Amour maternel des Africaines. — Superstitions. — Système de fraternité.

Le pays, en général, est situé à environ 3240 pieds au-dessus de la mer et dans un bon état de culture. De belles forêts couvrent les collines, dont les sommets portent d'énormes masses de rochers arrondis ; on y voit des blocs de quarante à cinquante pieds de haut en équilibre les uns sur les autres ; puis ce sont des gorges et des défilés qui courent de l'une à l'autre vallée. Il y a des réservoirs profonds, creusés par le temps, et qui contiennent une eau excellente.

Pendant les mois de juin, de juillet, d'août et la première quinzaine de septembre il n'y eut que deux ou trois légères averses (en juillet), précédées chaque soir d'un temps couvert, ce qui nous empêcha d'observer une comète dans la constellation de la grande Ourse.

Un épais brouillard régnait durant le jour, si le vent du sud-est ne soufflait pas ; ce vent très malsain et très violent nous faisait tous éternuer et nous causait des toux violentes. Il soufflait ordinairement dès huit heures du matin ; mais vers le 12 septembre il vint de l'est qui nous amena un temps magnifique. Le froid, pendant les matinées de juin, était perçant, et le pauvre négrillon nu, qui gardait les veaux, se pressait la nuit contre eux pour se réchauffer ; nos Séedés dormaient bien couverts, près d'un grand feu. A la fin de ce même mois, les arbres étaient dépouillés de leurs feuilles et les plantes vivaces égayaient seules la forêt ; on avait brûlé l'herbe et laissé en jachère les champs, dont le sol calciné tombait en poussière. Tout portait l'empreinte de l'hiver. Au mois d'août, les arbres commencèrent à se revêtir de feuilles et l'herbe repoussait partout où elle avait été brûlée. J'ai déjà parlé de l'influence délétère du vent de sud-est ; pas un de nous n'y échappa. Speke en souffrit cruellement pendant notre séparation de trois mois ; parcourant sans cesse le pays à la recherche de guides et de porteurs pour notre expédition vers le nord, il fut pris d'une toux des plus graves. Des dix Séedés que j'avais à mon service personnel, la moitié était hors d'état de faire la moindre besogne tant que soufflait ce terrible vent.

Les principales maladies des indigènes sont des jambes enflées, des écailles aux yeux, la gale chez les petits enfants, quelques cas de petite vérole et de cécité. Un aveugle avait l'habitude de parcourir le village, sans l'aide même d'un chien, car il en connaissait tous les détours, et recevait dans chaque cabane, à cause de sa joyeuse humeur, le meilleur accueil. Il chantait souvent le soir, au clair de lune, deux heures de suite, entouré d'une foule d'hommes et de femmes qui l'accompagnaient en chœur. Un autre aveugle, horriblement marqué de la petite vérole, rassemblait autour de lui les garçons du village et leur enseignait les airs nationaux, dont quelques-uns sont vraiment remarquables.

Les cérémonies funèbres sont très simples. On enterre les chefs et les hommes des classes supérieures, sous le sol même de leur demeure et plus souvent dans le hangar des bestiaux, tandis qu'on jette les esclaves et les sorcières dans la jungle, sans leur accorder de sépulture.

Quoique habitant la véranda du *M'teine* ou sultan, dans la partie la plus importante du village, il m'est rarement arrivé d'assister aux repas des indigènes, à moins qu'ils ne fussent réunis pour boire du pombé. Ils couraient, à toute heure de la journée, la *fortune du pot*; ils attrapaient ici ou là une patate bouillie, une tournée de pombé, et dans de rares occasions quelques morceaux de bœuf. Les femmes montraient plus de régularité dans leur manière de vivre. La sultane, chez qui je demeurais, prenait ses repas dans la cour, et avait toujours près d'elle un ou plusieurs hôtes, c'étaient généralement des femmes de son âge et des petits enfants; mais le sultan ne venait jamais manger avec elle. Le repas se composait de patates douces bouillies; une servante les apportait sur un plateau de bois qu'elle plaçait à terre en s'agenouillant. On servait de même un bol de pombé.

Le sultan avait sept femmes; chacune d'elles avait sa demeure et son établissement particulier, et quoiqu'il les visitât tous les jours, il dormait la nuit chez lui et dans un lieu juste assez grand pour une seule personne; des charmes de toute sorte, des pattes de lion entouraient sa couche. Il vivait presque uniquement de pombé; il jouissait cepen-

dant d'une excellente santé et déployait, malgré les soixante-dix ans qu'il semblait avoir, une incessante activité.
On tenait dans les principales maisons du village des *réceptions* présidées par le sultan, et dans ces occasions la première rasade de pombé lui revenait de droit. Les femmes
buvaient séparément, sous les auspices de la sultane. Il faut
cinq jours pour préparer la boisson : le sorgho doit être nettoyé, moulu, humecté et bouilli, le fumier de vache alimen-
tant le feu ; on le laisse refroidir, puis on le boit, sans le
filtrer, et pendant la fermentation, dans des bols d'herbe
faits par les femmes. C'est une boisson passable, lorsqu'on y
ajoute un peu de miel ; il faut s'y habituer pour qu'elle ne
porte pas à la tête. Nos Séedés étaient constamment ivres,
tandis que les indigènes, dont c'était la principale nourriture, présentaient toute l'apparence d'une bonne santé et ne
s'animaient que rarement. Leur manière de vivre contri-
buait certainement à ce résultat, car tous étaient aux
champs avant le jour, recueillant les récoltes, ou s'occupant
de l'intérieur des clôtures de différents enclos. Le 3 juin,
les femmes étaient en train de couper le sorgho, de mettre
le chaume en paniers, et de les porter sur la tête au village. Après l'avoir bien fait sécher au soleil, les hommes
rangés sur des files battirent le grain avec des raquettes à
long manche, le vannèrent ensuite au vent du sud-est, et
au 1er juillet la récolte entière, la provision d'une année,
se trouvait emmagasinée. On permettait aux pauvres de
glaner dans les champs de sorgho, de patates et de noix de
terre ; en cas de mauvaise récolte, ceux-ci étaient réduits à
se nourrir de patates séchées et des herbes sauvages qu'ils
trouvaient. Nos dix Séedés (les autres accompagnaient
Speke) n'avaient pas les moyens d'acheter une chèvre ou
une vache, et ils souffraient beaucoup du manque de

viande. La chasse me donnait presque tous les jours soit une pintade, soit un pigeon ramier, mais les Séedés étaient réduits à se nourrir de bouillie ou de poisson froid, sauf les jours où, ayant rendu quelque service aux indigènes, ils pouvaient leur acheter un poulet. Nous nous servions, en guise de monnaie, de grains roses appelés *goolabée*; on les recevait très volontiers, mais lorsqu'ils furent épuisés, les indigènes refusèrent tout net la nouvelle monnaie, des *magee bahr*, grains d'un beau vert de mer, et augmentèrent du double leurs marchandises. Des *kanyera*, d'un blanc pur, eurent le même sort; il fut impossible de les faire entrer en circulation; ils rejetèrent aussi d'un air de souverain mépris les *kudunduguru* (grains rouges); c'était bon pour les pays sauvages du Nord ! Les *kutu'mnzée* ou feuilles de cocotier trouvèrent enfin grâce devant eux, la grève cessa et nous eûmes du lait pour le thé. Toute cette graine représentait la monnaie de cuivre. Un tissu de calicot écru d'environ trente mètres, pesant dix livres et portant en bleu l'estampille de « Massachusett's Sheeting » [1], remplaçait l'argent. Celui qui obtenait la partie estampillée, le *kéerole* ou miroir, comme ils l'appelaient, passait pour un heureux mortel, aussi avait-il soin d'étaler l'inscription sur ses reins. Des rouleaux de fil de cuivre un peu plus gros que celui dont on se sert dans la télégraphie, étaient nos souverains d'or. Les indigènes s'en faisaient des bracelets.

Le minerai se fond ordinairement dans la forêt, puis on le porte au forgeron et celui-ci le convertit, sur une enclume de pierre et en le frappant d'une autre pierre, en une longue tige qu'il attache au moyen d'une vis à main entre deux poteaux, et qu'il étire jusqu'à ce qu'il soit de la grosseur

[1] Toile de Massachusetts.

d'un fil. Le métal ainsi chauffé est facile à manier ; on le tourne alors autour de quelques crins de vache ou de girafe. Hommes et femmes les portent ainsi travaillés à la cheville ; quinze anneaux de fil de fer coûtent une rangée de grains, autrement dit, un sou ! Ils doublent de valeur lorsqu'ils sont en cuivre. Les indigènes fabriquent de cette même primitive façon de petits couteaux, des pincettes. La science métallurgique ne leur fournit pas de meilleurs procédés.

Les femmes ne travaillent pas à l'aiguille ; ce sont les hommes qui cousent le tissu qu'ils font sur le métier ; mais les premières sont très habiles dans l'art de tresser la paille et de faire des nattes. Elles moulent le blé et s'occupent de l'intérieur. La belle poterie manque complétement dans le pays ; elle est remplacée par des bols de bois et de paille ; cependant on rencontre ici et là quelques *goorahs* ou vases de terre grossiers. Le sel s'extrait du sol, et on le préfère à celui qu'on retire de l'incinération des plantes.

La flore ne présentait guère d'intérêt, à cette époque de sécheresse ; tout dormait ; les fleurs manquaient presque totalement. Pourtant, dans le lit d'une rivière, sur des arbustes assez volumineux, j'en cueillis quelques unes qui avaient une odeur de jasmin des plus douces et des plus agréables. Des buissons à épines portaient aussi des fleurs d'un beau rouge. L'arbre le plus utile aux habitants est le *miombo,* espèce de tamarin ; son bois fait un feu très brillant qui dure toute une nuit, et les Africains adorent la chaleur. Les branches du miombo fournissent les fibres qu'on ajoute à la chevelure.

Le sultan possédait trois cents vaches laitières ; cependant nous avions chaque jour beaucoup de peine à avoir du lait, et lorsque nous nous en étions procuré, nous le faisions bouillir afin qu'il se conservât pour le lendemain. Cela

déplut aux indigènes : — Les vaches ne donneront plus
de lait, disaient-ils, si vous continuez ainsi. Les veaux en
consommaient la majeure partie. Nous ne pouvions avoir
de beurre que lorsqu'il était rance ; les indigènes l'em-
ployaient à s'en frictionner le corps. Il n'y avait dans ce
pays ni lions, ni aucune nouvelle espèce d'animaux. Un
jour que j'étais à la poursuite de pintades, armé d'une carabine, parce que ces oiseaux devenaient très sauvages, je
tombai sur deux rhinocéros de grande taille ; tous les deux
me chargèrent ; mais à une quinzaine de mètres ils changèrent d'avis et firent volte-face. J'envoyai une balle dans
l'épaule de celui qui était le plus rapproché de moi, mais je
ne l'atteignis pas ; et, voulant prendre mon fusil ordinaire,
en cas d'attaque, je vis mes deux serviteurs qui s'éloignaient
à toutes jambes. J'essayai de les rattraper, mais je ne pus y
parvenir. Le garde-manger étant presque vide, je me trouvai
très heureux de tuer, avec du petit plomb, une antilope
femelle, sans cornes et de couleur baie ; je ne connaissais
pas cette espèce. Ses flancs étaient tachetés, quatre raies
blanches traversaient le dos, et la queue se terminait par
une touffe de longs poils. Le seul domestique qui m'accompagnait en ce moment, refusa de se charger de la bête ;
toutefois, je l'obligeai à me prêter assistance, et nous arrivâmes enfin à proximité du village, avec notre fardeau.
Il me dit alors de demander au sultan la permission de faire
entrer l'antilope, les Wézées tenant cette espèce en aversion
n'en mangent jamais. Peu soucieux de perdre une chasse,
je présentai une requête au sultan ; il en fut singulièrement
surpris et se mit dans une telle colère que les hommes qui
l'entouraient furent obligés d'intervenir pour m'en expliquer
la cause : — Si vous mangez de cette chair, me dirent-ils,
vous perdrez les doigts du pied et de la main, et votre corps

se couvrira d'ulcères. On ne me permit pas même de prendre la peau de l'animal. Nos Séédés l'appelaient *barvala* dans leur dialecte, et se refusèrent aussi à en manger ; cependant à la voir, cette antilope me sembla tout aussi belle que les autres espèces. Parmi les animaux de moindre dimension, je remarquai le N'géerée, espèce de porc dont les Wézées sont très friands et qui creuse des sources dans la forêt ; un autre animal de la même taille s'appelait N'grooweh, et me parut devoir être une antilope, d'après la description qu'on m'en donna. Il y avait aussi des chats sauvages, bruns de couleur et chamarrés sur le dos de barres transversales. Des *goozéerao* parcouraient en bandes la forêt en quête d'eau ; ce sont de charmants petits animaux, au pelage fourré et rayé jusqu'à l'extrémité de la queue, on les apprivoise facilement ; l'un ayant été blessé d'un coup de fusil, un de ses compagnons se mit en devoir de le mettre en morceaux.

Les lions et les hyènes sont considérés comme appartenant au sultan et faisant partie de ses revenus. Lorsqu'on a tué un de ces carnassiers, les hommes l'attachent sur une espèce de brancard et le portent sur leurs épaules jusqu'à la porte de Sa Majesté. Alors une animation extrême se manifeste, les tambours raisonnent, les femmes crient et l'on danse autour du cadavre. On coupe ensuite par morceaux la chair putride, et le sultan la fait bouillir lui-même ; la graisse est conservée comme une médecine magique du plus haut prix ; la queue et les pattes sont suspendues au dessus de la porte d'entrée, et la peau, bien tendue par des chevilles de bois, sèche au soleil jusqu'à ce qu'elle soit préparée pour l'usage du sultan, car nul autre que lui n'oserait s'en parer. Le lynx est encore prisé plus que le lion, bien qu'il ne soit guère plus grand que le re-

nard de nos pays. Voici le cérémonial observé à l'arrivée
d'un lion ou d'un lynx : le sultan, la sultane et la femme
qui, par son rang, vient immédiatement après celle-ci,
prennent place sur des siéges, on dépose devant eux la bête
morte et la foule se tient debout. Alors on convertit en
pâte, avec de l'eau, un peu d'excréments de serpent. Le
sultan se fait lui-même des taches de cet onguent sur le
front, la poitrine, les épaules, le cou-de-pied et la paume de
la main; il fait la même opération aux deux femmes, puis
les danses commencent au son du tambour et continuent
des heures entières. Les excréments du serpent ont la vertu
de répandre l'abondance sur une maison ; aussi l'usage en
est-il réservé aux rois seuls.

Les vautours se disputaient les cadavres de bêtes mortes
qu'on jetait hors du village, ce qui n'empêchait pas les indigènes de se parer de leurs plumes. Un faucon couleur
ardoise, à vol puissant, faisait une rude guerre aux pintades.
Parmi les oiseaux bons à manger, je citerai trois espèces
de perdreaux, des cailles, des florikans, des ramiers, des
pintades et des canards portant sur le bec une protubérance
assez volumineuse. Quelques perroquets, des oiseaux de
paradis à longue queue, au vol élégant et rapide, de beaux
oiseaux de la grosseur du merle, d'autres au corps noir et
aux pennes blanches, constituaient les principaux représen-
tants de l'ornithologie du pays.

Nos Sédées prirent presque tout le poisson du district.
Au moyen d'une espèce de claie faite avec des bâtons, ils
fouillaient les endroits de la rivière, où l'eau montait jusqu'à la ceinture. Les plus communs étaient le *makembara*,
poisson sans écaille, à grosse tête, au corps long et maigre,
et le *gogo*, moins grand que le premier, pesant trois
quarts de livre et ressemblant à l'épinoche.

Les rats, les puces et les fourmis troublaient trop souvent notre sommeil. Des veaux s'échappant la nuit de leur parc faisaient parfois mettre tout le village sur pied ; d'autres fois nos Sédées donnaient l'alarme en criant : *Scafoo!* (les fourmis) apportez de la lumière ! Ces terribles insectes s'attachaient en un instant à la peau et nous suçaient le sang comme des sangsues, jusqu'à ce qu'on fût parvenu à les tuer, encore fallait-il de rudes batailles pour vaincre l'ennemi. Ces insectes ne sont pas plus grands que notre espèce commune, mais ils vous mordent avec une férocité extrême.

La description que j'ai donnée du sultan de Minéengo s'applique à tous les habitants d'Ounyamnezi, c'est-à-dire du *pays de la Lune* ; c'est une race abrutie, sans ambition, capable cependant de s'améliorer. Mon ami Ukulima d'Oukim me plaisait assez malgré ses défauts. Habitant la Vérandade sa principale demeure, en compagnie de chèvres et de quelques servantes, je le voyais passer tous les jours, et s'il était de belle humeur il me saluait du nom de « Père » et même « Sultan ». Bien des fois, et à mon grand ennui, il passait des heures assis sur une chaise de fer, la graissant au contact de sa peau et bouleversant ma pharmacie portative, pour y chercher la quinine qu'il aimait à mettre dans la boisson d'un voisin pour rire des grimaces que provoquait l'amertume de cette drogue. Il s'amusait beaucoup de voir une allumette prendre feu par le frottement, mais n'osait faire cette opération. Lorsque j'avais tué un pigeon, il m'importunait comme un véritable enfant, afin que je le lui donne ; puis il me disait d'en tirer un autre, car il lui fallait la couple. Si je repoussais sa requête, il s'en allait boudant et me prévenait avec ironie qu'il y aurait du pombé le lendemain. Voyant que je n'exigeais rien pour le prix de mes remèdes, il redoubla de bonté envers moi, et, encouragé par mes complaisances, me supplia un jour de lui donner une prescription afin qu'il pût distinguer ses amis de ses ennemis. Il s'inquiétait beaucoup de notre voyage dans le Karague, où selon lui la mort nous attendait. Ces gens-là, disait-il, vous planteront leur lame dans le pied, en vous demandant ce que vous venez faire chez eux. Retournez plutôt à la côte, où mon propre fils vous accompagnera.

Tout cela était charmant, mais le lendemain au moment de notre départ, après avoir reçu de Speke des cadeaux et en avoir exprimé son contentement, il fit voir son vrai caractère en exigeant de moi de nouveaux présents. Sur mon refus, il se saisit d'un fusil, de deux caisses de munitions et chassa mes porteurs du village à coups de bâton. L'envoi d'un peu de toile et de quelques verroteries adoucit sa colère et mes effets me furent restitués. Il jouissait dans le pays d'une très grande considération, et les sultans du voisinage venaient lui rendre visite avec force cérémonies. Dans ces occasions, on demandait mes armes pour tirer des salves. Les visiteurs ne manquaient jamais de m'honorer aussi de leur présence et d'examiner minutieusement tous mes effets. Un chef de Watusi prit un jour fantaisie de mon parapluie, et m'offrit en échange d'abord sa pipe, puis une houe de fer. Pour me débarrasser de ses importunités, je le priai de me vendre un de ses doigts, en lui disant que je ne vendrais pas mon parapluie pour vingt vaches ; il me comprit à la fin et me laissa tranquille.

Les indigènes professaient une sorte de culte pour les *Wazoongoo* ou hommes blancs ; notre papier même, qu'ils appelaient *papolo*, possédait aux yeux de quelques-uns des vertus particulières, mais nous étions forcés d'en être avares, n'ayant eu aucune communication avec l'Angleterre depuis un an.

Notre refus invariable d'acheter des esclaves étonnait les Arabes de ce pays ; ils ne comprenaient pas qu'on pût être indifférent à ce commerce ; aussi haussaient-ils les épaules d'un air qui signifiait : — Mais alors qu'êtes-vous venu faire ici ?

Je me rencontrais tous les jours avec le sultan ; nous échangions une cordiale poignée de main, en nous informant de nos santés respectives. Ses petits enfants venaient chaque matin saluer la bonne dame à son lever ; toute la famille l'entourait de respect, et si une personne d'un rang inférieur la rencontrait, elle s'agenouillait ou battait deux fois des mains. La sultane était aussi active que son mari, et tout en s'occupant du ménage, savait se maintenir une certaine dignité exempte d'arrogance. On la voyait s'occuper des petits enfants, les porter sur son dos, et quelquefois elle ne dédaignait pas d'aller chercher elle-même son bois de chauffage. Si je refusais le pombé, que présentait son mari ou son fils, elle avait coutume de m'en apporter une coupe pleine, de l'approcher de ses lèvres, et de me prier en s'inclinant, de vouloir bien l'accepter. En arrivant au Caire, j'envoyai par la route de Zanzibar des verroteries et des bijoux à mon aimable hôtesse, à qui, je l'espère, ils sont parvenus.

Les femmes eurent bien vite découvert mon miroir ; elles ne faisaient que s'y regarder, mais sans se montrer satisfaites de l'image qu'il leur renvoyait. Elles s'occupaient des travaux des champs et maniaient même le fléau. La danse les réunissait souvent au clair de lune. C'étaient alors des piétinements, des contorsions, des chants, des rires auxquels la lassitude seule mettait fin. Elles ont, sous plusieurs rapports, quelque chose de viril ; deux d'entre elles m'accompagnèrent comme porteuses, lorsque j'allai rejoindre

Speke, et fumèrent même pendant la route plus que des hommes. Leur unique vêtement consiste en une toile roulée autour du corps, depuis la ceinture jusqu'aux mollets ; une masse d'anneaux de cuivre ou de fer entourent la cheville. Leur chevelure laineuse est enduite d'une préparation huileuse et entremêlée d'anneaux et de graines. Elles portent des colliers de grains roses ou bruns, mais pas de bagues aux doigts de pied. Lorsque deux femmes de rang différent se rencontrent, celle du rang inférieur ploie un genou et baisse la tête, tandis que l'autre pose une main sur son épaule en murmurant quelques paroles inintelligibles ; puis elles gardent un instant le silence, après quoi la femme agenouillée se relève, et dès ce moment, elles babillent ensemble.

Les femmes wazées ne pratiquent pas beaucoup le tatouage ; elles se font simplement trois lignes à la tempe, et quelquefois une autre qui va du front jusqu'au nez ; mais plusieurs femmes watusi portaient sur les épaules et la poitrine un beau tatouage imitant une broderie et se croisant sur le dos comme des bretelles. Le même dessin se remarquait à la taille. En travaillant avec une aiguille les fibres du cuir, elles savent donner à la peau de vache qui leur sert de vêtement l'apparence de nos étoffes à poil frisé. Elles sont excellentes mères et jamais aucune d'elles n'a vendu son enfant, même dans un temps de famine ; elles mourraient plutôt !

J'ai décrit les habitations du pays dans le chapitre précédent, j'ajouterai que les villages manquent d'eau et qu'on est obligé d'aller la prendre à des sources éloignées. Il est défendu de rôtir les noix de terre à l'intérieur du *bomah* (l'enceinte du village) ; à l'extérieur, on fixait sur des porches ou sur les arbres les plus élevés, les crânes et les mains des ennemis tués à la guerre. Lorsqu'il fallait élargir la clôture du village, les Watusi prenaient des arbres dans la forêt, et après les avoir dépouillés de leurs branches, ils les plantaient en palissade en y attachant des crânes d'hommes, d'animaux, des siéges brisés, des paniers, des coquillages, etc.

Le 27 juin, le cri : Guerre ! guerre ! vint frapper nos oreilles. en un instant tout le monde fut sur pied, et trente pauvres diables ayant chacun un arc et quatre à cinq flèches, s'élancèrent hors du village, lentement suivis par le sultan, portant deux lances. On les vit disparaître dans les hautes herbes, où il y eût quelques escarmouches avec l'ennemi ; puis tous revinrent au village prendre leur pombé !

Le 4 juillet, une nouvelle alerte eut lieu. Les gens d'un village. M'Salala, avaient enlevé plusieurs bestiaux ; quelques hommes armés de haches, de lances, d'arcs, de flèches partirent sous le commandement d'un chef habillé de rouge. Au bout de dix jours ils revinrent tous sains et saufs, après avoir tué six des ennemis et rapportant comme trophée une tête qu'on planta sur la palissade de la porte orientale. Dans la soirée, les vainqueurs se livrèrent aux danses et aux libations du pombé.

Le 17, à une heure de l'après-midi, on dansa de nouveau, puis un tribunal siégea pour recevoir des dépositions concernant la guerre M'Salala. Une dent d'éléphant était placée au centre, le sultan et ses *wazées* ou officiers étaient seuls assis. Les femmes prêtèrent aux discours une attention soutenue, et tout se passa fort convenablement. Le sultan parla pendant une heure à la foule, s'arrêtant par moment pour se recueillir et s'épilant le visage avec des pinces de fer. Chacun de ses bons mots était salué d'éclats de rire, et lorsqu'il cessa, la conversation devint générale.

Puis un wazéo prononça un discours très animé, dont chaque phrase provoquait des battements de mains ; deux des assistants, se faisant jour à travers la foule, vinrent parler aussi, mais avec un moindre succès, et le tribunal s'ajourna. Hormis l'opération épilatoire du sultan, je ne vis absolument rien à reprendre dans cette séance. Deux jours plus tard, il y en eut une seconde ; la dent d'éléphant était restée à la même place ; le chef de M'Salala l'avait présentée en signe de soumission à la sentence du tribunal. Ainsi il suffit d'un simple arbitrage pour terminer cette guerre de vingt-quatre jours qui, heureusement, n'avait coûté la vie qu'à six hommes.

Le 4 août, la vue d'un homme jetant dans un buisson de la forêt deux mains mutilées causa un grand émoi. On eut immédiatement le soupçon d'un meurtre, et l'inculpé, ne pouvant donner une explication satisfaisante, fut mis en prison ; malheureusement il parvint à s'échapper. Il est d'usage, lorsqu'il est prouvé que de pareilles dépouilles sont le fruit de la guerre, que le chef du village tue une vache et donne une fête. Cela suffit probablement pour engager à commettre des meurtres.

Ces mœurs gênent beaucoup le commerce et les voyages, car des hommes seuls ne peuvent se rendre d'un district à un autre, sans crainte d'être au moins pillé sinon assassiné. Un jour, deux de nos hommes étant restés en arrière, on se saisit d'eux et de leurs fusils, et il fallut donner quatre mètres de toile pour qu'on les laissât continuer leur route. La guerre cause d'incessantes représailles. Une caravane de M'Salala, venant de la côte, fut pillée par les habitants d'Ougago ; les victimes, pour se venger, s'emparèrent des marchandises d'un trafiquant arabe qui traversait leur district, et jurèrent de traiter de même tous les étrangers jusqu'à ce que la loi des représailles eût reçu pleine satisfaction.

La garde du sultan se composait d'une vingtaine de vauriens qui s'occupaient presque exclusivement à parer leurs personnes et se croyaient l'élite de la nation. Ils portaient aux différent villages les ordres de Sa Majesté, ils lui servaient d'escorte et en cas de guerre faisaient dans tout le pays des levées parmi les hommes de leur classe et parmi les indigènes les plus pauvres. Ces soldats se regardaient comme les gardes-du-corps du sultan, et, satisfaits de leur position sociale, passaient leur vie à ne rien faire, jouant au bao, à pile ou face, battant du tambour, etc. On se demandera sans doute comment il est possible de jouer à pile ou face en l'absence de toute espèce de monnaie ; mais, n'y a-t-il pas deux côtés à un morceau d'écorce ? On se servait donc de ronds d'écorce et de quelques disques de plomb; on les lançait en l'air et ils retombaient sur une peau de vache. L'enjeu se composait d'arcs, de flèches et d'anneaux de fil de fer ; des morceaux de bois servaient de fiches. Le bao est un jeu de la côte qui se joue à deux sur une planche ayant trente-deux petits creux et avec soixante-quatre fiches de grains, appelées *komo*. Le sultan jouait avec qui voulait à ce jeu qui demande une grande habileté.

Les tambours du pays sont en bois et ont trois à quatre pieds de haut; on les suspend à une poutre et on frappe dessus avec des baguettes d'un pied. A l'approche d'un hôte distingué, tel que le fils d'un sultan voisin, chacun à son tour battait aux champs. Un rappel furieux indiquait l'arrivée d'un criminel ou d'un lion. En cas de meurtre, on commençait par des coups simples et on finissait par des roulements.

Les indigènes n'ont aucune idée de religion, d'idoles ou de jours consacrés ; en revanche ils sont riches en superstitions. Speke arrivant un jour dans un village se vit fermer les portes, et les habitants le laissèrent pendant trois heures exposé à un soleil brûlant. Ils n'avaient jamais vu d'homme blanc, ni de caisses de fer-blanc que portaient nos serviteurs : Ce sont peut-être, dirent-ils, les Watuta pillards qui se sont transformés ainsi et qui viennent nous tuer ! et ils refusèrent d'ouvrir les portes. Toutes les remontrances furent sans effet et Speke dut se remettre en marche.

Trois pierres dessinaient autour de la maison du sultan d'Oukumi un triangle dans lequel, croyait-on, il ne pouvait arriver aucun mal au sultan, même si on lui tirait là un coup de fusil ! Un de nos hommes, s'étant assis sur une de ces pierres, se releva avec terreur, lorsqu'il en apprit le caractère sacré.

La cérémonie usitée pour chasser un mauvais esprit ou *phrpo* est très curieuse. Le sultan s'assied à la porte de sa chaumière qui est ornée de pattes de lion ; sa fille, la possédée, se tient en face de lui encapuchonnée et gardée de chaque côté par une femme watusi armée d'une lance, la sultane complète le cercle. On fait tomber sur ce groupe une légère pluie de pombé, puis on amène une vache, dont le museau est fortement lié. Un homme lui donne deux petits coups de hache entre les cornes, la possédée et un second personnage en font autant ; alors un autre homme s'avance et d'un seul coup tue la vache en la frappant derrière les cornes ; on recueille le sang sur un plateau placé aux pieds de la possédée ; un homme armé d'une lance applique un peu de sang au front, au cou, à la paume et à la cheville des femmes ; il marque de même ses camarades, puis un autre s'empare du plateau et fait au sultan, à sa famille et à tous ceux de sa maison, des taches semblables. Le plateau revient alors aux pieds de la possédée ; celle-ci oint avec du sang ses petits enfants et ses neveux, agenouillés devant elle ; ses sœurs et ses parents viennent à leur tour se faire oindre par elle, tout en lui adressant des félicitations. Elle se lève enfin, pousse un cri plaintif et se rend à la demeure de la sultane précédée d'hommes armés de lances. Elle se promène dans le village pendant le reste de la journée, toujours encapuchonnée et suivie de quelques serviteurs ; ceux-ci chantent et secouent des gourdes qui contiennent des grains. On désigne une vieille femme pour lutter avec elle ; l'enjeu est le manche à balai qu'elle tient et qui finit, par lui rester. Plus tard la scène change : elle reparaît dans son accoutrement de tous les jours à cette exception près que son visage, ainsi que celui de ceux qui la suivent, porte des peintures bizarres. Elle s'assied et reçoit sans sourire des offrandes de blé ainsi que des grains et des anneaux qu'on place sur une branche qu'elle tient à la main ; puis elle va et vient parmi les femmes qui lui crient *jombe* (vache) ! ou quelque autre mot ridicule pour la faire rire. C'est la fin de la cérémonie pour la journée, et deux jours après on voit l'héroïne de cette scène parcourir le village avec sa branche chargée de grains et d'anneaux, en pleine possession d'elle-même et parfaitement guérie. Le mauvais esprit a été obligé de déguerpir !

Tout cas de magie noire était jugé selon ces règles, et il s'ensuivait ordinairement une condamnation. Un vacher qui m'avait vendu du poisson mourut subitement ; on soupçonna une de ses deux femmes de l'avoir empoisonné et on la mit en jugement. Elle fut reconnue coupable et condamnée. Le lendemain on la conduisit, les bras liés derrière le dos, dans le lit desséché d'une rivière et on l'y tua en lui coupant la gorge d'une oreille à l'autre. Par un

hasard étrange, les hyènes ne touchèrent pas au cadavre,
ce qui confirma la croyance de sa culpabilité, car, me disait mon cuisinier Sédé, l'hyène n'a-t-elle pas une âme?
Ne pénètre-t-elle pas votre pensée lorsque vous allez lui
tirer un coup de fusil?

Le 10 juillet, mon domestique me demanda la permission
d'aller voir l'*uchawé*. Je l'accompagnai à l'extérieur de
l'enceinte: une femme et un jeune garçon gisaient à terre,
liés si fortement qu'ils se tordaient de douleur. La foule,
sans pitié, les accablait d'insultes, mais à ma prière on
lâcha un peu les cordes. Ils étaient accusés d'avoir ensorcelé le frère du sultan, alité depuis quinze jours, et à moins
de détruire les effets funestes du charme, ils devaient être
punis de mort. Le jeune garçon disait d'une voix lamen-
table : « Menez-moi dans la forêt, j'y connais une plante
dont la vertu guérira le malade. » Le septième jour à partir
de cette scène, il fut mis à mort et l'on rendit la liberté à
la femme. J'allai le lendemain pour examiner le corps,
mais l'hyène, me dit-on, l'avait emporté ; je ne vis que
des traces de sang et quelques mèches de cheveux près d'un
feu encore vif. L'avait-on torturé en le faisant brûler ???

Plusieurs des nôtres fraternisèrent avec les wézées ; cette
cérémonie est des plus grotesques et voici comment elle se
passa entre Bombay et Kéerenga, le fils du sultan. Mon
consentement obtenu, on étendit une natte sur laquelle ils
s'accroupirent à quatre, car chacun des futurs frères avait
avec lui un confident ou témoin ; on plaça devant eux deux
larges feuilles d'arbre, un peu de graisse et une tête de
lance. Au moyen d'une incision faite au côté gauche, on
tira un peu de sang à chaque néophyte ; les témoins en
répandirent une goutte sur chacune des feuilles en y
ajoutant un peu de graisse, puis après les avoir échangées

ils en frottèrent deux fois la plaie. Ils déchirèrent ensuite
les feuilles et les jetèrent sur la tête des deux frères ; puis,
le plus âgé des spectateurs leur adressa un discours solennel,
après quoi ils se graissèrent les côtes en se faisant force
compliments, et le rappel battu sur chacun des quatre
tambours, une salve de dix coups de fusil signala la fin de
la cérémonie. Un garçon d'Ouganda, le magicien du sultan,
en fraternisant avec Rahan notre cuisinier, se fit sur la
poitrine des incisions qu'il frotta de graisse de lion. Ce
jeune sorcier d'Ouganda pouvait, d'un souffle de son tube
de bambou, disperser tous les ennemis de son maître, et
d'un second souffle faisait apparaître tous les animaux de
la forêt.

Il serait fastidieux de raconter les nombreuses difficultés
dont nous fûmes accablés pendant quatre mois à propos des
porteurs que nous ne pouvions nous procurer. Speke était
en avant à soixante milles de distance avec une partie des
effets ; nous ne pouvions faire un pas de plus ni l'un ni
l'autre. Nous ressemblions à deux planètes qu'une loi im-
muable oblige à conserver la même distance. Il résolut donc
d'entreprendre une marche forcée jusqu'au Karagué dans
l'espérance de pouvoir m'envoyer du secours ; mais nos
Sédés se révoltèrent et refusèrent net de se mettre en
route. Le pays d'Ousni était, selon eux, très dangereux à
traverser ; on y massacrait les blancs comme des magiciens
de la pire espèce : nous manquions, en outre, disaient-ils,
des cadeaux qui auraient pu nous rendre les chefs favorables. Speke, toujours actif, revint à mon grand étonnement m'annoncer cet échec, lorsque je le croyais déjà dans
le Karagué. Que faire ? Notre provision de toile et de verroterie commençait à s'épuiser et mon sultan à moi refusait
de fournir un seul porteur. Il fallait tâcher de nous procu-

ler dans l'Ounyanyembe, et près des autres Arabes, des charpentiers pour confectionner un radeau à l'extrémité sud du lac Nyanza, afin d'éviter les dangers de la traversée d'Ousni.

Speke revint le dix-neuvième jour ayant accompli un voyage de cent quatre-vingt milles, aller et retour. Il avait commandé à Zanzibar un nouvel approvisionnement de marchandises ; mais ce n'est que deux ans après, à notre retour en Angleterre, que nous eûmes des nouvelles de cette urgente commande !

L'idée du radeau avait été abandonnée ; Speke ramenait avec lui des guides et des interprètes pour l'Ouganda. Un mois s'écoula ; ses guides l'abandonnent et il envoie Bombay en chercher d'autres, car lui-même était tombé malade. Je ne sus que vingt-sept jours plus tard ces contre-temps. Tout à coup arrivèrent des gens de la côte, venant du Nord ; la route est libre, me dirent-ils, tous les chefs vous attendent ; dépêchez-vous de trouver des porteurs. Enfin le 12 septembre, je pus, en dépit du mauvais vouloir de mon vieux sultan, me mettre en route pour rejoindre mon compagnon.

# VII

D'Oukuni au Karague; du 12 septembre au 25 novembre, distance parcourue, 200 milles. — Commencement du voyage. — Attaque pendant la route. — La race watuta. — Le pays entre Oukuni et le Karague. — Cascade. — Le roi des oiseaux — Les Wangambo. — Les Walingno ou ouvriers en fer. — Une beauté indigène. — Langue du pays.

Karague ! combien nous allions être heureux d'arriver enfin dans ce superbe pays! Ses belles montagnes, son lac pittoresque, son climat, et par dessus tout les mœurs si douces et si aimables de la famille royale, formaient un tel contraste avec ce que nous connaissions de l'Afrique et des Africains qu'à la condition d'être entouré des nôtres, nous eussions volontiers consenti à y fixer notre résidence, du moins pour quelque temps. Mais il fallait partir et en septembre 1861, au moment de me remettre en route, je vis s'élever des centaines d'obstacles inconnus dans d'autres pays. Nul ne pouvait croire, après la longue halte que je venais de faire, à mon intention sérieuse de continuer mon voyage. Force fut bien cependant de se rendre à l'évidence lorsqu'on me vit passer en revue mes rangées de grains, les emballer et faire distribuer les charges. Le sultan, sa famille, tous m'accablèrent de demandes de cadeaux. J'aurais donné des mondes pour échapper à de telles importunités. La moitié des porteurs étant enfin rassemblés, il y eut un moment d'incertitude : les hommes refusèrent d'accepter le salaire convenu, et ce ne fut qu'après mille pourparlers qu'ils se soumirent à nos conventions. Enfin, après d'innombrables ennuis, je me décidai à partir en avant pour le camp, distant de huit milles, Said, Itahan et Barak promettant de venir me rejoindre le lendemain matin.

Je m'éveillai de bonne heure, au bruit de plusieurs voix très animées. C'étaient des hommes envoyés par le sultan Myonga pour m'engager à le visiter avec ma caravane. Sa résidence ne se trouvant pas sur ma route, et Speke m'ayant enjoint de ne pas lui faire de cadeaux, je refusai l'invitation ; mais arrivés à l'endroit où la route bifurquait pour se rendre à son village, ils nous menacèrent de leurs lances en nous défiant de passer outre ; sans nous laisser intimider, nous continuâmes notre marche pendant sept milles.

Tout à coup, d'un bois voisin, deux cents hommes armés s'élancent ; il passent devant nous sans manifester de mauvaises intentions, mais soudain ils font demi tour et se jettent au milieu de nous en brandissant leurs lances. Nos porteurs effrayés jettent leur charge et se sauvent. Voyant mon butin mis au pillage, j'essayai de le sauver sans effusion de sang, car les assaillants étaient trop nombreux et je n'avais près de moi que deux indigènes et un seul des porteurs auxquels j'avais confié les fusils. En allant à la recherche du reste de mon escorte, je trouvai Rahan qui défendait deux charges contre cinq ennemis : Manna l'avait traité d'imbécile de ce qu'il pensait aux charges dans un tel moment, et lui avait conseillé de prendre la fuite pour sauver au moins sa vie : Mais ce butin n'est-il pas ma vie ? me dit-il.

Je me mis en route pour demander satisfaction au sultan Myonga ; chemin faisant il me fit dire de ne rien craindre, d'aller au village habité par son fils et que tout me serait restitué. J'y trouvai des hommes portant déjà les vêtements qu'ils avaient enlevés aux nôtres. Je me sentis prisonnier, mes plus belles espérances avaient fait naufrage, et je restai abattu au milieu d'insolents maraudeurs qui me raillaient. Une seule imprudence pouvait faire échouer notre expédition, aussi malgré les lances dirigées sur ma poitrine, je restai calme, sans faire usage de la carabine suspendue à mon épaule. Et en vérité nul n'osa me toucher.

Le lendemain on me rendit quinze charges sur cinquante-cinq, et quinze de mes cinquante-six porteurs reparurent ! Deux Wézées, me dit-on, avaient été tués ; en cherchant leurs traces, j'en trouvai trois autres cachés avec leurs charges dans les hautes herbes. Myonga, selon la rumeur, était furieux contre ses gens ; il avait coupé une

main à l'un d'eux et jura que tout me serait rendu à l'exception toutefois des effets des porteurs. Il me fit dire le
lendemain soir que la restitution était complète, mais il
me manquait encore six charges de verroterie, des toiles,
et divers autres objets. On avait volé dans toutes les caisses
et cassé à coups de pierres celles qu'on ne pouvait ouvrir.
Les porteurs désertèrent, bien qu'ils eussent reçu le salaire
jusqu'à Karague, notre marche fut retardée et nous étions
tous déshonorés.

Le sultan accueillit mes plaintes avec beaucoup de sympathie et me promit des hommes. Ce n'était qu'une ruse !
Quatre jours après l'attaque et grâce à des secours envoyés
par Speke, je me trouvai en état de reprendre mon voyage ;
mais les wézées menaçaient de me quitter si je m'éloi-
gnais sans la permission du sultan. Lorsque je présentai ma requête à ce dernier, me disant satisfait de
ce que l'on m'avait rendu, il me répondit nonchalamment
qu'il ne se souciait pas de mes cadeaux, mais qu'il lui fallait mes Sécdés et leurs fusils pour attaquer un de ses voisins. Je jugeai la prétention inadmissible et j'envoyai
comme présents plusieurs morceaux d'étoffe et une couverture de laine rouge. Le sultan n'en fit aucun cas ; les indi
gènes devenaient de plus en plus importuns et refusaient
en paiement nos verroteries. Pour comble d'embarras, les
porteurs commençaient à déserter sous prétexte que les
vivres leur manquaient. Je résolus de sortir à tout prix d
cette situation, même en sacrifiant plusieurs fusils, mais
Speke que la maladie retenait prisonnier douze milles plu
loin me fit dire d'accéder aux exigences du sultan sans me
dépouiller d'une seule arme. Plusieurs Sécdés, sous le
commandement de Baraka, m'avaient apporté ce message ;
bien armés et ayant chacun dix coups à tirer, ils se présen-

tèrent devant le sultan lui proposant trente mètres d'étoffe et une certaine quantité de fil de cuivre. Le chef les reçut avec hauteur : — Pourquoi, leur dit-il, se montrer si avare envers moi?,Les hommes de mon rang méritent mieux que cela ! Je ne demande que vingt pièces d'étoffe, quatre barils de poudre et la couverture rouge. Je consentis à doubler la quantité d'étoffe que j'avais d'abord offerte et à y ajouter un seul baril de poudre. Baraka réussit à terminer cette négociation, probablement à la satisfaction du sultan, car il lui fit cadeau d'une chèvre, et après un délai de sept jours et des contrariétés sans fin, je pus me remettre en route.

J'ajouterai quelques détails sur les Watutas. Ils avaient récemment aidé Balœrna, un chef de district, à battre mon ami Myonga, et lui avaient enlevé une trentaine de bestiaux. Nous ne vîmes jamais aucun homme de cette tribu, mais j'eus occasion de traverser, avec ma troupe, deux de leurs camps abandonnés. Deux de mes hommes qui avaient été, pendant quelque temps, prisonniers chez eux m'ont fourni ces détails. Leur sultan M'fookoolla a son quartier général à Malaw, province qui confine à la partie nord-ouest du lac Nyassa. Son frère M'tumbarceka s'est dirigé vers le nord à Utambara et y a établi une résidence royale. Ces souverains africains envoient leur wuzeers ou officiers avec quelques milliers d'hommes ravager tout le pays d'alentour, enlevant les bestiaux et à défaut d'animaux exigeant des esclaves, mais ne se retirant jamais sans avoir obtenu une rançon. La seule race du Sud capable de leur tenir tête est celle des Wateesa.

Les hommes de la côte visitent quelquefois et sans aucune crainte les camps de Watutas, mais en général toutes les peuplades de l'intérieur tremblent continuellement de les voir arriver. Ils possèdent sur le lac Nyassa de grands ba-

teaux, qui leur servent à se transporter sur différents points
du lac et à y faire des razzias. Ils sont armés de deux ou
trois lances très courtes et ont pour se garantir un grand
bouclier en cuir qu'ils tiennent de la main gauche. Cherchant surtout à se faire des esclaves, ils ne tuent leurs adversaires que lorsque ceux-ci se refusent de se rendre prisonniers. Quoique vivant spécialement sous des tentes, ils
se construisent des cabanes lorsqu'ils vont passer un certain
temps dans le même endroit et les entourent d'une clôture
d'euphorbe, plante réputée vénéneuse et bonne pour les
seuls Watutas!

Le sultan Myonga et les huit à dix chefs de second ordre
dont nous traversâmes plus tard le pays ne valaient certes
pas mieux que les Watutas, et s'ils ne nous dépouillèrent
pas complètement, ce fut par crainte de recevoir des coups
de fusil ou d'être ensorcelés. La peur des chefs voisins y
contribua aussi, car celui qui, par ses exactions, amasse
quelque fortune se voit bientôt jalousé et s'expose aux attaques de ses confrères en maraude. Dès qu'on entendait le
bruit discordant du tambour de guerre, comme sommation
d'avoir à acquitter une taxe de passage, nos porteurs wézées
ne manquaient pas de se sauver; et lorsque le tambour
battait de nouveau, en guise de quittance, et que nous étions
libres de continuer notre route, ils exigeaient souvent une
plus forte quantité de toile, de sorte que les amis ne nous
faisaient guère moins souffrir que les ennemis. Le seul
moyen de les retenir fut de leur enlever les arcs et les
flèches, sans lesquels ils n'auraient pu entreprendre leur
voyage de retour, à travers tant de peuplades turbulentes
et pillardes. Pour comble de malheur, nos Scédés que nous
avions engagés et payés au consulat britannique de Zanzibar, se mirent en grève pour obtenir double paie et une

indemnité plus forte pour leurs vivres. Nous écoutâmes leur demande avec calme, et lorsque, prenant la parole, je leur dis qu'ils étaient libres de nous quitter, à la condition de rendre leurs armes, ils les déposèrent devant nous ; cependant tous, sauf trois, se ravisèrent le lendemain et retournèrent à leurs devoirs. Toutes ces exactions eurent pour effet d'alléger nos bagages, et nous n'étions pas encore loin dans l'intérieur des terres que nous n'avions déjà plus de verroterie que pour six mois.

Les seize premières étapes, à partir d'Oukuni, nous firent traverser un pays assez agréable, couvert de hautes herbes et de forêts ombreuses ; nous rencontrions çà et là des espaces de terrain complètement défrichés, suffisants pour produire le grain nécessaire à un ou deux mille voyageurs pendant toute une saison. Lohagattée nous offrit un ravissant paysage. De pittoresques rochers, couronnés de bouquets d'arbres, émergeaient au-dessus des vallons et nous rappelèrent les falaises du lac de Killarney. Une cascade ajoutait à cette partie de la route un charme singulier : l'eau tombait de soixante-dix pieds de hauteur sur d'énormes rochers noirs, à l'aspect volcanique. Des fougères, des mousses y poussaient en abondance, et je pensai involontairement à mes excursions dans un autre pays, à la recherche de plantes et de curiosités d'histoire naturelle. Les indigènes vinrent au camp demander pourquoi l'homme blanc avait visité la cascade. Voulait-il la tarir ou la boire, et priver d'eau toute la vallée ? Leur chef, nous dit-on, célèbre en cet endroit une cérémonie propitiatoire pour obtenir de la pluie ; mais comme elle était tombée en grande abondance, il nous fut facile de calmer les inquiétudes des indigènes. Le docteur « à pluie », comme disaient ces derniers, avait placé vers le 20 octobre ses instruments de magie sous un arbre et s'attendait à voir quinze jours après, à la nouvelle lune qui marquait la fin de son année, la pluie tomber en averses considérables. Il me demanda un morceau de papier pour l'aider dans son opération ; je lui donnai une demi feuille de papier écolier, mais il préféra du papier tout barbouillé d'écriture.

Pendant la fin de septembre et le mois d'octobre, nous eûmes des pluies fréquentes et quelques orages, mais le 2 novembre, à la nouvelle lune, ainsi que l'avait prédit le savant docteur, il s'éleva un véritable ouragan, accompagné d'une pluie torrentielle qui dura jusqu'au 5. Pour la première fois depuis notre arrivée en Afrique, nous jouissions des délices d'une eau pure comme le cristal qui jaillissait du roc au milieu des chaînes de montagnes d'Ousni ; soit pour cette cause, soit parce que la saison avait changé ou que le climat nous fût plus favorable, la santé de nos hommes devint beaucoup meilleure pendant les mois d'octobre et de novembre. Speke se rétablissait rapidement, et au lieu des fièvres qui m'accablaient habituellement, je ne souffrais plus de temps à autre que de nausées.

Le pays d'Ouzinga offre au géologue, à cause de ses formes variées, beaucoup d'intérêt. Un jour, du sommet d'un rocher fracassé par le temps, vous contemplez la pente étendue et unie d'une montagne dont les flancs, demi-rocher, demi-marais, vous rappellent les Highlands, sauf que le paysage représente un jardin de bananiers. Le lendemain, vous admirez les monts volcaniques de Kishakka, dont les uns sont arides et couverts de grès rouge et de fragments de quartz blanc, tandis que les autres sont revêtus jusqu'à la cime d'une herbe d'un vert pâle et d'arbres aux riches ombrages. Ils avaient la forme d'une selle, d'un fer à cheval ou d'un cône tronqué. Puis c'étaient des champs

de bananiers dont le fruit fait un vin doux, spiritueux et
très-agréable au goût; le sol est jonché des feuilles et des
tiges sèches qu'on laisse à terre pour le protéger contre la
trop grande chaleur et contribuer au développement d'une
sorte de fève particulière au pays et que l'on cultive à
l'ombre de ces arbres. La récolte du maïs et du manioc se
fit en novembre cette année-là ; les patates douces étaient
mûres et abondantes ; le sorgho manquait dans cette saison,
et le tabac, les poulets, les vaches et les chèvres coûtaient
plus cher que dans l'Ounyamnezi.

La vue de nos vêtements effrayait les bestiaux ; ils appartenaient à la race lourde et commune du Karague,
à grandes cornes et sans bosse ; une autre espèce n'avait
pas de cornes du tout. Les pâturages manquant complètement, ces pauvres animaux étaient maigres et décharnés.
Ils couchent la nuit autour de grands feux, près des habitations, sans aucune clôture. Lorsque les indigènes veulent
tuer une vache, ils la poursuivent avec un sabre et lui
coupent le jarret ou lui cassent une jambe de derrière.

Il y a dans les forêts de la partie méridionale différentes
espèces d'antilopes, des élans, des zèbres et des sangliers,
mais c'est dans la vallée de l'Ourigi, qui sépare Ouzinga
du Karague, que je rencontrai le plus grand nombre et la
plus grande variété d'animaux. Outre ceux que je viens de
citer, le chasseur pouvait rencontrer dans la même matinée
des girafes et des rhinocéros. La plaine est couverte d'herbe
haute de quatre pieds ; elle a quatre milles de long, vingt
de large, et faisait probablement autrefois partie du Victoria
Nyanza. Je ne rencontrai pas un seul éléphant, le pays était
trop ouvert pour eux ; on entendait rarement le cri des
hyènes ; les piquants de porc-épic abondaient dans les bois;
peu ou point de serpents. Les alentours des habitations

étaient envahis par les pintades ; les indigènes refusent de les manger, mais les Walingas, peuplade qui travaille le minerai et le fer, n'ont pas le même préjugé. J'ai découvert dans ces parages une nouvelle espèce de perdreaux, dont l'appel ressemble à celui des faisans de l'Himalaya. Ces oiseaux courent d'une manière bizarre en rejetant le corps en arrière ; ils ont le cou d'un rouge orange et cerclé de la même couleur autour des yeux ; j'en tuai un qui portait un double éperon et pesait une livre et demie.

J'observai trois belles espèces d'hirondelles ; l'une d'elles était entièrement noire, à l'exception d'un peu de blanc sur le front et à la mandibule inférieure ; une autre était également noire ; toutes les deux avaient la queue fourchue et fréquentaient les terrains rocailleux. La troisième espèce, plus grande, avait le ventre et la gorge rouges et un peu de blanc sous les ailes ; le reste du corps était noir. Elle volait dans les endroits couverts de broussailles. Des oiseaux noirs de la grandeur et de la forme du rouge-gorge voltigeaient d'arbre en arbre ; les bergeronnettes visitaient familièrement notre camp ; des grimpereaux sautillaient dans les arbustes et, au milieu des roseaux, je tirai un oiseau à l'aspect singulier, à queue longue et au plumage entièrement brun. Nos Sécédés le considéraient comme le roi des oiseaux. Il s'appelle le *M'linda*, et ne prend son vol qu'entouré d'un état-major de petits oiseaux dont le devoir est de ramasser et de déchirer la moindre plume qui tombe du roi, afin qu'on ne puisse pas la mettre à une flèche. Pareille chose se dit du singe à pèlerine qui, connaissant le prix attaché à sa peau, s'arrache ses beaux poils, lorsqu'il est blessé, afin qu'on ne puisse les employer. La peau du m'linda est aussi forte que celle de la souris, les plumes participent du poil, le bec est plus gros que celui de la linotte et les pattes sont rouges et tendres. Nos hommes furent enchantés de rencontrer, pendant une marche, un oiseau appelé *Koug-Of'a*, présage certain d'un grand bonheur.

Sur notre route à travers le pays d'Ouzinga, le chef le plus puissant auquel nous eûmes affaire était Wahuma d'origine, bien qu'il fut d'Ousni. Il s'appelait Suwaroro. Superstitieux à l'excès, adonné à la boisson, il n'éprouvait pas la moindre curiosité de nous voir ; toutefois il n'oublia pas d'exiger de nous, par ses subordonnés, la plus forte taxe que nous eussions encore payée. Son officier principal ou *sirkidge* était un Watusi Il vint nous visiter dans le plus ridicule costume du monde : un jupon de femme de coton rouge, un turban de même couleur et un morceau de toile ou *vaharée* jeté sur les épaules. Des masses d'anneaux de fil de fer couvraient ses jambes comme des bas. Il était à la fleur de l'âge, avait la peau très-noire, le nez camus, et les dents saillantes. Ajoutez à cela un regard hardi et des traits sur lesquels on lisait l'amour de la débauche. Nous le reçûmes avec respect et lui offrîmes un siége. Il entama la conversation en commençant par nous demander une paire de souliers. Il avait envoyé dans tout le pays, dit-il, deux hommes avec la baguette royale du sultan, afin d'assurer notre sécurité, honneur qu'aucun Arabe n'avait jamais reçu. Des bruits étranges circulaient sur nous : on racontait que nous possédions des pouvoirs surnaturels et que notre seule présence causait la mort des habitants de tous les pays que nous traversions ; cependant, le *M'ganga* ou sorcier ayant déclaré ces rapports faux, on nous avait permis d'entrer dans le pays. Il vint une seconde fois nous visiter, mais dans une tenue moins bizarre ; et tandis qu'après s'être assis, il mangeait des fèves de café prises dans un petit panier qu'il portait au bras, je lui proposai de régler la taxe le plus tôt possible. Il traita cette question avec une grande indifférence en disant : — Ne vous pressez pas, nous avons le temps ; mon frère viendra après demain arranger cette affaire, car je vais visiter un autre district et je vous dis maintenant adieu. La veille, il nous avait fait savoir qu'il accepterait avec plaisir quelques belles toiles, si nous avions la bonté de les lui offrir. C'est ce que je fis ; il nous envoya en retour deux chèvres, et je ne le revis plus.

Le frère du sirkidge, personnage plus morose, fit alors son apparition, nous prévenant qu'avant de dire un seul mot au sultan de notre arrivée, il lui fallait un cadeau. Les négociations se prolongèrent quelques jours, après lesquels des officiers arrivèrent au camp portant de petits bâtons qui représentaient le nombre des objets exigés. Je donnai en fil de cuivre la charge de cinq hommes, lourde taxe ; mais l'affaire fut traitée avec beaucoup de convenance et en moins de temps que nous n'avions osé l'espérer. Ils craignaient, disait-on, de retenir plus longtemps des magiciens dans leur pays.

Les indigènes, appelés généralement Wanyambo, ne portent pour tout vêtement qu'une peau de chèvre liée à la ceinture au moyen d'une lanière. Armés d'une lance ou d'un arc et de flèches (quelquefois empoisonnées), ils ont beaucoup meilleur air que les Wézées. Ils se présentaient tous les matins dans notre camp avec beaucoup de respect, même avec obséquiosité, cependant à l'occasion ils ne manquaient pas d'insolence. Il est rare qu'on obtienne des Wasai de porter des fardeaux, mais les nombreux Wézées qui résident parmi eux et que les Watuta ont chassés de leur pays sont d'un grand secours aux voyageurs. Un Wasai mettra sa charge sur la tête et non sur les épaules ; ceux d'une classe plus élevée qui venaient examiner tous nos effets portaient à la main une gourde remplie de pombé et mâchaient continuellement des fèves de café.

Nous eûmes beaucoup plus à souffrir des voleurs dans ce pays que dans aucun autre. On attaquait ceux de nos porteurs qui s'éloignaient du camp après le coucher du soleil, et on les dépouillait de leurs vêtements. Plusieurs fois la nuit on essaya de pénétrer à travers notre clôture d'épines, et les vols devinrent si nombreux qu'il nous fallut tirer sur deux ou trois maraudeurs. Nous redoutions ce qui adviendrait de nos représailles, mais au lieu de nous blâmer, les habitants nous félicitèrent de notre vigilance. Ils semblaient en général très-industrieux. Les Walinga qui travaillent le fer ne se distinguent guère dans leurs vêtements des Watusi. Leurs fourneaux sont au cœur des forêts ; quatre ouvriers, accroupis sous un hangar fait d'herbes, et munis chacun d'un soufflet à double manche, soufflent sur un brasier ardent de charbon de bois auquel le minerai est mêlé. On n'emploie pas d'autre procédé et le métal en se fondant coule dans un creuset, ainsi que je l'ai vu dans les mines de plomb du Cumberland.

Un matin, à ma grande surprise, nous tombâmes sur des bestiaux dans une jungle sauvage, puis sur un *bomah* ou enclos caché sous les ombrages épais d'arbres magnifiques. Deux grands gaillards en sortirent et me prièrent de m'approcher. J'obtins d'eux de l'eau et ils me demandèrent même si je ne préférais pas du lait. Étonné d'une prévenance si rare parmi les Africains, je les suivis. Ils me conduisirent près d'une femme watusi, admirablement belle, assise seule sous un arbre. Elle m'accueillit sans manifester aucun étonnement et d'un grand air de dignité ; ayant échangé quelques paroles avec mes guides, elle se leva en souriant et me conduisit à sa cabane. J'eus alors le temps

de bien l'examiner : elle portait le costume ordinaire des
femmes watusi, savoir, une peau de vache, telle que je l'ai
déjà décrite, et qui s'enroulait autour de son corps depuis la
ceinture jusqu'à la cheville ; des morceaux d'étoffe de différentes couleurs entouraient sa taille ; des bracelets de fil de
cuivre ornaient ses bras et ses poignets, et à son cou pendait
un collier de même métal. Je fus frappé de la belle confor-
mation de la tête, des lignes charmantes du cou ; les yeux,
le nez, la bouche étaient admirables, les pieds et les mains
d'une petitesse remarquable ; bref, elle réunissait une rare
perfection de formes déparée par un seul défaut, que les
indigènes regardent comme une beauté, de très-grandes
oreilles. Sa demeure temporaire, construite d'herbes et à
toit plat, était tellement basse que je n'y pus tenir debout.
Le foyer se composait de trois pierres, et des deux côtés
étaient rangés avec symétrie des vases à lait en bois, d'une
propreté éblouissante. Une femme de bonne mine faisait du
beurre en agitant le lait dans une calebasse. Après avoir
laissé à ma belle hôtesse le loisir de m'examiner tout à son
aise, je lui exprimai mes regrets de n'avoir pas de verroteries à lui offrir. — Cela n'est pas nécessaire, répondit-elle ;
asseyez-vous, voici du lait et du beurre. Ce dernier m'était
offert sur une feuille de bananier. Je lui envoyai plus tard
quelques verroteries ; elle vint me voir une fois et me demanda divers cadeaux que je ne lui refusai pas ; à en juger
par l'éclat de ses yeux je pus croire qu'elle était satisfaite.
C'est une des rares femmes que j'aie trouvées belles pendant
le cours de mon long voyage. Lorsqu'elles ne portaient pas
une peau de vache, les femmes d'Ousni s'habillaient très-
convenablement avec une étoffe d'écorce. On ne leur voyait
sur le corps aucune trace d'incisions. Elles montraient assez
de goût dans le choix des grains dont se composaient leurs

colliers, et la plupart se distinguaient par des manières douces et gracieuses.

Il n'était pas permis aux négrillonnes grassouillettes qui, les bras croisés et tremblantes de peur, venaient nous examiner à distance, de se raser le sommet de la tête avant qu'elles ne fussent mariées ; leur chevelure pendait donc en longues touffes peu agréables à voir ; cependant l'addition du cauris rend cette laine un peu moins repoussante. Au lieu du costume ordinaire des femmes du pays, elles portent autour des reins une peau de chèvre, dont le poil est tourné en dedans.

Le lieu principal d'Ousni s'appelle Quikooroo, et consiste en cabanes d'herbes, entourées de trois clôtures d'épines concentriques dont la plus longue mesure de deux à trois milles de circonférence.

La langue du pays, c'est-à-dire des Watusi, qui forment la race dominante, était complétement inintelligible à nos hommes ; cependant elle leur parut moins difficile que le dialecte d'Ounyamnezi, et ils réussirent à apprendre plusieurs mots et plusieurs phrases. La manière de danser chez le sultan Myonga semblait particulière au pays. Les danses ont lieu au clair de lune, sans armes et sans rudesse ; jeunes garçons et jeunes filles s'assemblent dans un endroit découvert, et là, lorsque le cercle est formé, les chants et les battements commencent ; tantôt une jeune fille s'avance, fait sa plus belle révérence à son préféré et retourne à reculons à sa place ; tantôt un gars s'élance au milieu de la foule, prend différentes poses et accomplit quelques pas de gymnastique ; puis il salue la plus jolie à son gré et fait place à d'autres.

Après avoir rejoint Speke à Bogweh le 7 octobre 1861, une lettre du colonel Higby, consul anglais à Zanzibar, datée du 31 octobre 1860, vint nous informer qu'il nous expédiait de l'eau-de-vie, du biscuit, des cigares, ainsi qu'un paquet de lettres. Cette nouvelle nous causa une grande joie, car depuis un an nous n'avions eu aucune communication avec le monde extérieur ; mais, où chercher ces provisions, ces lettres ? Ont-elles fait naufrage dans l'Ougago, lorsque les Arabes s'y battirent ? Quelle que fut la cause de ces retards, nous sommes restés sans lettres aucunes pendant vingt-sept mois, d'octobre 1860 jusqu'en février 1863, époque de notre arrivée à Gondokoro. Il fallait donc bien nous contenter des nouvelles des pays environnants, des récits d'hommes qui avaient vu de la neige au sommet de Kilimanjaro, de l'histoire d'une tribu au sud de cette montagne qui montait à cheval, et du lac Salé-Lebassa situé dans les mêmes parages.

La vue de M'ganda, de haute stature, aux larges épaules et au port viril, me fit vivement désirer de visiter son pays. Le costume de ce peuple se compose de peaux de chèvres aux couleurs variées et de vêtements d'écorce ; ils sont entièrement couverts, à l'exception de la tête, des pieds et des mains. Une autre fois, on me montra une grande jeune fille d'une peuplade, me dit-on, encore plus éloignée, celle des Ounyoro, que j'ai plus tard visitée et que l'on reconnaît à l'extraction des incisives inférieures.

Une caravane arabe, semblable à la nôtre, mais composée de deux cent cinquante charges, nous avait devancés, et après s'être arrangée avec le chef d'Ousni pour la taxe, elle poursuivait sa marche vers le Karague, le grand entrepôt de l'ivoire et des esclaves. Nos Séedés continuaient à nous amuser par leurs singulières façons ; Mabrooke qui nous servait à table représentait bien le vrai type de la race africaine, et ne ressemblait en rien au serviteur indien. Tou-

jours nu de la tête à la ceinture et luisant de graisse,
il mettait le couvert en sifflant et en chantant, plaçait les
pots devant nous, puis s'accroupissait à nos côtés. Fallait-il
essuyer une assiette, une poignée d'herbes lui suffisait ;
s'il enlevait un plat, il ne revenait jamais sans s'essuyer la
bouche et ne cessait, pendant tout le service, d'échanger
des plaisanteries avec ses camarades.


## VIII


Karague, du 25 novembre au 14 avril 1862. — La famille royale.
— Le sultan Rumanika — Singulière coutume à la nouvelle
lune. — Idolâtrie. — Les frères du Sultan. — Description de
Karague et des environs. — Je suis malade. — Les marchés. —
Premières nouvelles du Nil — Les deux races du Karague,
les Wahuma et les Wayambo. — Les princesses. — La résidence royale. — Les instruments de musique.


La famille royale de Karague se composait de trois frères
et de leurs familles. Dogaru, leur père, était mort huit ans
avant notre visite. Il avait atteint un âge très avancé et
avait presque la taille d'un géant ; il appartenait à la caste
Waturna. Il fut très populaire et laissa la réputation d'un
prince sage et prudent. A sa mort, on ensevelit le corps
dans une peau de vache et on le mit dans une cabane avec
des femmes et des bestiaux qu'on y laissa mourir et tomber
en poussière. Les trois fils se disputèrent la succession ; à
la fin on décida que l'empire appartiendrait à celui qui
serait assez fort pour soulever du sol un emblème sacré
qu'on placerait devant eux. Rumanika eut seul assez de
vigueur pour satisfaire à cette exigence, et bien qu'il ne fût
pas l'aîné, on lui donna la couronne. Depuis ce moment

son frère cadet, Aogarah, devint son plus grand ennemi et
s'enfuit dans le pays le plus reculé de sa province. Plus
généreux que son frère, il était plus aimé, aussi une grande
partie de la tribu le suivit dans sa retraite. Mais avant que
Rumanika pût gouverner réellement, il dut se débarrasser
de sa mère; elle périt par quelque médecine magique et
Rumanika fut déclaré *M'Kama de Karague*.

Bien qu'une maladie assez grave m'empêchât de me trouver souvent avec lui, je l'ai cependant assez vu pour le
déclarer le prince le mieux fait et le plus intelligent que
j'aie rencontré en Afrique. Il avait six pieds deux pouces,
mesure anglaise, et ses traits portaient l'empreinte de la
bonté et de la franchise; rien d'africain dans sa personne
sauf sa chevelure laineuse. Son costume se composait d'une
robe faite de peaux d'antilopes, — de la petite espèce, —
cousues ensemble et d'un pagne; un manteau arabe ou un
châle d'écorce pendait de son épaule jusqu'au genou; des
bracelets de cuivre et de grains étaient attachés aux poignets
et à la cheville, et quand il sortait, la tête nue, s'appuyant
sur un long bâton, il avait bien l'air du berger de son troupeau. Ses quatre fils, âgés de seize à vingt-quatre ans, étaient
des jeunes gens de bonne mine, aux manières agréables et
très soignés dans leur personne et leurs vêtements. Un autre
fils, en bas âge, ne quittait pas la résidence royale. Le
capitaine Speke a décrit les cinq femmes du sultan; plusieurs d'entre elles, de dimensions énormes, ne pouvaient
passer par la porte d'une cabane ordinaire, et lorsqu'elles
avaient à changer de place, elles s'appuyaient de chaque
côté sur quelqu'un. Elles manifestaient une grande joie à
chaque présent que les *Wazoongo* ou hommes blancs envoyaient à leur seigneur et maître. Leur nourriture, ainsi
que celle de leurs enfants, se composait de bananes cuites

et de lait; le lait passait pour indispensable à l'existence; en effet, tous semblaient se trouver très bien de cette alimentation : les jeunes gens étaient vigoureux ; les femmes, bien que très peu fécondes, étaient grasses et pleines de santé. Speke ayant demandé la permission d'emmener en Angleterre un des jeunes princes pour l'y faire élever, on répondit qu'ils ne s'étaient jamais éloignés de leur pays de plus de dix milles, et que, ne trouvant peut-être pas de lait en assez grande quantité, ils mourraient. Tous se montraient très difficiles sur la nourriture.

Le sultan buvait du lait, trouvait la viande de chèvre et de mouton impure, et ne mangeait ni poisson, ni poulet ; il touchait rarement à la bouillie de sorgho et se contentait de sucer le jus du bœuf bouilli. Il prenait peu de vin de bananes et ne s'enivrait jamais. Il était très superstitieux et réunissait dans sa personne les titres de prophète, de prêtre et de roi. En vertu de la première de ces dignités il avait coutume de placer devant lui des dents d'éléphant, de les remplir de charmes, puis de prédire la pluie ; mais ses calculs se trouvaient quelquefois en défaut. Comme prêtre, il s'asseyait trois jours après la nouvelle lune à la porte de sa principale demeure, le corps entièrement caché à l'exception de la tête; tout son peuple venait alors à la file le saluer, riant et gambadant devant lui. Dans ces occasions il portait une coiffure extraordinaire qui consistait en une couronne de grains et de plumes ; une barbe blanche postiche lui donnait l'air patriarchal d'un vieux rabbin. Il aimait les curiosités et possédait dans une collection qu'il tenait des trafiquants arabes, des oiseaux empaillés, une batterie galvanique, un miroir et une pendule dont le mouvement faisait remuer les yeux d'une figure de fonte. Il avait reçu de la côte une pièce de trois en bronze, mais

sans affût; une de nos gravures représentant une batterie
dans l'Inde prenant position au moyen d'éléphants ne lui
laissa de trêve, que lorsqu'il eut commandé à une cinquantaine d'hommes d'abattre des arbres pour construire un
affût. J'eus beau protester et faire valoir le manque de fer
et d'éléphants, mon ami Rumanika prétendit ne pas me
laisser rejoindre Speke avant d'avoir fait les roues de l'affût,
moi qui pour unique outil ne possédais qu'un canif! Heureusement, il ne persista pas dans son entêtement, lorsque
je lui eus démontré l'impossibilité de remplacer le fer par
des cordes d'écorce et les éléphants par des hommes.

Ce souverain vint me voir à plusieurs reprises pendant
ma maladie; un jour même, il m'apporta dans un vase un
poisson du lac, vivant, ce qui me frappa, car les *Wahuma*
ont un préjugé contre le poisson. Les drogues et les gravures l'intéressaient par-dessus tout, et à propos de drogues
nous eûmes à passer quelques instants pleins d'anxiété, un
jour que, seul avec nous sous la tente, il nous pressa de lui
fournir quelque médecine ou quelque charme de notre
pharmacie qui pût donner la mort à son frère Rogarah!
La boussole, les chaussures, les literies, lui arrachaient des
cris d'étonnement et il apprit à se servir du sextant sans la
moindre crainte. Mon domestique l'ayant un jour consulté
au sujet de quelques animaux qui la nuit visitaient notre
camp, il recommanda de le héler trois fois lorsque nous
les reverrions, et de tirer si nous ne recevions pas de
réponse. Ce sont sans doute, dit-il, des ennemis envoyés
par mon frère rebelle pour me tendre quelque piége.....
Nous ne devions pas les inquiéter si ces animaux étaient
des léopards, car ils ont une grande vénération pour ces
carnassiers et croient que Dogaru, le défunt sultan, est toujours protégé par eux! Rumanika, ayant vu les portraits

dessinés par nous de plusieurs de ses porteurs de lait, me les fit demander, et après avoir renvoyé les importuns, les montra à quelques serviteurs favoris. Les femmes voulurent aussi absolument voir mon album. L'esquisse d'un jeune prince nu, vu de dos et monstrueux de graisse, les fit battre des mains et rire aux éclats. Toutes les princesses, dont chacune habitait une cabane particulière, devenaient curieuses de mes dessins, de sorte que mon domestique passait quelquefois la journée à colporter mes chefs-d'œuvre de l'une à l'autre. M'Nanagéo, frère du sultan, m'apporta son arc favori afin que j'y peignisse des images. C'était une belle arme, de bois couleur cendrée, elle avait six pieds de long et se courbait légèrement aux extrémités; des tendons de vache servaient de corde. M'Nanagéo lançait aisément une flèche à la distance de cent quatre-vingts mètres.

Quand Rumanika désirait passer une journée au lieu où son père avait été enterré, sur la montagne, située de l'autre côté du lac, quatre hommes l'y portaient dans un grand panier d'osier. Des musiciens ouvraient la marche, plusieurs centaines de personnes les suivaient; au retour, des jeunes gens, la tête ornée de nénuphars, dansaient pendant la route au son des tambours et des cornets.

Les revenus du sultan se composaient, nous dit-on, du tiers du vin de bananes qu'on fabriquait. Tous ceux qui venaient le visiter des provinces voisines étaient nourris par ses fermiers. Il a toujours été d'usage dans l'Ouganda, l'Ousni et le Karagué, que les messagers royaux, envoyés par un chef à son collègue, se logent où ils veulent et puisent gratis dans les provisions du peuple. Les bananes sont si abondantes qu'on laisse le voyageur en cueillir un régime ou deux sans lui rien dire, mais les vols de chèvres, assez fréquents la nuit, provoquent de bruyantes querelles.

On nous pria d'assister à une cérémonie de nouvelle lune ; elle a lieu ordinairement trois jours après l'apparition de l'astre, que nos hommes saluaient, selon leur coutume, par des salves tirées en l'air. Le sultan revêt, à cet occasion, sa robe de prêtre et s'affuble de sa longue barbe blanche ; tout son corps reste caché derrière un écran ; à côté de lui sont les insignes de sa dignité, soit un petit tambour, soit un instrument dont lui seul sait se servir. Les tambours, au nombre de trente-trois, sont placés à terre sur une ligne ; près de chacun d'eux décoré sur le dessus d'une croix blanche, un homme est debout. Le chef, qui indique la mesure, occupe le devant avec deux petits tambours ; il lève d'abord le bras droit, puis le gauche, mouvements qu'imitent les trente-trois subordonnés, et les coups, frappés lentement d'abord, se changent bientôt en un formidable roulement. Ce concert dure trois heures, avec quelques intervalles de repos, et se renouvelle le lendemain. Un autre orchestre de tambours plus petits fait résonner près de la demeure royale une musique moins bruyante au son de laquelle danse la jeunesse, car il est de son devoir de se réjouir de la nouvelle lune.

Rumanika était en excellents termes avec les rois, voisins d'Ouganda et d'Ounyoro ; il échangeait souvent avec eux des présents. Il avait envoyé à M'Tesa d'Ouganda un livre imprimé en anglais, *les lois caffres*, que nous avons vu plus tard à Ouganda. Ces souverains lui demandaient souvent de la poudre, des toiles, etc., objets qu'il se procurait plus facilement qu'eux, étant moins éloigné de la côte. Il s'attendait à recevoir en échange de l'ivoire, des bestiaux et des esclaves. Ces rois ne se visitaient jamais et avaient sur les pays étrangers les idées les plus bornées, croyant aveuglément ce qu'il plaisait au premier voyageur venu de leur raconter. Ainsi Rumanika était persuadé que nous ne portions que des chemises de batiste, lorsque nous manquions même de savon pour laver nos chemises de flanelle! Était-il vrai que nous faisions nos portes de son ivoire? La route vers le Nord, disait-il, n'offrait que des dangers; il fallait au moins deux cents fusils pour la parcourir en sécurité. Nous allions rencontrer une race de pygmées, des hommes vivant sur des arbres et enlevant des femmes ; nous verrions des chiens à cornes et des béliers privés de cet ornement, des hommes voyageant avec un siége lié derrière leur dos. Ce dernier fait ne manquait pas tout à fait de vérité, car les Wagani portent des escabeaux sur leurs bras; quant aux hommes sur les arbres, ce sont peut-être les gorilles de Du Chaillu ?

Il nous fut impossible de remarquer chez ce peuple intéressant aucune forme distincte de religion ; cependant quelquefois je crus voir des traces du culte juif. Un morceau de cuivre, ayant la forme d'une ancre et long de deux pieds, était placé près de la porte de la cabane royale ; il représentait, nous dit-on, les cornes du bétail et constituait un emblème sacré. Aux fêtes mensuelles, on le dressait devant la porte et il ressemblait alors à une idole de Brahama. Ils prétendaient que la lune, dans ses différentes phases, se riait de nous ! Un arbre était pour eux la plus belle œuvre de la création, sans même excepter l'homme ! Il n'y a pas, nous disait on encore, de royaume plus puissant que celui-ci, nul n'ose l'attaquer car les lions nous gardent ! Si Speke ne put tuer un seul hippopotame sur le lac, c'est parce qu'il n'avait offert aucun présent au Dieu invisible ou *deo* qui gardait ses rives ! Le sultan d'Ounyoro pouvait, avec sa baguette, séparer les eaux du lac !!!

M'Nanagée, quoique beaucoup plus jeune que son frère,

était d'une taille aussi élevée et le surpassait comme prophète et comme prêtre. Les indigènes avaient une foi
aveugle en son pouvoir de devin. Tous les jours on le
voyait se rendre sur le flanc de la montagne, près d'une
pierre, ou visiter des dents d'éléphant plantées dans un
enclos; il allait ainsi consulter les dieux! Malgré ses bizar-
reries, M'Nanagée se montra aimable envers nous et ne
refusa jamais de nous faire part de ses connaissances en
botanique, tout en se montrant très modeste dans ses demandes de cadeaux. Son costume différait peu de celui de
la classe moyenne. Une quantité d'amulettes pendaient à
son cou, à ses bras et à ses genoux. Il se promenait toujours, un long bâton à la main, au bout duquel était attaché un charme en bois; un tout jeune garçon, très gros,
portait son *chowrie* ou chasse-mouche, ainsi qu'une énorme
pipe noire à long tuyau. Un de ses enfants, âgé de trois ans,
mourut subitement pendant notre séjour à Karague; il manifesta un chagrin réel et des plus profonds. On enterra le
petit cadavre dans une des îles du lac, me dit le sultan, et
s'il fallait en croire son barbier, c'était sous des rochers
émergeant au flanc de la montagne. La première version
me paraît plus vraisemblable, car les îles sont considérées
comme des lieux saints; tandis que les wehamba ou paysans
déposent leurs morts dans les eaux mêmes du lac.

M'Nanagée croyait aux mauvais esprits; il était certain,
disait-il, de leur présence dans le pays, mais il pensait que
des gens habiles comme ceux de Zanzibar pouvaient à
certaines époques faire échouer leurs maléfices.

Un troisième frère du sultan, qui nous réclama sa part
de cadeaux, s'appelait Roozerah. En retour d'une étoffe
rouge et de verroteries, il offrit de nous donner une dent
d'éléphant ou un esclave, mais ayant su par Bombay,

notre interprète, que nous n'accepterions ni l'un ni l'autre, il nous envoya deux vaches pour régaler nos hommes. Quoiqu'il fût l'aîné des frères, il ne put succéder à son père, parce qu'il était né avant que celui-ci portât la couronne. La même raison empêchera les princes actuellement au Karague de succéder à leur père, étant tous nés avant son avènement au trône.

La rivière Kitangule borne au nord les possessions de la famille royale. La vallée d'Ourigi les sépare au midi d'Ousni; elles comportent une étendue de trois à quatre milles carrés de montagnes, de vallons, de lacs, et se trouvent en moyenne à quatre mille pieds au dessus du niveau de la mer. Lorsqu'on y pénètre du côté du sud, des collines couvertes d'une herbe qui ondule au plus léger souffle de la plus légère brise, se dressent à deux ou trois cents pieds au dessus de la vallée; quelques arbres s'élèvent le long des chemins en formant une bordure si régulière qu'on les croirait plantés par la main des hommes; d'épaisses broussailles, refuge des rhinocéros, couronnent souvent ces hauteurs ou couvrent leurs flancs en suivant les ravins et les cours d'eau. Les collines à pentes plus rapides, les sentiers qui les contournent étaient hérissés de rocs et d'énormes masses de grès rouge; une herbe nouvelle, sans cesse renaissant d'elle-même, reposait seulement la vue dans ces lieux presque arides. Mais soudain le splendide panorama de la résidence du roi actuel vint frapper mes yeux charmés; j'oubliai bien vite les dangers et les privations de la marche. A mille pieds au dessous de moi et à deux milles de distance, dormait au milieu de vertes collines le lac Karague. Sur la rive occidentale, les arbres baignaient leur feuillage dans ses eaux limpides; des îles boisées en émaillaient la surface unie et des

papayers encadraient le bord méridional. Dans le lointain
et à l'ouest couraient quatre rangées parallèles de collines,
séparées par les lacs Kagara, O'oyewgomab, et vers le coucher du soleil, lorsque le brouillard se dissipait, on distinguait une montagne en forme de pain de sucre appelée
M'foombaro par les indigènes. C'est là le point le plus élevé du pays; sa hauteur extrême frappe le voyageur d'admiration. Deux cônes jumeaux, d'une altitude moindre, se
dressent à gauche; tous les trois sont d'un accès très difficile à cause de leur pente abrupte, aussi ne les gravit-on
que très rarement. Nous les supposâmes éloignées de cinquante milles de l'endroit où nous étions. Il nous était impossible de les visiter, car elles étaient situées dans un
autre royaume, tout à fait en dehors de notre route; il
fallut nous borner à les contempler au coucher du soleil,
lorsque l'atmosphère était favorable.

La capitale du Karague, Karague, située à 1° 40' au sud
de l'équateur, est enveloppée toute l'année d'une ceinture
de vapeurs. Une pluie fine et fertilisante y tombe souvent;
on n'y trouve pas de saisons bien marquées comme l'hiver
et l'été. On peut dans la même journée voir faire les semailles et aussi la moisson; du mois de novembre au mois
d'août, la pluie augmente ou diminue selon la position
plus ou moins verticale du soleil. Les indigènes connaissaient ce fait, car lorsque nous leur demandions, le 2 décembre 1361, au moment des plus fortes ondées, combien
de temps cela durait ainsi et à quel moment commençait la
saison des pluies, ils nous répondirent : — Avec la nouvelle lune, époque vers laquelle le soleil prend une position
plus verticale. De même, ils indiquaient comme exposé aux
plus fortes averses le temps que les Mahométans appellent
Ramadan, qui correspond à notre équinoxe de mars, où le

soleil traverse le zénith. Ce fut du 17 mars au 10 avril 1861 que la pluie tomba avec le plus d'intensité, elle commença ensuite à diminuer. Comme dans notre pays, il y a beaucoup de jours sombres, et l'on ne saurait comparer ce climat à celui de l'Italie. La rosée était abondante et l'humidité extrême, car à mon grand regret il m'arriva souvent de jeter plus d'un spécimen de mon herbier qui moisissait malgré mes précautions. Le bois étant cher et rare, nous ne brûlions que des broussailles pour notre cuisine; nous ne pouvions non plus égayer nos nuits si froides par un bon feu de bivouac. Nos hommes ne souffraient pas de cette grande humidité, les gens de Zanzibar sont habitués à être trempés jusqu'aux os. A l'exception d'une ophtalmie et de quelques cas de fièvre, aucun des six hommes que Speke m'avait abandonnés lorsqu'il était parti pour Ouganda, me laissant malade à Karague, n'avait souffert. Ce fait de laisser son *frère* faible et seul, au milieu des plaines sauvages de l'Afrique, parut aux yeux de quelques personnes de notre pays un procédé peu délicat et peu louable, mais mon compagnon n'était pas homme à s'impressionner ni à se décourager, et lorsqu'on lui offrit une escorte pour l'accompagner au Nord, il sentit qu'une cruelle nécessité l'obligeait à faire taire la voix de son cœur. Le dicton «qu'il faut battre le fer quand il est chaud» trouve son application aussi bien en Afrique que dans n'importe quel pays; pareille occasion ne se présenterait peut-être plus, et si le hardi explorateur eût faibli et qu'il n'eût point voulu se séparer de moi, la route nous serait peut être restée à jamais fermée, car un rien suffit pour changer les dispositions d'un roi africain.

Pour compléter ma narration, je parlerai un peu de mon état de santé. La fièvre, dont j'avais eu deux atteintes en

décembre, prit une nouvelle force. Ma jambe droite s'en-
flamma au dessus du genou et me causa pendant un mois
de grandes douleurs, qu'une profonde incision, suivie d'un
copieux écoulement, calma momentanément. D'autres abcès
se formèrent, et on pratiqua de nouvelles incisions, mais,
au bout de trois mois, mes forces étaient épuisées, et la
raideur du genou me rendait la marche impossible. Les
indigènes, émus de compassion pour mes souffrances,
essayèrent en vain différents remèdes; cependant l'espérance ne m'abandonna jamais, et hormis quelques instants
d'abattement, pendant lesquels j'aurais voulu me trouver au
milieu des miens, je conservai ma gaieté et ma belle
humeur. La maladie suivit son cours. Bombay avait entendu
dire qu'un cataplasme de fumier de vache, de sel et de vase
du lac, était un baume souverain; on me l'appliqua tout
chaud, mais il ne produisit aucun effet. Baraka affirmait
qu'un serpent m'avait craché sur la jambe. Le docte M'Nanagée, le frère du sultan, connaissait parfaitement la
maladie et me promit un moyen de me guérir. En effet, un
jeune homme et une jeune femme de la race wanyambo, à
l'air doux et timide, vinrent pour me soigner. Avec le toucher délicat d'une femme, le jeune paysan palpa le membre
malade, et au moyen d'un canif y fit plusieurs incisions;
puis, ayant fait sortir tout le monde de la cabane, la
paysanne prit une feuille de bananier sur laquelle était une
pâte noire, qu'elle mouilla avec un peu de salive, et l'opé-
rateur en frotta les plaies encore saignantes, ce qui me
causa une douleur extrême; ensuite, il promena sur la
jambe malade un petit morceau de lave et me l'attacha à la
cheville en guise de charme. Deux jours plus tard, voyant
qu'aucune amélioration ne se produisait, il prononça derrière moi quelques paroles magiques et lia autour du genou

et de la cheville un second charme, fait de bois et de chair de chèvre, remède tout aussi efficace que celui qu'une bonne dame m'envoya un jour en Écosse pour m'empêcher d'avoir des crampes la nuit; c'était un chapelet de bouchons de bouteilles de Soda, qu'il fallait me mettre au cou tous les soirs! Enfin, ces divers traitements n'amenant aucun bien-être, mon docteur fit encore de nouvelles incisions qu'il frotta à plusieurs reprises d'une pâte ressemblant à de la poudre de chasse délayée, mais sans le moindre résultat heureux, et, quoique je portasse les charmes depuis deux jours. En présence d'un tel insuccès, M'Nanagéo m'envoya une plante dont il fallait, après l'avoir trempée dans l'eau, enduire la partie malade; j'en éprouvai un grand calme, sans cependant cesser de souffrir. Bref, après cinq grands mois, je pus enfin respirer l'air pur et admirer de nouveau, dans la riche nature qui m'enveloppait de ses parfums et de ses brises, les œuvres du divin Créateur! Ce fut pour moi une indicible joie. La famille royale m'avait témoigné une vive sympathie et était venue me visiter souvent; les jeunes princes m'apportaient des plantes en fleur, des nids d'oiseaux, des œufs ou tout autre objet qu'ils croyaient devoir m'intéresser. En échange de ces attentions, je dessinais sans cesse pour eux et pour le roi. Depuis le départ de Speke, j'éprouvais beaucoup de difficultés à me procurer des provisions; Rumanika avait reçu ses présents, et, en véritable Africain, ne nous envoya désormais ni chèvre, ni poulet. Nos hommes étaient obligés de parcourir le pays à la recherche des vivres, et un pauvre diable perdit la vie dans une de ces excursions; il retournait au camp avec un camarade, tous deux chargés de sorgho; des indigènes le tuèrent à coup de flèches, et l'autre se sauva sur un arbre où il passa toute une nuit. Le sultan voulut punir le village auquel appartenaient les coupables, mais la crainte du châtiment en avait chassé tous les habitants. Les quelques hommes qui restaient avec moi avaient l'habitude de se réunir le soir autour du feu et d'entamer, surtout après une distribution de vin de bananier, une complainte en mon honneur. Fry, mon domestique, commençait en s'accompagnant du zézé, sorte de guitare à une corde : Je suis Fry, je suis Fry ; mon frère Grin (voulant dire Grant), mon frère Grin est bien malade, très malade ; nous aurons une vache, nous aurons une vache, quand il sera rétabli, quand il sera rétabli ; à quoi les autres répondaient « *Amen* » à voix plus forte et avec beaucoup de solennité.

Des troncs de bananiers, garnis d'herbes et de couvertures, formaient une couchette ; elle était abritée sous un toit bas et fait aussi d'herbes, ouvert à son extrémité méridionale, car, dans cette saison, le vent ne soufflait jamais du sud. Notre campement n'était défendu par aucune clôture, à la grande surprise des indigènes ; les chiens avaient un libre accès dans nos cabanes et les hyènes emportèrent la nuit plus d'un poulet ; une fois même, une de ces terribles bêtes vint renifler autour de mon lit et ne s'enfuit qu'à ma voix.

Les cas d'hydropisie semblaient assez communs dans le pays. On me pria un jour d'opérer une personne affligée de cette maladie ; je refusai, cela va sans le dire, et quelques jours après on me fit voir sur une feuille de bananier des globules aqueux, de la grosseur d'une bille qui avaient été extraits au malade. L'opération avait rarement des conséquences fatales. On voyait aussi quelques lépreux. M'Nanagée vint se plaindre de ce qu'il ne pouvait plus consommer sa ration habituelle de lait, ce qui mettait sa science en défaut. J'eus une peine infinie à obtenir de lui qu'il me communiquât son remède contre le *Ténia*. Il dit à mon domestique d'aller jusqu'à un certain buisson sur la montagne sans jamais regarder en arrière, mais de ne pas cueillir la plante s'il rencontrait un chien ! Grâce à M'Nanagée, à ses neveux, et à quelques autres indigènes, je pus connaître et conserver beaucoup de plantes intéressantes.

Il est rare que le pays de Karague offre un espace assez uni pour qu'on puisse y dresser une tente, bien qu'il se compose de milliers d'hectares, susceptibles d'une culture profitable. Le capitaine Maury, de la marine des États-Unis, déclara au congrès de l'Association Britannique de 1863, que la position équatoriale du pays, ainsi que son atmosphère humide, le rendait dans son opinion, très propre à la culture du café. Le blé, selon moi, y réussirait également bien, car le Karague a beaucoup d'analogie avec certaines parties de l'Himalaya, où on le cultive et les gelées y sont inconnues. Je cueillis, dans les bas-fonds, quelques raisins sauvages, sans rencontrer de ces terrains caillouteux dans lesquels se plait la vigne en Europe. Quelques bananiers croissaient par groupes dans les vallons, sans produire de fruits ; il est rare qu'on cultive la canne à sucre. Il y a dans l'année deux fortes récoltes, celle du sorgho et celle des bananes ; le pays produit aussi des pois, une espèce de fève appelée *maharageh*, du maïs, etc. Nous avons vu planter des rejetons de bananiers et préparer les champs pour la récolte du sorgho rouge qu'on sème en mars. Les hommes coupaient les mauvaises herbes avec une faucille à long manche ; les femmes ramassaient les pierres et au moyen de la houe donnaient au sol l'apparence d'un jardin. Au mois de février on s'occupe tout spécialement du bananier, qui fournit durant l'année entière la principale nourriture du pays. Le flanc des collines en est couvert; un ruisseau sépare quelquefois les champs. On arrache les feuilles que le vent a déchirées; on plante des rejetons et chacun soigne son verger avec la plus grande sollicitude.

Les indigènes demandaient pour leurs produits des prix ridiculement exagérés. Les grains que nous avions apportés, et qui étaient de fabrique vénitienne, avaient peu de valeur, car il en fallait de quatorze à vingt-cinq, de la grosseur d'un œuf de pigeon, pour une chèvre et un nombre proportionné pour une vache. Nos Sécdés trouvaient une grande différence avec leur pays d'Uhiao, où, moyennant un collier de grains communs, on obtenait un seau plein de farine et un poulet par dessus le marché. Mais ici les femmes avaient la taille d'une grosseur énorme, et avant de lâcher une chèvre il leur fallait une quantité suffisante de grains pour leur faire une ceinture. Elles nous refusaient du lait et du beurre parce que nous mangions du poulet et la fève Maharageh et qu'elles n'avaient pas l'habitude de les vendre; cependant elles se laissaient ordinairement fléchir par un cadeau de fil de cuivre. Les chefs des villages avaient reçu du sultan l'ordre de nous fournir pendant notre marche des provisions pour la journée. On nous apportait généralement des patates douces, des courges, des poulets et une chèvre; nous donnions en retour de la toile et du fil de cuivre. Le vin de bananier était rare; ordinairement on venait de le finir juste comme nous arrivions! Ce fut dans cette partie de l'Afrique que Speke rencontra les premiers petits pois, et avec l'aide du sultan nous pûmes faire provision de cette friandise. Ces pois n'étaient pas verts, mais secs, et nous fournissaient une délicieuse purée. A Mœgongo on les semait en quantité et à grande volée. Le tabac était mûr en avril; on pouvait toujours s'en procurer, mais à des prix très élevés ; la valeur de six pipes de la première qualité coûtait la ration journalière d'un de nos porteurs. Celui que fumait le sultan dans sa grosse pipe était exquis. J'essayai d'obtenir de son fournisseur, un vieillard qui n'avait qu'un œil, le secret de sa préparation ; mais celui-ci refusa de la faire connaître à moins d'un présent considérable, et soit qu'il frottât les feuilles dans sa main parfumée en employant une sécrétion de la vache, soit qu'il y mêlât du miel, je ne pus jamais pénétrer la cause de l'arôme délicieux de ce tabac.

La fabrication du vin de bananier dure ordinairement à Karague deux ou trois jours. Lorsqu'on doit en faire une grande quantité, on se sert d'un tronc énorme creusé et semblable à un canot. On soulève l'une des extrémités et une petite digue d'herbes occupe le centre ; une femme écrase à l'autre extrémité tous les fruits, en se servant des mains ou des pieds. Le jus filtre à travers la digue. Puis le *canot* nettoyé, on verse dedans celui qui coule limpide pour y fermenter ; on y ajoute du sorgho brûlé et du café, on le ferme ensuite hermétiquement et on le laisse deux ou trois jours exposé au soleil ou au feu. Il n'a plus besoin alors que d'être écumé. Les indigènes ne l'exportent jamais et en consomment ordinairement une cuvée en quatre jours. Il n'est pas jusqu'aux plus petits enfants des paysans qui n'en boivent en quantité, et on ne sortirait pas plus sans une gourde pleine que nous ne sortons chez nous sans porte-monnaie.

Karague ne fournit guère aucun des produits des régions équatoriales, tels que des esclaves, de l'ivoire, du sel, du cuivre, du fer, des étoffes d'écorce, du café et des cannes à sucre, mais il est le grand entrepôt de toutes ces marchandises. Les Arabes et les gens de la côte y apportent des grains, des toiles et du fil de cuivre, en échange d'esclaves et d'ivoire. Le cuivre et le sel viennent d'au delà de Taroro ; N'koto est célèbre par son tabac, quoique chaque cabane ici en possède un jardin. Ruanda envoie ses nattes peintes, des chèvres, du sel et du fil de fer. On ne réussit pas bien à Karague les étoffes d'écorce ; celles d'Ouganda, de Kittara et d'Ouhia, leur sont infiniment supérieures. On coud ensemble quatre bandes larges de dix-huit pouces, et lorsque les Wanyambo les ont bien graissées, elles forment un excellent châle pour se protéger du froid et de la pluie.

En 1861, pendant la guerre d'Ounyanyembo, un esclave ne coûtait que dix colliers de grains, à peine la valeur d'un shelling (1 fr. 25 c.). A l'équateur et au-delà on les échangeait souvent contre trente-six livres d'ivoire qui se vendent à Zanzibar douze livres sterling (300 fr.), puissant motif de spéculation pour les Arabes.

Dans un pays privé de lois régulières, de routes et de moyens de transport, le commerce rencontre de grandes difficultés et toutes les caravanes subissent de grandes pertes par les désertions, les attaques et les lourdes taxes. Deux trafiquants, par exemple, Sungoro et Joomah, quittèrent Karague pendant mon séjour, se dirigeant vers le Sud avec une forte provision d'ivoire. Arrivés aux limites de la première province, (Ousni), ils envoyèrent demander au sultan la permission de traverser son domaine. Le prince objecta d'abord la trop grande force de la caravane, cependant il consentit à leur demande, et lorsqu'ils furent en son pouvoir, il exigea d'eux la moitié de l'ivoire. Ils résistèrent, mais on leur signifia qu'ils seraient prisonniers jusqu'à ce qu'ils eussent payé la taxe imposée. Ils furent mis en liberté grâce à l'intervention de Rumanika, sans la-

quelle on les aurait peut-être retenus des mois entiers.
Dans l'Ougaga et dans l'Ounyamnezi, le sultan exige une
défense de chaque éléphant qu'on trouve mort ou qu'on tue:
cet usage n'existe pas dans le Karague. On nous cita,
comme une curiosité surnaturelle, une défense tellement
monstrueuse qu'on ne pouvait la transporter jusqu'à la
côte! Ailleurs, on avait vu un éléphant à quatre dents!
Il y a aussi un pays duquel on racontait que toutes les clôtures étaient en ivoire!

Entre Karague et le Victoria Nyanza se trouve une contrée dont les habitants trafiquent avec les régions du Nord.
Ils vinrent aussi à Karague vendre du café dans des paquets
couverts de feuilles de bananier et qui en contenaient chacun deux poignées; le prix, un collier de grain, en est
très élevé; il faut une poignée pour une pinte de café fort
ordinaire, car la fève dépouillée de son enveloppe est moins
grosse qu'un grain de riz. Les indigènes la mâchent, comme
les matelots mâchent le tabac. Il nous fallut y avoir recours,
après avoir épuisé nos provisions de thé et de café; mais
cette fève nous parut très inférieure, parce qu'on l'avait
cueillie avant sa parfaite maturité. En voyage, les indigènes
en mettent deux ou trois grains dans la bouche, sans ôter
l'enveloppe.

Je vis plusieurs des trafiquants d'Ouhia; c'étaient des
hommes robustes, de taille moyenne, très noirs, portant la
barbe et tous leurs cheveux. Une peau de vache d'un jaune
safran pendait de leur épaule droite jusqu'à mi-cuisse,
et souvent ils y ajoutaient un tissu d'écorce bien graissé
et de couleur brique. Ils avaient pour ornements une corne
de chèvre ou de bélier liée autour de la tête, et quelques
anneaux solides à la cheville. Leurs armes différaient de
celles des peuples que nous avions vus jusqu'ici; la lance

avait six pieds de long et le sommet avait la forme d'un
cœur ou de l'as de pique. Joomah, un trafiquant de la côte,
affirmait que c'étaient des gens méchants et dangereux,
peut-être parce qu'ils lui faisaient une concurrence. Il disait
aussi beaucoup de mal des habitants de Ruanda parce qu'ils
refusaient aux étrangers l'accès de leur pays, dont la population surpassait, selon lui, celle même de l'Ouganda. Les
quelques spécimens que nous rencontrâmes de cette race
étaient des hommes des frontières du pays, grands et
maigres, portant autour des reins une pagne très petite.
Joomah, ce *gentleman* indigène, avait beaucoup voyagé,
navigué sur le Victoria Nyanza ; il avait même essayé l'ascension du Kilimanjaro. Il était très bien vu du roi de l'Ouganda et prétendait parler au moins dix langues africaines.
Bien qu'originaire de l'Inde, il n'en savait pas la langue et
partageait toutes les superstitions des Séedés. Il ne cessa
de me visiter durant ma maladie et se montra toujours
pour nous bon et obligeant. Il racontait d'étranges histoires
sur le Kilimanjaro, à la cime toujours couverte de neige,
dont l'ascension a depuis été accomplie par mon ami le
baron Von der Decken qui, en 1864, reçut en même temps
que moi, la médaille d'or de la Société Royale de Géogra-
phie. Joomah et les Arabes étaient convaincus qu'aucun
homme, ni blanc ni noir, ne pourrait jamais parvenir jusqu'à son sommet. Selon la croyance populaire, l'or abondait
sur la montagne ; cependant nul n'osait s'aventurer à faire
des recherches, car le démon veillait sur ces trésors !

Joomah me donna sur l'Ouganda des renseignements très
exacts ; il me parla du grand nombre d'hommes qu'on y tue
tous les jours par ordre du roi M'tessa, et il prétendait que
tout ce qu'on tenterait pour engager celui-ci à gouverner
plus paternellement n'aurait d'autre résultat qu'un redou-

blement de cruautés. Ce n'est pas par amour du sang que le roi agit ainsi, me dit-il, car il est jeune et d'un caractère aimable, mais parce que l'antique usage du pays l'y oblige, et que le peuple, s'il n'était pas intimidé, se révolterait sans cesse. En outre, le pays produit de tout en abondance, il est très habité, le peuple aime ce gouvernement et préfère une sentence de mort à la mort naturelle, comme ayant quelque chose de plus grandiose ! Le cadeau considérable que Joomah offrit à M'tessa donnera une idée de la manière d'entendre le commerce dans cette partie du globe. C'étaient une écharpe de soie brodée d'or de la valeur de cinq cents piastres (250 fr.), un gilet également brodé d'or, deux charges d'homme de grains bleus, une demi-charge de fil de cuivre, une petite tiare et deux fusils à silex sans poudre. Le roi lui donna en retour sept cents livres d'ivoire (plusieurs des dents pesaient chacune 90 livres), sept femmes et cinquante vaches, et sur sa demande il lui rendit les deux fusils. Joomah fut très satisfait de cet échange dont il eut un tiers pour lui, le reste revenant à son maître à Zanzibar. Il y avait trois ans qu'il faisait ce commerce sans être revenu à la côte et pensait demeurer encore un an dans ces parages, époque à laquelle il espérait avoir rassemblé cinq cents *frasila* d'ivoire, équivalant à dix-sept mille cinq cents livres. Les choses se passent tout autrement aux entrepôts du Nil, au nord de l'équateur. Là, les fusils et les balles dans les mains des Nubiens qu'emploient les trafiquants Européens, Turcs et Arméniens, aident à s'emparer des troupeaux nécessaires à l'achat de l'ivoire et au salaire des porteurs. Lorsqu'on nous demande une taxe, me dit l'un d'eux, nous ne présentons jamais que la bouche d'un canon de fusil. Il semble étrange au premier abord que ceux qui achètent l'ivoire comme Joomah, ou qui l'obtiennent en échange de grains, puissent soutenir la concurrence des gens du Nil qui ne paient absolument rien pour leurs défenses ; ils les obtiennent en échange de bestiaux volés, il est vrai, mais il faut solder les voleurs, leur fournir des fusils et de la poudre, payer le transport de l'ivoire et acquitter un impôt envers le gouvernement égyptien. Ces frais rétablissent la balance entre le prix de l'ivoire du Nil et de celui de Zanzibar. Mais des deux côtés de l'équateur, il n'y aurait pour un *honnête* homme aucune chance de réussite, les trafiquants usant de tous les moyens, pour se conserver dans ces régions le monopole du bétail, de l'ivoire et des esclaves.

Puisque je viens de parler du Nil, je continuerai à donner ici les renseignements que nous reçûmes sur ce fleuve des nombreux étrangers qui venaient trafiquer à Karague. Le 2 janvier 1862, Speke n'étant pas encore parti, la nouvelle que nous apporta un homme arrivant d'un pays très loin au nord nous émut singulièrement : il racontait que des hommes armés de fusils avaient été attaqués par la race Wagaui, qui en avait tué une centaine et remis la plus grande partie de leurs effets à un roi nommé Kamarasi. Ce qui surtout nous parut le plus extraordinaire et le plus effrayant, c'était que le voyageur affirmait que ces étrangers n'avaient pas quitté le pays, mais qu'ils continuaient à occuper leurs vaisseaux, assez grands pour contenir du bétail. Nous étions convaincus que c'était Petterick, qui lors de notre départ d'Angleterre avait promis de venir à notre rencontre ou de nous attendre avec des bateaux à partir du mois de novembre 1861 jusqu'en 1862. Il fallait de toute nécessité lui faire parvenir une lettre ; nous en cherchâmes immédiatement les moyens ; Rumanika nous y aida de tout son pouvoir, car le roi Kamarasi était son allié, chacun d'eux ayant épousé la sœur de l'autre. Malgré ces rapports intimes, Rumanika ne nous permit pas de nous mettre en route avant d'avoir reçu une réponse. Il fallait rester dans l'inquiétude pendant des mois, jusqu'au retour de Baraka, porteur de notre missive ; mais notre départ immédiat eût été un grave manque d'égards envers le roi du Nord. Heureusement pour nous, le Sultan d'Ouganda fit dire, sur ces entrefaites, qu'il était impatient de voir les hommes blancs et comme l'on prétendait que l'entrée de son territoire était interdite aux malades et aux ânes, je fus obligé de rester en arrière et d'attendre que ma santé me permit de reprendre la marche. Speke partit le 10 janvier, et Baraka, sous le costume d'un indigène, et après avoir consulté les magiciens, se mit en route le 29, avec plusieurs de ses compagnons. L'histoire des bateaux se trouva complètement apocryphe ; les plus rapprochés de nous étaient ceux de Gondokoro, lieu connu en Europe depuis trente ans. Les soldats nubiens de M. de Bono s'étaient avancés vers le Sud, ce qui donna naissance à la fable en question. Iry, le chef de mes hommes, inquiet de Baraka, alla souvent demander de ses nouvelles à M'nanagée, le frère du Sultan, mais on n'en avait point reçu ; M'nanagée toutefois, ayant consulté ses défenses magiques, assura que Baraka se portait très bien et qu'un des Séédés qui l'avaient accompagné souffrait d'une maladie de poitrine ! Il avait lui-même une foi si complète dans son art qu'il promit à Iry une chèvre s'il s'était trompé. On nous dit plus tard, chez le roi Kamarasi, que l'homme en question avait été légèrement indisposé.

Speke m'écrivait de temps en temps ; ses hommes commençaient à se montrer mécontents de n'avoir que des bananes cuites pour toute nourriture ; cependant, voyant que le pays ne fournissait aucun autre aliment, ils finirent par s'en contenter. Il avait traversé un courant large d'environ 360 mètres qui roulait vers le Nord des montagnes d'eau limpide : c'était le Nil, objet de son expédition, aussi qu'elle ne dut pas être sa joie !

Les bestiaux du pays ressemblaient à ceux de la ville du Cap, d'immenses cornes et rien que la peau et les os. Rumanika possédait 400 de ces animaux dans les hautes terres et environ 10,000 dans les pâturages sur les bords de Kitangulé ; ceux-ci étaient d'un aspect un peu moins étrange. Les cornes étaient quelquefois longues de trois pieds, mesurant un pied et demi à la base ; les Séedés et les Arabes s'en servent comme poires à poudre. A neuf heures du matin, on menait les quatre cents vaches à leur pâturage ; un des princes les accompagnait de temps en temps, et, à la chute du jour, on les faisait rentrer pour les traire. Elles sont mauvaises laitières, et donnent moitié moins de lait que la race à courtes cornes d'Ounyanembe. Le Sultan en avait fait mettre deux à part pour notre usage particulier, mais, soit par défaut de soins, soit pour toute autre cause, notre lait diminuait de jour en jour. Sans doute qu'en le faisant bouillir nous jetions un sort aux vaches ! Je voyais passer tous les jours des hommes portant chacun, suspendues à un bâton, cinq ou six cruches de bois jaune qui contenaient le lait destiné au palais. C'était le soutien de la vie, qui engraissait femmes et enfants ; le beurre, quelquefois d'une assez bonne qualité, servait à enduire le corps et à amollir les vêtements de peau ; employé en frictions il constituait une véritable panacée. On ne nous en cédait qu'avec difficulté parce que nous le mangions. C'est à peine s'il nous fut donné de voir cinq à six moutons sur une étendue de dix à vingt milles ; ils étaient de la petite espèce et sans laine. Un jour j'aperçus, paissant près de quelques moutons, un rhinocéros blanc ; mais pour ne pas retarder notre marche, et la chair d'ailleurs n'en pouvant être utilisée, je ne pris pas la peine de le tirer. Parfois il arrivait à nos hommes de faire feu sur ces pachydermes, dans ce cas, bêtes et gens s'enfuyaient dans des directions opposées. Chaque cabane avait son petit troupeau de chèvres à poil court, dont les indigènes estiment tant la peau comme vêtement qu'ils ne la vendent que rarement. On trouvait au palais, des chiens avec lesquels on chassait les antilopes de la petite espèce, ainsi que les chats-tigres. Ils ressemblaient par leur poil d'un roux uniforme à la race paria de l'Inde, mais se montraient beaucoup plus dociles ; les jeunes princes les avaient bien dressés. On nous dit qu'ils chassaient à l'odorat, ce qu'il nous fut impossible de constater. L'un d'eux, qui portait le nom romantique de Kéeromba, s'attacha à nous et s'éloignait rarement du camp. Pour donner au lecteur une idée de la chasse du pays, je dirai que Speke tua dans un seul jour trois rhinocéros, à la grande joie des princes, qui n'oublieront pas de sitôt cet exploit. Personne ne voulut de la chair excepté des porteurs Wezée, pauvres diables affamés, au service de trafiquants arabes à Kuffro, qui en emportèrent d'énormes quantités , mais leurs maîtres, mahométans, firent jeter la viande hors du camp, les animaux n'ayant point été tués selon les prescriptions de la loi.

Informé par nous qu'il existait sur le lac une bête extraordinaire qui ressemblait à la chèvre, le sultan ordonna à ses gens d'en prendre une. Aussitôt des canots à deux avirons, et longs de dix-huit pieds, furent réunis pour battre les roseaux de papyrus et forcer l'animal à prendre l'eau. D'autre canots se tenaient au large pour empêcher les crocodiles d'attaquer les hommes qui étaient dans le lac. La chasse réussit à merveille. Une longue procession gravit en chantant la colline, et porta au sultan une jeune antilope mâle, attachée sur une civière de branchages. Sa Majesté nous en fit présent: c'était un animal très farouche, refusant même de prendre sa nourriture habituelle, l'extrémité de roseaux de papyrus, ce qui nous contraignit à le tuer. Il avait de longs poils, assez soyeux, d'un brun sale ; ses cornes, de cinq à six pouces, commençaient seulement à tourner ; le pied était celui du vrai Waterboc, très grand et largement fendu. Cette espèce d'antilope, nommée *uzowé* par les indigènes, a environ trois pieds de haut et habite exclusivement le bord des lacs.

Ce pays manque de forêts, aussi n'y voit-on pas d'éléphants ; les hartebeests et les rhinocéros sont en grande majorité ; les hartebeests, sorte d'antilopes, se livrent parfois entre eux des combats acharnés. La famille des antilopes était représentée par plusieurs espèces ; la gazelle des montagnes bondissait gracieusement sur les collines dénudées ; des sangliers fréquentaient les terres basses, et des hippopotames se baignaient dans le lac. Mais Karague n'est pas un pays de grandes chasses, et quoique le sultan se flatte que les lions protégent le royaume et montent la garde près des restes mortels de son père, jamais un seul de ces carnassiers, pas plus mort que vivant, ne frappa notre vue. Au dire des indigènes, des loutres de la couleur ordinaire habitent le lac, et le roi de ces animaux, objet de superstition, à la blancheur d'une barbe de vieillard ! Nos hommes prirent dans le camp une grande quantité de taupes plus grosses que celles de nos pays ; leur fourrure était noire ou brune, quelquefois même blanche.

Les pintades abondaient ainsi que les perdreaux *boée* et *quatée* ; les indigènes les tirent à l'arc à grande distance et en détruisent des quantités considérables. Ils se servent aussi de lacets. Le 10 avril, au milieu de la saison des pluies, on m'ap porta un nid de pintades avec des œufs, bien que ces animaux couvent probablement touté l'année. Des moineaux rouges ramassaient des plumes et la construction des nids paraissait en pleine activité. Des canards de différentes espèces fréquentaient le lac : des bandes de ces volatiles, venant de l'est, passaient toutes les nuits, au commencement de décembre, au dessus de notre camp. Speke tira une oie d'Égyte ; le sultan, à qui on l'envoya, admira beaucoup plus son plumage que le couteau de table et le couvert anglais qu'il avait reçus la veille. L'oiseau à rhinocéros, perchant à son aise sur le dos de l'animal, fut tout naturellement l'objet de nos observations ; il est de la grosseur du merle, il a les ailes noires et la queue tantôt grise, tantôt blanche. Ces oiseaux vont ordinairement par trois et se nourrissent sans doute des parasites qui infestent la peau du rhinocéros. Le petit pinson à tête d'or et au dos cramoisi se balançait ici comme dans l'Ounyanga, sur les épis de maïs. Les indigènes font une rude guerre aux corbeaux, de superbes oiseaux à collier blanc, parce qu'ils mangent les semailles de sorgho ; le sultan s'en servait pour la divination. Un usage barbare, également en honneur à Zanzibar, protége les récoltes contre les poules ; on leur coupe les ergots afin qu'elles ne puissent gratter la terre, ce qui leur rend la marche très difficile.

On prit dans les rochers un serpent mesurant cinq pieds et demi, et d'un noir bleuâtre ; M'Nanagée le conserva dans un panier d'osier. Ces reptiles sont rares dans le pays ; celui-ci était considéré comme venimeux, cependant je ne lui vis pas de crochets. Les rats foisonnaient, au grand déplaisir des trafiquants à qui ils enlevaient des quantités de grains et de couris qu'ils allaient cacher dans leurs trous. Je n'avais malheureusement pas de poison à donner à M'Nanagée, qui m'en demandait avec instance, ce qui prouve que les indigènes n'ont aucun moyen de détruire ces rongeurs. Le lac fourmille de poissons, mais personne ne les mange; le macquarel, une des espèces qui se trouvent dans les eaux de ce lac, atteint une grande dimension, il a d'immenses écailles et je lui trouvai un excellent goût.

Deux races habitent le Karague : la race dominante ou Wahuma, et les paysans ou Wanyambo, anciens possesseurs du sol qu'ils cultivent maintenant. J'ai déjà parlé du roi et de ses frères; j'ajouterai un mot sur les jeunes princes ou Mohéenda : de légères incisions sous les yeux distinguent les membres de cette caste royale ; le régime du lait donne aux hommes une belle taille et de l'activité, tandis que les femmes acquièrent une obésité monstrueuse. Les fils aînés du roi se nommaient Chundera, Kiruj, Kamanga et Kukoko. Le premier, âgé de vingt-cinq ans, était d'une taille au dessus de la moyenne et avait l'air un peu efféminé. Son teint, assez clair pour un nègre, eut pu le faire prendre, sans ses lèvres épaisses et ses cheveux laineux, pour un cipaye de l'Inde. Il affichait des prétentions à la toilette, bien qu'il ne portât qu'un pagne et quelques ornements de cuivre ; il menait joyeuse vie et était toujours prêt à conduire une danse, aussi bien qu'une expédition guerrière. Il tenait constamment à la main, lorsqu'il faisait une visite, un bâton de cinq pieds de long — cette coutume est commune à tous les habitants du Karague, — et connaissant ma passion pour les fleurs, ne manquait jamais de m'en apporter. Le soir il venait souvent chez Fry, le chef de mes hommes, avec sa guitare ou zézé, afin de régaler ses sœurs dans le palais de la musique de Zanzibar. Celles-ci, ainsi que leurs frères et leurs serviteurs, répondaient avec des chants du Karague et au point du jour on pouvait voir Fry et Chundera regagner chacun, d'un pas mal assuré, leur cabane respective en dehors de l'enceinte royale. Ce prince, malgré les obligations que j'avais contractées envers lui, ne me demanda jamais un seul cadeau.

Kiruj, le second des fils, mais d'une autre mère, avait au moins six pieds, la peau très noire et une tête tellement grosse et laide, que nous l'avions surnommé « le chameau ». Lent et d'ailleurs très borné, il avait tout à fait l'air d'un rustaud à côté de ses frères. Comme ceux-ci, il était marié, mais il habitait encore l'enclos du palais. Il eut l'audace de me demander mon unique parapluie. Le troisième fils, Kamanga, était d'une timidité telle que je ne pus le voir que lorsqu'on lui dit de poser devant moi pour son portrait. Kukoko, le quatrième, l'enfant gâté du père qui ne pouvait se passer de lui, se distinguait par sa bonne mine, ses manières douces et polies. Il venait nous voir tous les jours, nous tendant la main gauche en guise de salut, et restait à causer pendant une heure. Lorsque je quittai ce pays, je lui envoyai une belle couverture en remerciment de sa bienveillance. Bien que ces jeunes gens ne portassent pour tout vêtement qu'une simple peau autour des reins, la disposition de leurs ornements de grains et de leurs colliers de cuivre, et leur teint couleur de bronze leur donnaient un air tellement comme il faut, qu'on oubliait leur nudité. Ils prenaient le matin un bol de lait et le soir de la viande de bœuf ou de chèvre bouillie; jamais ni blé, ni mouton, ni poisson, ni poulet. Ils soignaient les bestiaux de leur père et avaient des *M'Koongooro* ou agents qui faisaient le commerce pour eux dans les pays avoisinants.

Les Wanyambo constituent la classe des paysans. Dans les basses-terres d'Ourigi où les marais s'étendaient jusqu'à l'entrée des cabanes, ils sont maigres et très noirs. Tous se graissent la peau pour la garantir des effets de la chaleur et vivent au milieu de la fumée produite par la combustion d'un bois d'une très forte odeur. Les habitants d'Ourigi me faisaient l'effet d'un peuple opprimé; bien que supérieurs aux Watusi par leur position de cultivateurs, ils me surprirent par leur air de misère; elle était peut-être feinte, car, d'après les ordres du Sultan, ils devaient fournir des provisions à tous les voyageurs, ainsi qu'à leur suite; toutefois on donnait en échange un cadeau de fil de cuivre. Ils aiment la boisson et sont d'une nature turbulente; si nos Sécdés s'éloignaient trop du camp, ils couraient parmi eux de véritables dangers. Près du palais, ils se montraien très doux et ne portaient pas d'armes, pas plus que les nôtres, ce qui contrastait avec le pays mal gouverné d'Ousult où personne n'osait sortir sans être armé. Ils avaient tous sur l'épaule un bâton noueux, long de cinq pieds, et lorsqu'ils rencontraient un camarade, ils lui en présentaient un bout que celui-ci touchait en manière de salutation. Je n'ai jamais vu d'arcs plus beaux que ceux de Karague, ils étaient longs de six pieds et d'une grande puissance; les flèches, grandes comme le bras, ont le bout pointu, mais rarement empoisonné; les lances n'offrent rien de remarquable; on leur préfère généralement l'arc. Les princes seuls possèdent des fusils. La nourriture des Wanyambo se compose de patates douces, de maïs, de millet, de fèves et de lait lorsqu'ils ont des vaches; ils mangent de la viande quand ils peuvent en obtenir; le poisson et le poulet leur sont défendus.

Speke, qui a eu plus d'occasions que moi de se trouver

avec les princesses, les a parfaitement décrites. J'en ai vu se promener une tellement grosse qu'elle était à chaque instant obligée de s'asseoir ou de s'arrêter pour reprendre haleine en s'appuyant sur un long bâton. La laine de la tête était liée par une lanière 'en une énorme masse, au centre de laquelle était fixée un bouquet de plumes. La princesse avait le visage d'un bel ovale et de beaux yeux remplis d'intelligence; la chair des bras, nus jusqu'à l'épaule, pendait comme les manches d'une robe à la Juive. Les femmes n'ont guère d'occupations et la plupart ne peuvent marcher sans être soutenues de chaque côté. Elles avaient de beaux enfants auxquels on ne rasait la tête que quand ils se mariaient. Une nourrice emporte le nouveau-né pour l'élever loin de ses parents. Je n'ai pas été à même d'observer chez les Wanyambo les cérémonies du mariage; une fois seulement, je vis partir deux femmes, dont l'une disparaissait sous une étoffe d'écorce; c'était, me dit-on, une jeune fille qu'on conduisait chez son époux. Les morts, à l'exception des princes qu'on enterre dans une île, sont déposés dans le lac.

Pour les habitations, supposez sur les flancs dénudés des collines et au dessus d'un lac, une cinquantaine de cabanes basses, en forme de dôme, faites de jonc et couvertes d'herbes, divisez-les au moyen d'une séparation de jonc, par groupes de deux ou trois, entourez-les d'une épaisse haie d'euphorbes, de façon à intercepter la vue du lac et du pays environnant, et vous aurez le palais de Rumanika, abritant ses cinq femmes, ses fils, quatre cents vaches, des veaux, etc. A l'exception d'une cabane ou deux, à l'extérieur du *bomah* ou enclos, on aurait dit le pays inhabité. On rencontrait en descendant les vallées, au milieu des plantations de bananiers, de jolies maisonnettes; à l'intérieur, les murs étaient enduits d'un mélange de boue et de fumier de vache; faute de cheminée, la fumée noircissait le plafond fait de jonc. Les huttes que nos Séédés nous construisaient étaient à pignons et reposaient sur des troncs d'arbre; des herbes et des feuilles de bananier couvraient le toit qu'une toile en caoutchouc rendait imperméable. Je conseillerais à tous les voyageurs de ne jamais oublier de se munir d'un pareil abri.

Le sultan nous recevait ordinairement dans une cabane très bien tenue, dont le sol était jonché des feuilles soyeuses du papyrus; de petites ouvertures permettaient aux visiteurs d'offrir du dehors leurs hommages au sultan, soit en battant des mains, soit en lui adressant quelques paroles. Là, nous passions de longues heures à causer et à rire, pendant que Sa Majesté fumait sa grosse pipe noire. Des écrans de jonc, placés à l'entrée et que l'on ne pouvait dépasser sans permission, nous gardaient des importuns durant l'audience.

Les crimes étaient rares, et les trafiquants jouissaient de la protection du sultan. Le chef d'Ourigi ayant pillé une caravane de Moossah, il fut arrêté et remis comme esclave à ce dernier. Le sultan donna en ivoire une valeur double de ce qui avait été volé ou détruit, et le chef, en reconnaissance de ce que Moossah lui rendit la liberté, lui promit dix dents d'éléphant, chaque fois que sa caravane traverserait le district d'Ourigi. Voici la liste des principales peines édictées par le code de Karagué, elle m'a été fournie par M'Nanagée, qui remplissait, pour son frère le sultan, les fonctions de juge : l'adultère est puni par la perte d'une oreille ; s'il s'agit d'une princesse, la coupable, après d'horribles tortures, a la gorge coupée ; les voleurs sont condamnés à la prison de deux à dix mois ; il y a une amende de dix chèvres en cas de coups portés avec un bâton, mais si le coupable s'est servi de sa lance ou de son arc, sa propriété est confisquée, et une moitié revient au sultan, et l'autre à la partie lésée ; s'il ne possède rien, il subit un emprisonnement plus ou moins long. L'assassinat est puni par la confiscation de tous les biens ; ceux-ci sont donnés aux parents de la victime, et le coupable a les yeux arrachés ou est jeté dans un précipice qui se trouve derrière le palais.

Les peines en usage sous les gouvernements arabes de Mascate et de Zanzibar, telles que Fry me les a décrites, sont barbares en comparaison du code Karague. Le vol est puni à Zanzibar par la perte d'une main, et si l'on retrouve la chose volée, on enterre le coupable jusqu'au cou, assez près de la mer pour que la marée l'atteigne. Des voleurs, ayant exercé leur industrie au préjudice du sultan de Zanzibar, furent hissés en haut d'un mât de pavillon d'où on les laissa tomber à terre. A Mascate, on coupe la langue aux voleurs, punition qui a pour résultat de rendre ceux-ci très rares. Les Arabes sont des maîtres très durs et qui assujettissent leurs serviteurs à une discipline des plus sévères. Un Arabe, envoyant un domestique porter un message, crachera par terre, lui dira : Si tu n'es pas de retour avec une réponse, avant que ceci soit séché, tu seras battu !

Il y a à Karague une grande quantité d'instruments de musique ; le *nanga*, à sept ou huit cordes, est celui qui nous parut le moins imparfait. Il était fait d'un bois lourd en forme de plateau et mesurait vingt-deux pouces sur neuf, ou trente sur huit ; il y avait au fond trois ouvertures en forme de croix, une seule corde passait sept ou huit fois sur des chevalets à chaque extrémité ; quelquefois on adaptait derrière une hourde en guise de table d'harmonie. M'Nanagée, à ma prière, m'envoya le meilleur des joueurs de nanga ; celui-ci, portant le costume d'un Wanyambo, entra hardiment dans ma cabane, appuya sa lance contre le mur, tira son instrument et se mit à chanter, en s'accompagnant, une complainte dont j'étais le héros avec Keéromba, un des chiens du palais qui s'était attaché à moi. La musique, quoique sauvage, ne manquait pas de douceur. Un cercle d'admirateurs nous entoura bientôt, et cette improvisation devint pour quelque temps le refrain à la mode. Une vieille femme du nom de Kéeléeanyagga nous donna aussi un échantillon de son talent sur le nanga, mais elle eut peu de succès, car son chant ne se composait que de sons inarticulés, accompagnés de contorsions peu gracieuses.

Le cor et le fifre étaient les seuls instruments à vent ; le fifre, fait d'un roseau de dix-huit pouces, se tient comme le flageolet, a une fente pour embouchure et six trous. Le cor a la forme d'un télescope, et se compose de plusieurs morceaux de gourde, rentrant l'un dans l'autre ; il a un pied de long, un joueur habile peut sonner un accord ; on se sert du pouce en guise de clef.

Il y a des tambours de différentes formes selon qu'on le bat avec la main ou avec des baguettes. Les premiers semblables à un cornet à dé renversé, se composent d'un bloc de bois de quatre pieds de long ; ils sont ouverts à l'extrémité inférieure, tandis qu'une peau d'ichneumon couvre la partie supérieure. On les suspend à l'épaule gauche et on les frappe avec les doigts. Les trente-trois tambours rangés en ligne, dont on se servait à la cérémonie de la nouvelle lune, affectaient, en dépit d'une prétention à être circulaires, toutes les formes possibles ; ils se compo-

saient également d'un bois creusé et couvert d'une peau.
Parmi eux s'étaient glissés, j'ignore comment, deux cym-
bales de cuivre. Le sultan possédait un orchestre de quatorze cors et de deux tambours à main ; plusieurs fois il
nous réunit et j'avoue avoir eu plaisir à ces étranges con-
certs ! Les danses ne sont pas en usage à Karague et les
indigènes ne semblaient pas se soucier de ce genre de plaisir. Pendant notre séjour dans ce beau pays, le tambour de
guerre ne résonna pas une seule fois. Puisse cet état de
choses durer longtemps !

Les pratiques superstitieuses du sultan et de son frère
qui adoraient des idoles de cornes remplies de charmes
étaient les seuls indices d'une religion quelconque. Rumanika demandait à la corne mystérieuse la santé, des secours
contre un ennemi, la pluie, la connaissance de la pensée
intime d'autrui, etc., etc. Certains animaux sur lesquels les
devins ont de l'empire, passent pour être possédés par des
démons.

Les indigènes ne savent ni lire, ni écrire, ni calculer, et
quoiqu'ils soient depuis vingt ans en rapports fréquents
avec les Arabes, le mahométanisme n'a exercé sur eux
aucune influence. Ce pays offre un vaste champ pour civi-
liser, par le commerce, l'industrie et la science, une race
déjà intelligente.

Vers la fin de mars 1862, j'eus quelque espoir de quitter
Karague et de rejoindre Speke à Ouganda, car le roi de ce
pays m'envoya une escorte de quarante hommes, commandée par un officier. Rumanika reçut sa part de cadeaux,
une carabine, un revolver, une boussole, des boîtes, des
verroteries, en échange desquels il se montra plein de bienveillance envers moi. Un M'ganga ou prêtre Ounyamnezi,
nommé Kirugo, qui devait m'accompagner, mais dont les

préparatifs n'étaient pas terminés, retardait seul mon
départ. Les Wanyambo de mon escorte s'impatientaient, et
comme ils refusaient de se charger de nos bagages et que
Rumanika ne put nous fournir des porteurs, nous en aban-
donnâmes les trois quarts à la garde de ce dernier. Comme
il m'était encore impossible de marcher, je m'installai le 14
avril sur une civière d'osier, que quatre Waganda devaient
maintenir sur leur tête. Je voulais serrer une dernière fois
la main à Rumanika et je donnai l'ordre à mes porteurs de
me déposer au palais, mais rien, ni menaces, ni promesses,
ne purent les faire obéir. Ce n'était pas leur devoir! Kukoko, le fils préféré, se chargea de mes derniers adieux et,
quittant les montagnes et les lacs de Karague, je me mis
en route pour le royaume d'Ouganda où se trouvait mon
compagnon de voyage.

## IX

Marche vers l'Ouganda, 14 avril, 27 mai 1862. — Mariboo et ses
hommes. — Passage de la rivière Kitangule. — Le Victoria
Nyanza. — Le pays entre Kitangule et Kitonga. — La flore
du district. — Le gouverneur Pokinuo. — Pavillons d'Ouganda.

Mariboo, l'officier envoyé d'Ouganda, devait m'accompagner jusqu'à la rivière Kitangule, à quatre journées de
marche, où m'attendaient de grandes barques pour me
conduire par le lac à Ouganda, du moins à ce que l'on
disait. Mais les barques firent défaut et le voyage s'accomplit par terre en vingt-neuf étapes. Je fus vivement contra-
rié de ce contre-temps, car Speke ayant déjà parcouru le
même chemin, j'aurais préféré la navigation du Nyanza.
Mariboo dirigea notre marche selon son bon plaisir, faisant

halte quand cela lui convenait, s'enivrant quand l'occasion s'en présentait, mais, en compensation, il m'amena sain et sauf auprès de son roi.

Rûmanika avait fait faire une espèce de civière sur laquelle les Waganda devaient me transporter, chose que n'auraient pu faire mes six Séedés, car notre route traversait des régions remplies de marais et de précipices. La rapidité de la course de six milles à l'heure et les cahots qui en résultaient me causèrent d'atroces douleurs à la jambe malade. Tous les milles, mes porteurs s'arrêtaient pour se reposer, rire et plaisanter; leur langage avec ses claquements de langue devenait alors assourdissant. Il me fut impossible d'obtenir d'eux qu'ils me portassent de façon à ce que je visse le pays dans la direction duquel nous marchions; par un motif que je ne pus pénétrer, ils m'y firent constamment tourner le dos. Un bois de bananiers, près du sentier qu'ils parcouraient, les attirait irrésistiblement, tous s'élançaient en m'abandonnant et ne revenaient que chargés de fruits délicieux, dont ils m'offraient quelquefois une part. Dans ces occasions, ma patience fut souvent mise à une rude épreuve, mais il ne restait d'autre ressource que de se résigner à ces pertes de temps.

Dans ces bois on trouvait, en avril, des régimes qui contenaient jusqu'à cent-cinquante bananes mûres. On étendait par terre, en guise de nappe, les larges feuilles soyeuses de l'arbre, puis ils s'asseyaient autour et savouraient avec délices ces magnifiques fruits; nos hommes aimaient à les envelopper dans un peu d'herbe préalablement bien ramollie dans la main, et à y mordre pour sucer le jus à travers cette espèce de filtre. Chaque Waganda, durant la marche, portait sur la tête ses effets dans un paquet qui pouvait peser une vingtaine de livres, bien roulé, bien ficelé, et était armé d'une lance et d'un bouclier, ce dernier servant de parapluie en cas de besoin. Quand une marche était terminée, tous changeaient leur costume de route contre un vêtement propre d'étoffe d'écorce, raide comme de la soie, ou contre des peaux de chèvre aux couleurs variées. Leur toilette ainsi faite, ils se pavanaient dans le camp comme de vrais *fashionables*. Lorsque nous approchions d'une habitation, ils criaient et chantaient, comme s'ils portaient des trophées; j'eusse été un lion mort qu'ils n'auraient pas fait un plus grand vacarme.

Quand venait le jour, Mariboo, toujours excessivement soigné dans sa tenue, faisait son apparition, suivi d'un chien et d'un gamin remplissant les fonctions de tambour; des roulements répétés annonçaient le moment du départ. Les hommes Waganda y répondaient par des cris et allaient rejoindre Mariboo, puis, lorsqu'ils étaient tous réunis, ils s'élançaient quelquefois, la lance en main et vociféraient comme des démons contre leur chef en simulant une attaque. Celui-ci sautait de joie et manifestait un vif plaisir à ce spectacle étrange que je contemplais avec étonnement. Après plusieurs représentations de cette nature, il devenait évident qu'il fallait donner un cadeau si je tenais à faire bonne route. Des verroteries offertes au capitaine provoquaient alors une nouvelle explosion; brandissant sa lance jusque sur mon visage et tenant un bouclier dans la main gauche, il se livrait aux sauts les plus extravagants, puis déposant les armes et répétant au moins cinquante fois *n'yans, n'yans* (merci, merci), il accompagnait chaque exclamation d'un mouvement diagonal des deux mains. Ces actions de grâce se terminaient par un air de flûte, dont il marquait chaque note par des balancements de corps, comme si sa propre musique le fascinait irrésistiblement. C'est assurément une joyeuse race.

De la capitale du Karague jusqu'à la rive droite du Kitangule, la route traversait, pendant quarante milles, des collines arides aux sommets aplatis et des vallées marécageuses. En les quittant nous entrâmes dans d'immenses plaines, parsemées de tertres de six à huit pieds de haut : c'était l'œuvre incessante des fourmis blanches. Ces plaines avaient une étendue de dix milles ; elles étaient couvertes de papyrus et de mimosas à épines qui rendaient notre marche très pénible. A mesure que nous approchions de la rivière, le pays devenait plus élevé ; c'était une plaine de trois milles d'étendue, dont l'herbe fournissait un excellent pâturage à de nombreux troupeaux. Il y avait plusieurs cabanes ; la première, vue du Kitangule, et qu'on nous avait tant vantée, ne nous apporta qu'une déception. Lorsqu'on se tient sur ses rives escarpées de gravier blanc, le fleuve est presque entièrement caché par les papyrus qui, des deux côtés, le bordent sur une épaisseur de quinze à cinquante mètres ; mais c'est en le traversant qu'on en apprécie la majestueuse beauté. Dans cette région, les canots étaient faits d'un seul tronc creusé, ils mesuraient quinze pieds et pouvaient porter quinze Waganda avec leurs armes et leurs effets. On les amenait le long de la rive avec des perches : une fois dans le courant, on se servait de pagaies. Je voulus sonder la rivière avec une pierre attachée à une corde, mais le passeur s'y opposa en disant que jamais le sultan Rûmanika ne permettrait de jeter une pierre dans ces eaux sacrées. Un cadeau le fit fléchir et j'allais procéder au sondage, quand Mariboo intervint :

— On m'a imposé le devoir également sacré, me dit-il, de

vous conduire en sûreté près du roi et je ne puis vous laisser tenter une pareille entreprise, car supposons que votre pierre frappe un esprit et qu'il remonte pour renverser le canot, que dira le roi?

Toute discussion était superflue en présence de ces préjugés superstitieux, et il me fallut renoncer à mon dessein. La rivière, à l'endroit où finissait la bordure de papyrus, paraissait avoir environ soixante-dix mètres de large et neuf à dix mètres de profondeur. Elle coulait à raison de trois milles à l'heure. Il y avait également du côté opposé une vaste plaine couverte d'herbes que nous ne pûmes traverser que lentement, à cause des nombreuses fourmillières et des arbustes à épines.

Le Kitangule est formé des eaux des lacs Karague, Kagara. Kishakka, Ooyewgomah, et des eaux d'Outumbi. Cette rivière constitue, sans aucun doute, la plus grande masse liquide qu'on puisse rencontrer en allant de la partie méridionale du Victoria Nyanza, en longeant à l'ouest ses bords fleuris, jusqu'au point de l'extrême nord, où Speke vit le Nil sortir du lac. Elle me rappela le Koogly à dix milles au dessus de Calcutta. Nous passâmes à gué tous les autres cours d'eau qui se jettent dans le lac; quelquefois nous en traversions neuf ou dix sur un parcours de neuf ou dix milles, surtout en longeant la rive occidentale du lac. La réunion de ces courants et de ces ruisseaux, car cela ne peut s'appeler des rivières, se trouve, selon les Arabes, dans la partie orientale et non encore explorée du Victoria Nyanza, et forme une mer immense de vingt-mille milles carrés qu'on n'a jamais traversée d'un bout à l'autre. La plus considérable de ces artères est le Kitangule; il se trouve, par eau, à cent-soixante milles du point où le Nil quitte le Nyanza.

Le pays, entre le Kitangulo et le Katouga, une distance de cent milles, se compose d'une série d'éperons parallèles qui vont en diminuant jusqu'aux rives du lac. L'œil se repose pendant la route sur un magnifique paysage ; des plateaux d'où l'on découvre soit les eaux du lac, soit des plaines couvertes d'herbes sèches que la brise soulève comme les vagues d'une mer agitée, charment la vue. Les pentes seules sont cultivées, car dans les plaines qui séparent les collines on s'enfonce, au mois de mai, dans l'eau et dans la boue jusqu'à la cheville ; quelquefois même, dans les vallons étroits, l'eau s'accumulait jusqu'à quatre pieds de profondeur. Lorsque pareil cas se présentait, les Waganda avaient coutume de me porter sur leurs épaules ou dans leurs bras.

La vue du Victoria Nyanza, lac aujourd'hui célèbre dans le monde entier, nous frappa d'étonnement et d'admiration. Les Wanyamuezi même oubliaient leur indifférence et contemplaient cette vaste plaine liquide. Nos Sécédés étaient transportés de joie ; ils s'imaginaient voir devant eux l'Océan qui baigne Zanzibar, leur patrie. Des langues de terre boisées, telles que les pointes de Booujacko et de Surrée qui gardent la rivière Katouga, s'avancent dans le lac et forment d'admirables baies. Leur extrémité se termine souvent par un îlot détaché et de forme ronde. Les îles basses de Sessah se trouvent sur la côte occidentale. Un large rideau de papyrus faisait souvent obstacle à la vue. et de ces roseaux s'élevaient les sourds grognements de l'hippopotame. Dans le lointain, de grandes barques sillonnaient les eaux, faisant la traversée de la terre ferme aux îles de Sessah. Celle qui devait me transporter à Ouganda se composait de cinq planches et de quatre traverses servant de siéges. La poupe et la proue étaient pointues, et s'élevaient à un mètre au dessus de l'eau ; au milieu une large planche, arrondie à l'extérieur, allait d'un bout à l'autre en guise de quille et permettait de glisser sans difficulté à travers les papyrus. Mais lorsque quatre d'entre nous et plusieurs charges furent installés dans la barque, elle faisait tellement eau que c'eût été une folie insigne que de s'y fier.

La flore n'offrait sur cette route aucune variété. L'arbre le plus gracieux était le dattier sauvage ; il poussait par groupes de trois ou quatre sur les collines dénudées. Ses feuilles, agitées par la brise, donnaient au paysage une singulière animation. Je rencontrai aussi une nouvelle espèce d'acacia, dont les cosses minces et larges faisaient presque disparaître les feuilles par leur abondance. Il y a très-peu de grands arbres ; ils périssent probablement étouffés par les nombreux lichens et les innombrables parasites qui les couvrent.

Le 11 mai, je m'abritai des ardeurs du soleil à l'ombre d'un caféier dont les branches ployaient sous le poids des baies encore vertes. On doit cultiver cet arbrisseau en grande quantité dans les terres qui font face au lac, à vingt ou trente milles de l'équateur, à en juger du moins par les nombreux sacs, remplis de grosses fèves, qui sont entassés dans les habitations. Je remarquai dans ce pays deux nouveaux fruits : l'un ressemblait par la couleur et la forme au loquat de l'Inde ; c'était le produit d'un arbre élevé, au feuillage doux et sombre. L'autre, de couleur écarlate, poussait dans la terre en grappes de cinq à six, semblables aux bananes. La pulpe, la première peau enlevée, était aussi rafraîchissante que le limon, et était très goûtée des Waganda. La tige de la plante atteint une hauteur de quatre à cinq pieds ; le fruit, lorsqu'il est mûr, perce la terre en la soulevant comme font les taupes.

La nourriture abondait, surtout les bananes qu'en notre qualité d'hôtes du roi nous obtenions, seulement en nous donnant la peine de les cueillir; mais quand il s'agissait de chèvres, de poulets, etc., on demandait des prix qui équivalaient à ceux de Londres. Le peuple se nourrit presque exclusivement de bananes vertes d'une espèce particulière; on les cuit et après les avoir pelées on les réduit en purée. C'est un manger excellent quand elles sont cuites avec de la viande.

En traversant ce pays, nos Sécdés ne reçurent aucun salaire, car le roi d'Ouganda avait donné ordre aux habitants de nous fournir des vivres et de les préparer. Il n'en fut pas toujours ainsi; il arrivait fréquemment qu'à notre approche les indigènes s'enfuyaient en nous abandonnant tout ce qu'ils possédaient. Rien ne pouvait leur persuader de revenir, tellement ils sont habitués à voir les troupes du roi pénétrer jusque chez eux pour les faire prisonniers. Pendant le voyage je fis connaissance avec plusieurs officiers, commandant les districts : Simjabée, Kittarch et Kuddoo. Tous m'apportèrent en présents des chèvres, du lait battu, des cannes à sucre et du vin de banane. Simjabée était grand, maigre; il avait le visage allongé et fortement marqué de petite vérole, c'était un vieillard aux manières douces et bienveillantes. Il me pria de lui donner quelques gros grains de verroterie, mais je n'en avais pas. Kittarch m'offrit le régime de bananes le plus plantureux que j'eusse rencontré de ma vie; le jus en coulait littéralement, lorsque, avant de me le présenter, il le frotta, selon le cérémonial de l'Ouganda, contre ses mains et contre son visage. Kuddoo, jeune homme intelligent, m'accompagna jusqu'à Ouganda et veilla durant la marche à ce qu'on ne nous laissât manquer de rien. Tout ce qui était d'origine européenne excitait sa curiosité au plus haut degré.

La crainte qu'ils ont du roi exerce sur les Waganda un empire sans pareil; ayant un jour distribué, comme objet de curiosité, une grande quantité d'épingles, je fus surpris de voir qu'on me les rendit toutes, parce que le roi ne permettait pas de garder des choses aussi singulières! Deux de nos Waganda s'étant pris de querelle, ils se battirent courageusement, non pas avec leurs armes comme aurait fait un Ounyambo, un Séedé ou un Wanyamnezi, mais ils luttèrent corps à corps jusqu'à ce que l'un d'eux fût renversé et que l'autre se déclarât vaincu. Kittarch, dont j'ai parlé plus haut, régala mes hommes, lorsque je quittai son district, de vin et de bananes cuites. Ceux-ci, après avoir tout consommé, s'agenouillèrent devant le vieillard répétant en chœur, *n'yans, n'yans*, (merci, merci). Les personnes de classes inférieures ont l'habitude de faire des discours lorsqu'elles reçoivent un cadeau : elles le tiennent à la main et parlent pendant cinq à six minutes pour exprimer leur reconnaissance. Les Waganda ont une manière de se saluer fort bizarre : lorsqu'ils se rencontrent, aucun d'eux ne sourit avant d'avoir dit à plusieurs reprises « *nyo, nyi, nyogeh* »; alors seulement ils hasardent une phrase, puis recommencent deux ou trois fois *nyi, nyo*, etc.; ce n'est qu'après ces formalités qu'il est permis d'entamer la conversation. Les femmes s'agenouillent devant un supérieur à qui elles désirent témoigner du respect. On attache autant d'importance en Afrique à l'observance de ces formes, qu'on en attache en Europe au cérémonial des cours les plus polies.

Nous ne savions jamais pendant la route où nous allions faire halte; nos hommes l'ignoraient également, de sorte que l'heure du dîner n'était jamais certaine, et si les bagages étaient prêts dès sept heures du matin, la caravane se mettait rarement en route avant onze heures; la marche continuait alors jusqu'au coucher du soleil. Les Waganda s'élançaient dans les cabanes qui se trouvaient sur notre chemin, comme une meute affamée, pillant tou' lorsqu'ils pouvaient le faire avec impunité, mangeant et buvant cinq à six fois par jour. Dans leur pays, ils se modéraient de crainte d'encourir la colère du roi, mais sur le territoire de Rûmanika, ils s'emparaient de tout ce qui leur tombait sous la main. Mariboo, qui devait veiller à mes besoins, s'absentait quelquefois pendant des journées entières qu'il passait à s'enivrer ; j'en souffrais, cela va sans le dire. Les Wanyambo du Karague, qui nous accompagnaient, étaient d'insatiables voleurs, et lorsque je demandai à un officier si le roi permettait ce pillage, il me répondit qu'ordre avait été donné aux indigènes de quitter leur cabane à l'approche d'un hôte et de se retirer dans les montagnes. Je fis plusieurs fois l'expérience de la ponctualité avec laquelle cet ordre était exécuté : si je suivais les habitants en leur faisant signe de revenir, ils ne s'éloignaient que plus vite. J'eus le loisir d'observer, à cette époque, le goût naturel de la race Waganda; le soleil se couchait, c'était le 13 mai 1862, lorsqu'un des Waganda, qui venait de me désigner les différents pays qui se déroulaient devant nous, se retourna brusquement et me montra d'un geste animé la pleine lune s'élevant majestueuse et mélancolique au dessus du Victoria Nyanza, et jetant sur les eaux silencieuses une admirable lumière argentée. Voilà donc un amateur du pittoresque !

Les Wazeewa ou Mohia, dont j'ai parlé dans le chapitre du Karague et chez qui nous campions alors, paraissaient très industrieux et jouissaient d'une grande prospérité. Quelques-unes avaient émigré sur la rive droite du Kitan-

gule et, sujets du roi de l'Ouganda, se livraient à l'agriculture. Ils étaient très propres sur eux, se mettaient très peu
de graisse sur le corps et ne s'asseyaient qu'après avoir
placé par terre de l'herbe ou des feuilles. Beaucoup de leurs
vêtements d'écorce étaient teints d'un rouge écarlate. Ils
apprêtent parfaitement les peaux de vache : ils les tendent
sur de grands cadres carrés, et les amincissent en les
raclant avec une hachette. Leurs femmes avaient des traits
agréables et quoiqu'elles se refusassent à me laisser boire
dans leurs cruches de terre, l'une d'elles, dont le mari
était absent comme officier du roi, voulut m'accompagner;
mais je n'acceptai pas cette offre et la jolie Wazeewa dût se
consoler, comme les autres, sans même obtenir une mèche
de ces cheveux *droits* dont elles s'émerveillaient toutes. Ces
gens cultivent leurs plantations de bananiers avec des soins
infinis. Les régimes contiennent souvent jusqu'à deux-
cents beaux fruits; dès que ceux-ci ont atteint leur maturité, on coupe l'arbre, afin de laisser pousser un nouveau
rejeton. On sèche le blé au soleil sur de grands plateaux
circulaires en osier, qu'on couvre de fumier de vache. Ce
fut ici que je vis pour la première fois manger des saute-
relles grillées; les fourmis blanches nouvellement écloses
servaient aussi de nourriture.

En terminant cette description des pays situés entre les
rivières Kitangule et Katouga, et qui sont occupés par les
Wanyambo, les Wanyoro, les Wazeewa, et les Waganda,
je dirai qu'après avoir traversé le Katouga, on n'est pas
encore dans le Khap Ouganda ou l'Ouganda proprement
dit. Je ne parlerai pas de la région intermédiaire, comme
n'offrant rien de remarquable, et prie le lecteur de me
suivre du côté de l'autre bras du lac qui se trouve à l'embouchure du Katouga.

Le 20 mai 1862, au lever du soleil, je me préparais à traverser l'équateur à la baie de Katouga, large d'un mille, lorsqu'arriva un ordre du roi d'Ouganda m'enjoignant de continuer le voyage par terre. Ainsi s'évanouit pour moi tout espoir de naviguer sur le Victoria Nyanza ! Je descendis jusqu'au bord de l'eau où nos hommes s'amusaient; cinq à six barques attendaient pour nous transporter de l'autre côté. On commença par tuer toutes les volailles du passeur, car si les hippopotames les entendaient chanter, ils ne manqueraient pas de nous faire chavirer ! Les heures s'écoulaient au milieu de plaisanteries interminables ; enfin quatorze d'entre nous prirent place dans un canot auquel quatre rameurs, armés de pagaies, imprimèrent un mouvement rapide, les autres nous suivirent. C'est dans ces eaux que je vis pour la première fois le *trapa natans*, dont les feuilles sont d'un admirable effet; les Waganda mangent les racines.

Une masse d'herbes flottantes vint bientôt arrêter le canot; il fallut alors sauter dans l'eau et atteindre le rivage en marchant tant bien que mal. La chose n'était pas aisée en plein midi et sous l'équateur. En sortant de ce marais, nous traversâmes un pays plat, couvert d'herbes ; il était cultivé par places et plusieurs cabanes se dressaient devant nous. Assis à l'ombre de quelques bananiers, je vis la femme de Mariboo entrer seule dans les habitations et en ressortir avec un gros paquet qu'elle posa par terre. Ses deux servantes et deux Waganda accoururent aussitôt; j'en fis autant. Le paquet contenait des bananes cuites, des patates douces et une espèce de solanum, le dîner des propriétaires des cabanes ! Je les voyais tous manger de si bon cœur en tenant une feuille pour ne pas se brûler les doigts, que je ne résistai pas à l'invitation de la petite femme et je pris ma part de ces bonnes choses. Tout avait un goût excellent et était cuit à point; la cuisine africaine ne me parut nullement à dédaigner. Je trouvais étrange de faire un bon repas, sans éprouver aucune inquiétude, tandis que dans le lointain des hommes armés de longues lances surveillaient tous nos mouvements; mais madame Mariboo savait sans doute qu'on n'oserait s'attaquer aux hôtes du roi.

Le voyage de la baie de Katouga jusqu'à la capitale de l'Ouganda appelée Kibuga était excessivement désagréable. J'avais déjà bien de la peine, boiteux comme je l'étais, à gravir les différentes collines, mais lorsque pour parvenir de l'une à l'autre, il fallait invariablement traverser un marais dont la largeur variait d'un quart à quatre milles et où foisonnaient les moustiques, j'éprouvais souvent un véritable découragement. Ces collines s'élevaient, en général, à huit cents pieds au dessus des vallons et s'étendaient jusqu'à l'horizon en nombre infini; toutes étaient de forme conique et à sommet aplati.

Les Waganda sont des pionniers de premier ordre; ils marchent toujours droit devant eux, habitude qu'ils contractent en portant les messages du roi et en conduisant les troupeaux et les esclaves qui lui sont destinés. Quel que fût le marais ou la colline qui se présentait dans cette marche, ils s'y élançaient en ligne droite sans chercher un chemin moins pénible. C'est dans ce pays que nous avons rencontré les premières routes que nous ayons vues en Afrique; elles étaient assez larges et on aurait pu les parcourir en voiture si les pentes eussent été moins rapides. On n'avait employé aucun outil pour les tracer; l'herbe avait été simplement foulée par le passage incessant des troupeaux et d'hommes allant à la chasse aux esclaves. Il y avait aussi quelques ponts, mais ils étaient dans le plus mauvais état. Du temps de Soona, le feu roi, on avait enfoncé dans les marais des pilotis à bouts fourchus et posé sur ces derniers des troncs de dattier sauvage, ce qui donnait un passage large de douze pieds ; faute d'entretien, ces ponts tombaient en ruines et il était très pénible d'y marcher pieds nus.

Je remarquai en dehors d'une plantation, un arbre d'aspect extraordinaire et appartenant à la famille des bananiers. J'en ai rapporté la semence en Angleterre ; c'est l'*ensete* de Bruce qui l'a le premier découvert en Abyssinie. Sa ressemblance avec le bananier m'eût empêché de le remarquer sans la grosseur extraordinaire du tronc et le peu d'élévation de l'arbre. Il avait la forme de deux grands tambours superposés, des feuilles gigantesques poussaient une à une sur les côtés. Les indigènes se font des colliers avec les semences, et les chèvres semblaient très friandes des feuilles. Je vis encore ce même arbre à 3° Nord sur des hauteurs rocailleuses ; mais je ne le retrouvai nulle part ailleurs.

Les Waganda, voyant que je ne souffrais plus que d'une raideur dans l'articulation du genou, avaient renoncé à me porter sur une civière, et si pénible que fût la marche, par suite de la nature du pays, elle le devint encore davantage à cause de l'allure rapide de mes compagnons. Ils montraient toutefois un grand empressement à m'aider dans tous les pas difficiles, et un caporal et deux hommes, — si je puis ainsi m'exprimer, — me suivaient ou me précédaient constamment. Ils étaient toujours prêts à me tendre la main ou à m'apporter de l'eau pour faire disparaître de mes jambes l'empreinte de la boue noire des marais. Notre marche était de neuf à dix milles par jour, de sept heures et demie à midi, ou plus tard selon les circonstances. Si la contrée que nous traversions était très peuplée, il fallait du temps pour piller chaque cabane; un Séedé ou un Waganda, l'un armé d'un fusil, l'autre d'une lance s'en approchait avec précaution, en criant ho! ho! puis si on ne répondait pas, il entrait et ressortait bientôt avec tout ce qu'il pouvait emporter, du tabac, des étoffes d'écorce, etc., etc. Les malheureux habitants assistaient de loin à ce pillage; cependant nos hommes eurent plusieurs fois à souffrir de leur témérité. Mariboo vint un jour me réclamer l'aide de deux de mes gens avec leurs fusils, un des siens ayant été blessé en entrant dans une cabane. Tous mes Séedés s'offrirent à l'instant même, mais Mariboo n'en prit que deux et l'affaire fut arrangée sans effusion de sang. Plus loin, on nous prévint de nous tenir prêts à être attaqués le lendemain par les indigènes; un des leurs, un petit garçon, avait été fait prisonnier la veille et racheté avec deux chèvres et quatre vêtements d'écorce. Ignorant que tous ces actes injustes étaient le fait de Mariboo, je fis charger les fusils de mes Séedés avec du gravier; mais nous ne fûmes pas obligés d'avoir recours à ces mesures extrêmes.

Tous les cours d'eau se dirigeant vers le Victoria Nyanza, on peut les traverser à gué; l'eau en était ordinairement d'un blanc sale; le fond était formé d'une boue noire, résultat d'une grande agglomération de matières végétales en décomposition. Les cours d'eau qui se dirigeaient vers le Nord, à l'opposé du lac, avaient un fond solide de sable et presque pas de boue. La différence devenait très sensible en les traversant.

Le passage des marais d'Ouganda présente de réelles difficultés : qu'on s'imagine une vallée plate, large d'un mille, ressemblant à une oseraie, mais que couvrent des papyrus et des roseaux gigantesques, à travers lesquels on a coupé un étroit chemin en laissant sous l'eau les racines; c'est par là qu'il nous fallut passer pieds nus. Plus d'une fois je sentis mes yeux se remplir de larmes au contact de ces racines tranchantes comme un rasoir. Les Waganda eux-mêmes, qui ont la plante des pieds aussi dure que du cuir, avaient de la peine à marcher, chargés qu'ils étaient d'armes et d'effets. En quittant ces marais, j'avais les pieds si rouges et si enflés que je n'aurais pu mettre de chaussures. Dans les marais sans roseaux, la marche à travers une boue épaisse et sous un soleil ardent ne devenait pas moins pénible, cependant aucun de nous ne fut malade.

Le Mwérango, à vingt milles à l'ouest de la capitale de l'Ouganda, fut le premier cours d'eau important que nous vîmes couler dans la direction de l'Égypte. Sa largeur était d'environ trois-cent-cinquante mètres. La partie centrale du pont construit sur cette rivière tombait depuis longtemps en ruines, et dans cet endroit, il fallut nous mettre à la nage et parcourir ainsi une distance d'environ trente-cinq mètres. On avait coupé un passage à travers l'immense quantité de papyrus qui cachait presque toute la rivière. Elle se réunit au Moogga Nyanza, avec lequel elle forme le Kuffoo qui se jette dans le Nil au nord de la résidence de Kamarasi. Il y avait parmi les Waganda différentes opinions sur l'origine de ces deux rivières. Le Mwérango sortait, disaient-ils, de rochers situés à une journée de marche au sud-sud-ouest de Namagoma. Une tradition poétique s'attachait au Mooga Nyanza. Son premier nom lui venait d'une des femmes du feu roi; celle-ci se trouvant enceinte, on l'envoya consulter un devin au sud-est de Namagoma. Elle y accoucha, et à la naissance de l'enfant, il jaillit en cet endroit un grand cours d'eau qui ne s'est jamais tari et qu'on appela Moogga en l'honneur de la reine !

A mesure que nous approchions de la résidence royale, des messagers venaient au devant de nous pour indiquer le lieu où je devais coucher chaque soir, pressant la marche de la caravane, parce que le roi ayant appris que j'étais *très beau* perdait tout appétit dans son impatience de me voir !

Les hommes qu'on envoyait à ma rencontre étaient quelquefois commandés par des garçons de treize ans qui, malgré leur extrême jeunesse, voyageaient avec une extrême rapidité, étaient très actifs et semblaient infatigables. Leurs tambours saluaient l'approche de notre caravane par les roulements prolongés auxquels répondaient les nôtres. Ces ambassadeurs ne se mêlaient jamais en route à nos porteurs, afin qu'au cas où il y aurait parmi nos bagages quelque objet de perdu, on ne pût les en rendre responsables.

Pokino, gouverneur d'un district important, me fut un jour amené, pendant que j'étais occupé à m'habiller. Mariboo m'en avait si souvent parlé comme d'un personnage, que j'avais un vif désir de le voir. En sortant de ma cabane, je l'aperçus au milieu de vingt Waganda : — Voilà donc Pokino, dis-je involontairement. — Tous sourirent à ce nom, mais nul ne bougea. On plaça ma chaise de fer en dehors de la peau de vache sur laquelle reposait le haut fonctionnaire. C'était un homme à l'air rusé et résolu en même temps, et qui savait certes se faire obéir. Il portait le vêtement ordinaire du pays, une étoffe d'écorce, drapée avec grâce et dont la couleur saumon contrastait singulièrement avec sa peau d'ébène. Il avait sur la tête une couronne de *coccinia indica*, ce qui me fit lui demander s'il avait la migraine. Il se mit à rire bruyamment à ma question et me pria de lui montrer mes gravures et mes allumettes chimiques; une tête de buffle et un groupe d'esclaves enchaînés furent, parmi mes dessins, ce qui parut lui plaire le plus. Il me quitta bientôt, et se retira avec beaucoup de dignité, comme parfaitement convaincu de sa propre valeur.

Sur cette route, les habitations étaient plus belles qu'aucune de celles que nous avions vues jusque là. Un M'ganga construit ordinairement un double toit à sa cabane; le toit extérieur a une pente plus inclinée que l'autre et il est couvert, jusqu'au sol, d'un chaume épais; on emploie pour cet usage une herbe longue et large, qui me parut une espèce de canne à sucre sauvage. Cette toiture, parfaitement blanche et propre à l'intérieur, est soutenue par un grand nombre de perches, auxquelles on suspend des sacs de blé, de la viande séchée, etc. Un large écran de feuilles de bananier sépare les cabanes par moitié. Les classes aisées ont à l'intérieur une couche élevée; une seule entrée donne passage aux habitants, aux chèvres et à la fumée. On construit aussi dans les endroits ombragés des pavillons où les hommes se réunissent pour causer, boire et fumer. Deux huttes placées sur une hauteur me semblèrent consacrées aux morts; une clôture les entourait et un écran d'étoffe d'écorce cachait la vue intérieure. En entrant dans l'une d'elles j'y trouvai un lit de canne; les rideaux étaient fermés, comme si on avait voulu empêcher les moustiques d'y pénétrer; j'y vis des lances, des bâtons au bout recourbé, des talismans et des niches où l'on voyait des idoles; ces objets étaient rangés avec ordre. J'ai su plus tard que c'était un mausolée On en distinguait de semblables au flanc des collines; ce n'étaient quelquefois que de simples enclos carrés que les Waganda appelaien *Lovalch* ou terrain consacré.

Dans un rayon de trente milles autour du palais, le pillage était absolument défendu. Des bestiaux, des chèvres paissaient en parfaite sécurité près de la route ; aucun des hommes de mon escorte n'aurait osé y toucher; sans doute il leur semblait dur d'être obligé d'acheter les provisions, d'autant plus qu'elles étaient fort chères. Plusieurs petits lacs se trouvèrent sur notre passage; le chemin que nous parcourions nous amena devant la résidence occupée par le roi actuel lorsqu'il était jeune homme; elle tombait en ruines; on me la fit remarquer avec la révérence que nous aurions manifestée dans notre pays à l'aspect d'un lieu sacré ou historique. Nous étions encore à une étape de la capitale, lorsque MariLoo refusa de me conduire plus loin; l'usage voulait que les voyageurs attendissent à cette distance, quinze jours et plus, la permission d'aller plus loin. Notre épreuve ne dura heureusement qu'un seul jour, et dans la matinée du 26 mai, une troupe joyeuse de Sécdés vint m'apporter une lettre de mon ami Speke. Quelle consolation et quel bonheur de me savoir si près de lui! J'appris encore bon nombre de nouvelles étranges, et d'abord il n'y avait dans l'Ouganda pour toute nourriture que des bananes cuites, encore fallait-il risquer sa vie pour en obtenir. Mon arrivée devait être le signal de nombreux sacrifices humains. Le roi aimait beaucoup Speke, parce que celui-ci, contrairement aux habitudes arabes, mangeait de la viande avec appétit, sans s'inquiéter si on avait tué la bête selon les prescriptions du rite mahométan. Baraka, que nous avions envoyé dans le Nord avec des lettres pour les navires venus d'Égypte, avait été vu sain et sauf dans l'Ounyoro, mais le roi de ce pays ne lui permettait pas de nous rejoindre dans l'Ouganda. Les navires étaient toujours Ougani. Le Nil se dirigeait vers Misr (l'Égypte). Les hommes et les femmes qu'on tue journellement au moyen d'un coup appliqué à l'occiput sont coupés en morceaux; on enveloppe ensuite ces cadavres dans un linge et on les jette aux oiseaux. Masoonga, le bourreau en chef, se réserve tous les cœurs. Speke avait sauvé la vie à quatre ou cinq de ces malheureux. Tout homme qui a les mains liées sur la poitrine va subir la peine de mort, mais les mains liées derrière le dos indiquent qu'il est seulement condamné à une amende.

Nous verrons plus tard la foi que nous devons ajouter à ces commérages de nos Sécdés. Je dirai ici, qu'en 1864, lors d'une audience particulière que daigna m'accorder le Pape, après avoir examiné la carte de notre route, écouté la description que je lui fis de la configuration générale des pays situés sous l'Équateur, Sa Sainteté me dit d'un accent très chaleureux, que mon récit coïncidait singulièrement avec ce qu'il avait observé dans le pays de l'Amazone, lors du séjour qu'il y avait fait comme missionnaire. L'Amazone se trouve sous le même parallèle de latitude que l'Ouganda.

<h1 style="text-align:center">X</h1>

Ouganda, du 27 mai au 7 juillet 1862. — Rencontre avec le capitaine Speke. — Audience du roi d'Ouganda. — Réception de la reine. — La police. — Les bourreaux. — Habileté des ouvriers.

Le 27 mai 1862 fut pour moi un jour, non-seulement de joie extrême, mais aussi de profonde gratitude envers la Providence qui avait exaucé mes prières et m'avait permis de retrouver mon ami. J'avais été éloigné de Speke pendant quatre mois et lorsqu'après cette longue séparation je me

retrouvai de nouveau avec lui, nous avions tant de choses
à nous dire que nous éprouvâmes un vrai déplaisir lorsque
plusieurs pages m'apportèrent l'ordre de me rendre le
lendemain au palais. Les mêmes ambassadeurs à la mine
intelligente, à l'air éveillé, revinrent le lendemain me prévenir que je pouvais apporter une chaise pour m'asseoir en
présence du roi. Après m'être fait précéder d'un fusil et de
munitions que Sa Majesté daigna accepter, je me rendis à
l'audience; Speke et plusieurs Séedés m'accompagnèrent.
J'avais revêtu mes plus beaux habits, un pantalon blanc,
une veste de flanelle bleue, une chemise de laine à car-
reaux blancs et noirs, un casque et un turban rouge.
J'avais d'abord voulu mettre un pantalon court et comme
je ne portais que des chaussettes, on eût vu une partie de
ma jambe nue, grave infraction aux lois de l'étiquette de
la cour, suivant Speke. Pour atteindre la résidence royale,
il fallait traverser un terrain marécageux sur lequel on
avait jeté de l'herbe afin qu'on ne se mouillât pas les pieds,
puis monter par une route escarpée au sommet d'une colline, où l'on avait bâti plusieurs centaines de maisons dont
chacune était entourée d'un rideau de roseaux. Une porte
s'ouvrit devant nous; après avoir passé sous une corde à
laquelle des charmes étaient suspendus, nous nous trouvâmes dans un vaste enclos de forme oblongue; on n'y
voyait qu'une seule habitation à toiture élevée et couverte
de chaumes. A l'intérieur et près du seuil, se tenait Sa
Majesté M'Tessa; devant lui et en plein air étaient assis en
demi cercle des Africains en grand nombre, proprement
vêtus et ayant tous la tête découverte. On nous fit brusquement arrêter; la séance fut levée et la foule disparut
rapidement par un guichet. Dix minutes s'écoulèrent, puis
on nous fit entrer dans un second enclos moins grand que

le premier où nous restâmes debout la tête nue, nous garantissant avec nos parapluies des ardeurs du soleil, jusqu'à ce qu'il nous fut permis de nous asseoir. M'Tessa avait pris place sur un banc de gazon, ayant derrière lui un chien. Son *Kamarivona* ou commandant en chef était assis à ses pieds en vertu d'un privilége de sa charge ; sa sœur et plusieurs femmes également accroupies à terre occupaient sa gauche. Le roi, d'un coup d'œil rapide, remarqua que j'avais une main blessée et en demanda la cause ; il croyait sans doute que c'était en punition de quelque faute, car à sa cour il était d'usage en pareil cas de mutiler les gens en leur coupant les doigts, les pieds ou les oreilles. Il en parlait à voix basse à ses pages, lorsque Mariboo crut devoir intervenir et raconta que la mutilation de ma main était le résultat d'une blessure reçue à la guerre ; il profita de l'occasion pour informer Sa Majesté des grandes difficultés qu'il avait eues à surmonter en me conduisant à Karague jusque devant elle. La foule l'écoutait dans un grand silence, quand soudain un léger tumulte se fit entendre. Maubah, le chef de la police, s'apercevant de quelques infractions à l'étiquette, probablement un mot ici et là prononcé à voix basse, s'empara d'un des coupables et l'emmena hors de l'enceinte. L'angoisse empreinte sur les traits du malheureux me causa une impression pénible, nul n'osa témoigner en faveur de la victime et Maubah reparut bientôt ; il était seul et semblait satisfait.

De pareilles scènes n'interrompent jamais la conversation ; le bruit des tambours ou d'autres instrumens couvrent les cris des victimes. La manière de présenter ses hommages au roi est singulière : la foule se lève tout à coup en masse et brandissant de longs bâtons s'élance à plusieurs reprises jusqu'au seuil de la demeure royale et pousse des hurrahs en l'honneur du souverain auxquels celui-ci ne répond point.

La séance fut levée de nouveau et M'Tessa marchant sur la pointe des pieds de la plus drôle de façon, disparut dans un autre enclos. Ceux qui l'entouraient surveillaient chacun de ses mouvements dans la crainte d'être trouvés en défaut et punis suivant son caprice. Bientôt après eut lieu une troisième représentation. A notre entrée dans la cour, nous trouvâmes le roi appuyé contre le portique dans une attitude affectée et longtemps étudiée ; deux cents femmes environ étaient assises par terre. On nous dit de placer nos chaises en face d'elles, à quinze mètres de Sa Majesté ; sauf nos interprètes Séedés, il n'y avait pas un seul homme. Le grand potentat qui nous regardait d'un air de bonhomie étonnée ne fit part qu'à quelques-unes de ses favorites des réflexions que notre présence lui inspirait. Après nous avoir examiné un certain temps, il lui vint à la pensée que nous serions mieux à l'ombre, première étincelle de bon sens que nous eussions jusque-là observée chez lui Nous nous rapprochâmes donc un peu du lieu où il se tenait debout ; il me fit signe de montrer ma tête nue à ses femmes ; il s'ensuivit un rire général auquel nous primes part. Sur un second signe, je mis mon chapeau. Nous commencions à nous sentir moins gênés devant cette Majesté si peu imposante ; les femmes nous souriaient et semblaient s'amuser beaucoup des bizarres formalités de cette présentation. Le soleil allait disparaître à l'horizon lorsque M'Tessa termina l'audience par son brusque départ, nous laissant le loisir de réfléchir sur les inconvénient de la journée. C'était un jeune homme bien fait, de taille élevée, aux allures vives et possédant une bonne dose de vanité, ses cheveux laineux étaient arrangés avec des soins infinis. Il avait la tête petite,

des yeux à fleur de tête, de belles dents, les ongles très
longs aux pieds et aux mains ; le cou-de-pied, comme chez
tous les Waganda, était très cambré, indice d'une jambe
nerveuse et bien faite. Une draperie d'étoffe d'écorce tombant de son épaule droite, cachait tout son corps. Les ornements qu'il portait au cou et aux bras se composaient de
grains dont les différentes couleurs s'harmonisaient parfaitement. Il avait à chacun de ses doigts une bague de cuivre
et à l'annulaire de la main gauche brillait l'anneau d'or,
présent de Speke. Durant l'audience, une fille d'honneur
venait de temps en temps lui présenter une gourde remplie
de pombé ; après chaque gorgée, il s'essuyait les lèvres avec
une serviette d'étoffe d'écorce, serviette qui, par parenthèse,
lui servait aussi à essuyer la sueur dont son corps était
couvert ; ce fut, du reste, la seule inconvenance qu'il com-
mit devant nous. Nous avions à peine quitté la dernière
enceinte, que des cris de femme nous arrêtèrent, un homme
traînait par une corde vers le lieu des exécutions une
femme presque nue. La pauvre victime s'écriait avec des
sanglots : « *N'Yawoh ! N'Yawoh !* » (Mère ! mère!) ; une seconde femme également attachée avec une corde, la suivait
morne et silencieuse. Je frissonnai d'horreur. Aurions-nous
été la cause innocente de ce malheur?

Le sentier qui menait à notre cabane, était encombré
d'une foule d'hommes, vêtus de feuilles de bananiers lacé-
rées en mille endroits, les membres peints avec du vermillon enduit de cendres ; des peaux de chèvre à long poils
pendaient à leur ceinture. Tous les jours, ils parcouraient le
chemin comme des furieux, vociférant et brandissant leurs
lances et leurs boucliers. C'étaient des hommes de M'Tessa
qui se préparaient pour la chasse aux esclaves. Le lendemain de notre première entrevue, le roi nous honora de sa

visite, sans nous en avoir fait avertir. Il sembla très empressé. Ce n'était plus le dandy de la veille; il portait une redingote ouverte de toile de Perse et de larges pantalons blancs à bandes rouges; il avait la tête et les pieds nus. Après s'être assis sur une chaise de fer, il saisit un de nos livres et en tourna les feuillets, comme aurait pu faire un singe ; puis voyant le portrait de Rûmanika, il demanda quand nous ferions le sien. Ses frères, un tas de gamins, dont plusieurs portaient des menottes, se tenaient derrière lui, babillant sans contrainte et ne cessant de mâcher de la canne à sucre. Je fus obligé d'ôter mon chapeau pour leur montrer ma chevelure. Enfin le roi se leva et ordonnant à Speke de l'accompagner, se retira avec précipitation. Ses frères le précédaient, à l'exception de ceux qui étaient enchaînés et que deux domestiques escortaient. Gênés par leurs liens, ils marchaient péniblement, mais d'un air de parfaite bonne humeur. Ils semblaient très heureux et jouissaient d'une excellente santé. On me dit que le roi, avant son avènement au trône, avait toujours porté des chaînes, ainsi que le faisaient alors ses plus jeunes frères. Je n'ai pu découvrir la cause, le but de cet usage. Inquiet de la disparition de Speke, je me mis à sa recherche et je fis en route la rencontre d'une *volée* de pages; ce mot peut seul donner une idée de ces serviteurs, lorsque pour exécuter un ordre royal, ils s'élancent par les chemins, les vêtements flottants au vent. Ils venaient de reconduire Sa Majesté avec des torches, mais ils ne savaient plus où le chercher. J'appris plus tard que M'Tessa était entré dans une maison et s'y était fait servir de la viande bouillie et du vin, dont il donna une part à Speke. Il revint ensuite chez lui à la lumière des torches et au son du tambour.

Le 1er juin, je fus présenté à la mère du roi. Speke et moi

nous rendîmes à l'audience accompagnés de cinq ou six Sécédés portant des mottes de gazon, les chaises étant prohibées, ainsi que nos gourdes de pombés, des roseaux pour le boire et nos parapluies. Après avoir traversé plusieurs collines et marché pendant trois quarts d'heure, nous nous trouvâmes aux portes de la maison qu'habitait Son Altesse royale. Arrivés à la seconde enceinte, il nous fallut attendre avec d'autres visiteurs dans le bâtiment réservé aux tambours. On nous y laissa pendant une heure, fumer, boire et sommeiller. J'y trouvai un instrument de musique, comme je n'en avais encore jamais vu; c'était une espèce d'harmonica composée de douze morceaux de bois qui, lorsqu'on les frappait, rendaient des sons comme l'harmonica de verre. Ils reposaient sur des troncs de bananier et se trouvaient isolés les uns des autres par des roseaux très minces. La vieille dame daigna enfin nous recevoir. Nous la saluâmes en ôtant nos chapeaux, ce qui la fit rire aux éclats. Elle nous reçut très cordialement et nous pria de nous asseoir en face et tout près d'elle. Je trouvai qu'elle ressemblait à une femme tartare, car elle était courte et grosse et avait le teint clair. Une corde s'enroulait autour de sa tête entièrement rasée. Une conversation très animée, pendant laquelle Son Altesse ne cessa de caresser sur ses genoux un jouet de la forme et de la grosseur d'un hérisson, orné de courès et de graines, s'engagea entre nous. Elle buvait des gorgées de vin, se mirait dans une petite glace, fumait et, semblable à nos ménagères, donnait des ordres à ses domestiques. Elle nous fit offrir en cadeau des bananes et des paniers de viande bouillie enveloppés l'un et l'autre de feuilles. Un des officiers goûta chaque panier en arrachant avec ses dents une bouchée de viande. Nous prîmes congé de notre hôtesse, dont la bonne humeur et la simplicité nous laissèrent très satisfaits. Elle nous invita à venir la voir souvent, cependant il lui arriva quelquefois après nous avoir fait attendre des heures au milieu d'indigènes trempés de sueur, de nous envoyer dire que la fatigue ou des affaires l'empêchaient de nous recevoir. Son frère Katouzée, officier supérieur, marchant les pieds en dehors avec toute la distinction d'un gentleman d'Ouganda, était traité par elle avec autant de cérémonie que nous. La plupart du temps il devait s'asseoir assez loin pour qu'on ne pût l'entendre qu'en criant; quelquefois, cependant, lorsque la société était choisie et peu nombreuse, la douairière lui permettait plus de familiarité et ne s'offensait pas des plaisanteries qu'il lui disait tout bas. Son Altesse ne manqua jamais de goûter au vin avant qu'on nous le présentât, condescendance dont elle n'honorait pas tout le monde.

Les femmes que nous avons vues près de la reine, avaient comme elle, la tête tout à fait rasée; un très petit nombre des personnes de la cour avaient la permission de porter la même coiffure aristocratique que le roi. Je rencontrai un jour une de ses femmes, dans tout l'éclat et la fleur de la jeunesse, qu'on menait au supplice; c'était la quatrième depuis le matin. Elle pleurait à chaudes larmes et avait dans le dos une large blessure par laquelle le sang coulait en abondance. Malgré ces exécutions multipliées, M'Tessa était ce jour-là aussi gai, aussi souriant que d'habitude. Manlah, le chef de la police, demeurait près de nous, voisinage bien pénible, car nous entendions chaque coup de bâton, chaque cri des malheureuses victimes. A chaque femme faite prisonnière, Manlah demandait: — Voulez vous vivre avec un tel? En cas de refus, il lui appliquait les verges jusqu'à ce qu'elle lui donnât son consentement. Cet important personnage, et d'autres officiers supérieurs, se montraient très jaloux de l'influence dont Speke jouissait auprès du roi, car il obtenait une audience aussitôt qu'il l'avait demandée, tandis qu'ils attendaient souvent le même honneur des journées entières. Cette influence eut d'heureux effets ; Speke, non-seulement sauva la vie à bon nombre d'indigènes, mais encore il intervint souvent et avec succès auprès du roi, lorsqu'il en était requis. Un fils favori de Kouzah, le bourreau, avait été condamné à mort. Il eut la vie sauve, grâce à mon ami, et on le crut désormais à l'abri de toute punition ; mais lorsque Bombay demanda de ses nouvelles à ce haut fonctionnaire, le père répondit : — Mon fils a été tué hier pour une autre faute. — Un des pages, un tout jeune enfant, nommé Lovgohie, à qui nous nous intéressions et à qui Speke avait fait faire un brillant costume, courut un grave danger : il toussa pendant le dîner du roi ! Il fut sauvé toutefois, et n'eut même pas à regretter la perte de ses oreilles, ce qui n'eut constitué qu'une légère punition ; cependant il n'espérait guère de longs jours, et pouvait craindre à chaque instant de tomber de Charybe en Scylla, car lui ayant demandé une fois combien de pièces le roi avait tirées à la chasse, Lovgohie me répondit avec une indéfinissable expression de mélancolie : — Ne rencontrant pas de gibier, Sa Majesté s'est amusée à tirer sur beaucoup d'entre nous !

Le roi aimait son fusil avec tant de passion que, toute la journée, on n'entendait que des détonations, ainsi que le roulement des tambours qui accompagnait *en diminuendo* ses moindres mouvements. Tout son temps était donc occupé et les audiences devenaient rares. Nous lui avions fait tant de cadeaux, il avait tant de fois promis de nous ouvrir la route, ses pages avaient volé pour lui une si grande quantité de nos munitions, qu'enfin il eut honte et nous permit soudain de poursuivre notre voyage. Lorsque cette nouvelle nous arriva, nous étions malades tous deux et il nous fut impossible d'aller le remercier tout de suite. Ses pages nous importunaient sans cesse, et devenaient de jour en jour plus insolents ; ils entraient dans notre cabane, s'emparant de tout ce qu'ils voyaient sous prétexte de l'examiner et quelquefois venaient nous spécifier un ordre du roi, d'après lequel tous nos effets appartenaient à Sa Majesté qui en réclamait la remise immédiate. Ils nous demandèrent jusqu'au drapeau que l'amiral Keppel nous avait donné ! Ces indignités, jointes aux traitements barbares qu'on infligeait aux femmes, nous prouvèrent et de reste, qu'Ouganda n'était pas le jardin de délices qu'on nous avait dépeint, et que la conduite du roi à notre égard était un pillage d'une espèce pire que celui dont nous avions eu à souffrir dans l'Ougago et sur les territoires du Sud. Ici, en nous dérobant nos munitions, on nous avait ôté tout moyen de défense ; et les centaines de femmes, les centaines de bestiaux qu'on nous offrit en retour n'avaient fait que mécontenter les Sécdées qui nous disaient : — Puisque vous n'en voulez pas, nous les prendrons, car « pour nous récompenser » des présents d'une valeur de deux mille dollars offerts à M'lessa, nous n'avons reçu que des coups et des injures. Ils refusèrent de continuer la marche sans avoir obtenu une certaine quantité de cartouches à balles.

Il était défendu aux indigènes de prendre les graines en échange de provisions ; cependant ils enfreignirent souvent cet ordre en secret. Les couris constituaient la monnaie courante ; un cent de ces coquillages formait un collier d'un prix équivalent à un régime de bananes ou à une peau de chèvre ; une grande calebasse remplie de vin coûtait environ deux mètres d'étoffe d'écorce. Le roi envoya, fort heureusement, de temps en temps, quelques chèvres, et un jardinier nous fournit des patates douces contre des grains. On ne consommait dans le pays ni farine ni lait, les indigènes se nourrissant exclusivement de bananes cuites et de vin appelé M'mengé, qu'ils tiraient de ce fruit. Le vice de l'ivrognerie y est très rare; on voyait peu de bestiaux; il leur eût été difficile de pénétrer dans la masse épaisse d'herbes et de roseaux à haute tige qui couvrait les collines d'alentour. un chien même aurait eu de la peine à s'y frayer un passage pour chasser. On y avait tracé des promenades très agréables que les allées et venues continuelles de chasseurs d'esclaves empêchaient de se fermer. Katoonzée revint d'une de ces battues pendant mon séjour à Ouganda. Son butin se composait de cent-trente femmes, vieilles la plupart et bonnes seulement à arracher les mauvaises herbes des champs. Quelques-unes, encore jeunes, avaient été mises en réserve pour être données à ceux qui s'étaient distingués au service du roi. Chacune de ces femmes valait bien trois vaches. Le roi en ayant offert une à un de ses officiers en récompense de quelques services, celui-ci osa en demander une seconde. Pour le punir de sa témérité, on le coupa en morceaux avec des roseaux, instrument habituel pour ces sortes de châtiments. Il y avait plusieurs bourreaux ; c'étaient des hommes d'un rang élevé et en même temps conseillers privés du roi. Ces hommes avaient de nombreux subordonnés qui portaient les insignes de leur emploi, un turban fait de corde et quelquefois une massue de forme particulière. J'ai déjà parlé de Kouzah; un autre nommé Oozoomgoo, étant invalide, se rendait toujours au palais dans une litière. Il avait coutume de nous adresser la parole, s'il nous rencontrait et alors sa personne ne présentait rien de répugnant ; mais quand on le voyait avec un cercle de franges noires qui lui cachaient les yeux et pendaient jusqu'à sa bouche, il était complétement métamorphosé, et me rappelait alors la tête du taureau noir des Higlands, à l'expression farouche et brutale. Ces deux bourreaux étaient des hommes de formes très polies, s'entretenant avec nous fort ouvertement, ce qu'était loin de faire le *Kamaraviona*, ou commandant en chef, jeune homme à la mine orgueilleuse. Un jour, j'eus la curiosité de suivre une pauvre femme qu'un garçon menait à la mort. Elle portait en équilibre sur la tête une petite houe. Personne ne m'avait parlé de sa condamnation ; la corde qui liait son poignet me l'indiqua suffisamment. Je l'accompagnai pendant un demi mille jusqu'aux jardins du bourreau, à la porte desquels j'attendis quelque temps sans rien entendre ni rien voir. Non loin de moi perchait, sur un tronc brisé, un vautour indolent à bec jaune, le cannibale d'Ouganda ; d'autres planaient immobiles dans l'attente d'un festin. Ces indices me suffirent et le cœur serré je rebroussai le chemin.

Le spectacle le plus curieux qu'offrait la capitale de l'Ouganda, était de voir se presser sur la grande route du palais une foule d'hommes commandés par des officiers, dont chacun en avait cent sous ses ordres. Lorsqu'il fallait porter du bois à la demeure royale, on le faisait avec toute la précision d'un régiment exécutant des manœuvres. Après avoir déposé les buches à une certaine distance, les hommes, tenant chacun une canne, montaient la colline au son du tambour ; puis, lorsqu'ils étaient arrivés près de leur officier, ils le saluaient en s'agenouillant et en disant à plusieurs reprises en chœur : « N'yans » (merci) ; cela fait, ils redescendaient la colline et revenaient avec le bois. Il fallait plusieurs heures pour emmagasiner la provision du maître dans les cours du palais. Chaque officier d'un district semblait avoir un système particulier pour faire faire l'exercice à ses subordonnés. Les Wazcewah nous parurent les mieux disciplinés ; ils criaient et marchaient en cadence, agitant en mesure leurs longs bâtons.

A chaque nouvelle lune, M'tessa examinait ses cornes magiques, mais je n'avais pas grande confiance dans les augures qu'il rendait ! Il avait la tête trop légère, aimait trop la chasse, le bain, la musique, pour s'adonner sérieusement à l'art de la magie ! Du reste, il abandonnait assez volontiers ces pratiques aux Witchwazée qui l'entouraient et le flattaient sans cesse. Le même jour où l'on exécuta quatre de ses femmes, on vint lui offrir en notre présence plusieurs jeunes filles pour son harem. Chacune de celles-ci tenait devant elle en guise de vêtement une petite serviette ; toutes étaient frottées de graisse et portaient des  colliers et des ceintures de grains. Après les avoir passées en revue, sans manifester aucun de ses sentiments, le roi les fit conduire au harem. Il s'assit alors, selon l'usage, sur les genoux de la matrone qui lui avait présenté ces infortunées et renvoyant tout le monde hormis nous, des interprètes et quelques jeunes garçons, il entama une conversation sur les hommes et les femmes en général. Je dois rendre à M'tessa la justice de dire que devant le beau sexe il observait toujours les convenances. Comme il se plaignait de souffrir un peu, un page lui apporta une boisson, qu'un des nôtres fut obligé de goûter ; et je ne suis pas sûr si ce ne fut pas le page qui acheva de la boire. Le roi et son peuple nous témoignèrent beaucoup plus de confiance qu'aux trafiquants étrangers ; on recevait nos présents sans leur faire subir la préparation accoutumée, tandis que l'on passa au vin l'offrande de Kiengo, l'indigène de l'Ounyamnezi, qui se composait de cinq queues de girafe, un morceau de cuivre de Kittara, et Kiengo fut ensuite obligé de boire le vin pour montrer que ses cadeaux étaient purs de toute souillure. Il lui fallut encore, et pour le même motif, sucer une pilule douée de vertus miraculeuses.

Les Waganda firent preuve de la plus grande adresse dans l'imitation qu'ils firent de nos chaises, de nos vêtements, de nos étuis à fusils, etc., etc. A force de regarder nos dessins, ils finirent par imiter sur leurs étoffes d'écorce des images qui représentaient des hommes noirs. C'étaient d'excellents ouvriers comme le prouvaient d'ailleurs les lances, les couteaux, les tambours, les boucliers, et en général tout ce qu'ils fabriquaient. L'écorce de leurs étoffes provient de plusieurs espèces de figuier. Après l'avoir battue avec un maillet, ils la cousent en forme de châle, dont la couleur, qui varie du maïs au saumon et au rouge brique, s'harmonise admirablement avec le teint africain. Ils faisaient aussi des vêtements de peau d'antilope de la petite variété, où l'œil distinguait à peine la couture faite avec les fibres du bananier et de l'aloès. Ils ignoraient l'art de travailler le cuivre ; du reste leur simplicité était si grande qu'une feuille de bananier leur servait d'assiette ; un morceau de roseau tenait parfaitement lieu de couteau, ainsi que je m'en assurai plus d'une fois en voyant les gardes du palais prendre leur repas qui se composait de bœuf bouilli et de bananes cuites. Les Waganda étaient bons cuisiniers et découpaient artistement la viande. On roulait un gros morceau de celle-ci dans des feuilles de bananier, puis on la mettait dans un grand pot de terre plein de bananes ; bien cuite ainsi, elle faisait un excellent manger. Nos Sécédés manquèrent plus d'un repas succulent parce

10.

que la bête n'avait pas été tuée selon les prescriptions de la religion de Mahomet.

On craignait beaucoup les orages à Ouganda ; cependant aucun cas de mort provenant de cette cause n'eut lieu pendant mon séjour. Tout le mois de juin, presque tous les jours, il tomba des averses ; un brouillard épais voilait les vallées durant la matinée et nous cachait souvent le soleil pendant la journée entière. Le plus fort tomba le 10 juillet et mouilla la terre à 1 m. 20 de profondeur.

Bien qu'on nous eût assuré qu'il n'y avait d'Ouganda à Ounyoro qu'environ quatre-vingts milles par la route la plus directe, nous n'en étions pas convaincus, car on ne peut guère se fier aux évaluations des indigènes. Un M'ganda marchera sans être chargé toute une journée, en s'arrêtant à chaque cabane où il trouve à boire et à manger ; un Séedé chargé considère une marche de six milles comme suffisante. Comment croire que nous n'étions qu'à quatre-vingt-sept milles d'Ounyoro ?

# XI

D'Ouganda à la capitale de l'Ounyoro, du 7 juillet au 9 septembre 1862. — Première étape d'Ouganda à Kaséh. — Bétail et chasse du pays — Séedé tué par les indigènes. — Le capitaine Speke se rend au lac Nyanza. — Difficultés sur ma route. — Retour de Speke. — Chasse aux éléphants dans l'Ounyoro.

Le chemin que nous parcourions traverse un pays accidenté, puis à mesure que nous avancions vers le nord, il prit tantôt l'aspect d'un parc, tantôt celui de riches pâturages semés de bouquets d'arbres. Les marais et les ruis-

seaux à fond sablonneux fournissaient une eau abondante,
et des herbes hautes de trois pieds qui ondulaient comme
des vagues au souffle de la brise avaient remplacé les
grands roseaux d'Ouganda. Les arbres, assez petits, ressemblaient à ceux que nous avions rencontrés à 5° sud de
l'équateur. C'est à peine si le dixième du pays était cultivé.
Les plantations de bananiers étaient plus nombreuses que
les champs de sésame et de maïs, et nous trouvions dans
les cabanes que nous occupions des provisions de séeroko
et de jooggo [1]. Notre marche fut, sous un rapport, assez
désagréable ; car, dès que la caravane faisait halte, les cultivateurs prenaient la fuite et nous laissaient maîtres de leurs
demeures et de tout ce qu'elles contenaient, tels que couteaux, boucliers, coquilles, grains, peaux, tabac, etc. En
partant, nous nous apercevions souvent que les nôtres
avaient méchamment brûlé, pour faire leur cuisine, plusieurs des supports d'une cabane, quoiqu'ils eussent à leur
disposition les meilleures choses du district et qu'ils ne
payassent rien pour les chèvres et tout ce qu'ils prenaient. Ces habitations ressemblaient à celles déjà décrites;
au dessus de la porte pendait un charme en jonc orné de
plumes.

Les bestiaux, dans les régions des pâturages, étaient des
bêtes de choix. Ils n'avaient pas de cornes, on les privait
de cet ornement en les cautérisant avec un fer chaud lorsqu'ils sont jeunes. Ils étaient gris de poil, noirs à la face
et dans l'intérieur des oreilles; ils n'avaient que peu ou
point de bosse et dépassaient en grosseur nos vaches ayr-
shire. Les vachers appartenaient à la race des Wahuma; ils
gardaient souvent plusieurs centaines de bêtes à la fois.

[1] Une plante légumineuse et une plante textile.

Les gens de cette tribu venaient sans crainte voir passer notre caravane, même dans les districts les moins peuplés, tandis que les Waganda fuyaient à notre approche, abandonnant leurs habitations au pillage de notre escorte. On explique cette différence entre les deux peuples par le fait que les Wabuma n'ont jamais été réduits à l'esclavage, bien qu'on prise beaucoup la beauté de leurs femmes.

Je remarquai de nombreuses traces d'éléphants et de buffles, sans toutefois rencontrer de ces animaux, et quoique la nuit nous entendissions les lions, on n'en put tirer aucun. Speke tua deux zèbres que les Waganda dévorèrent; les peaux appartenant au roi, on les laissa simplement dans une cabane, dont le propriétaire était obligé de les faire parvenir jusqu'au palais. Les pallahs, les harlebeests et d'autres antilopes ne manquaient pas; c'est dans ce pays que nous avons vu le n'jezza dont les cornes se recourbaient sur le front, espèce que nous n'avions pas encore rencontrée. Les bestiaux étaient très nombreux, les indigènes s'essayaient à prendre les lions au moyen de gros blocs de bois, empilés les uns sur les autres à une grande hauteur; lorsque le lion s'approchait pour s'emparer de la chèvre vivante, servant d'appât, la pile, soutenue jusque-là par des perches s'écroulait et écrasait sous ses débris l'ennemi redouté. La curiosité me poussa à m'approcher d'une de ces embûches, dont j'ignorais le danger; mais les Séedés m'en avertirent à temps. Trois de nos vaches furent moins heureuses : l'une d'elles fut tuée, les deux autres grièvement blessées. Les indigènes aimaient passionnément la chasse et prenaient les antilopes grandes et petites au moyen de filets faits avec les fibres les plus fortes de l'aloës.

Les oiseaux n'abondaient pas et le vautour cannibale d'Ouganda devenait de plus en plus rare. Il y avait cependant des pintades et des florikans ; les hautes herbes nous cachaient les perdreaux. Je tuai un hibou au beau plumage qui pesait bien six livres. La nuit, dans les bananiers, voletait un oiseau dont chaque mouvement était d'une grâce inimitable, un engoulevent d'une nouvelle espèce et appelé depuis *cosmetornis spekii* ; de chaque aile sortait une seule plume deux fois grande comme l'oiseau lui-même et servant probablement à balayer les insectes.

Pendant notre séjour à Kaséh, et tandis que nous recevions une partie des bestiaux fournis d'après l'ordre du roi, nous eûmes l'occasion d'observer les dispositions des indigènes. Je pris, selon l'usage, pour moi et mes hommes, possession de leurs cabanes et je m'y installai pendant huit jours. Ils en furent tellement exaspérés qu'un jour nos Séedés ayant quitté le campement pour aller chercher de l'eau, ils les menacèrent, jetèrent même une lance à l'un d'eux et le tuèrent. Je fis donner au roi connaissance de ce fait ; on nous répondit de ne pas songer à cet événement, que plus tard on punirait tous les villageois dès qu'ils seraient rentrés dans leurs cabanes. La veille de notre départ, ils jetèrent des brandons allumés dans deux huttes occupées par des Séedés, ceux-ci eurent de la peine à se sauver à travers les flammes. Le lendemain, avant de partir, les Waganda se vengèrent en mettant le feu à toutes les cabanes, et emportèrent comme trophée la lance avec laquelle on avait tué le Séedé ; le bois mesurait sept pieds et la pointe de métal seize pouces.

Budja, le *m'aoongoo* ou officier supérieur, que le roi avait chargé de nous conduire au roi de l'Ouganda, était un bel homme à l'air intelligent ; il ne s'asseyait jamais avant qu'un de ses serviteurs n'eût étendu par terre une peau de vache. D'un caractère impétueux comme tous ceux de sa race, il se présentait nonchalamment, lorsque nous le faisions appeler, se reposait, semblait prêter l'oreille à ce que nous disions, puis s'en allait sous le prétexte le plus futile, avant d'avoir rien réglé pour notre marche. Il voyageait avec trois femmes, grandes et belles, et une vingtaine de jeunes gens qui prévenaient ses moindres désirs. Un de ceux-ci avait les deux oreilles coupées et bien qu'il n'en restât pas trace à l'extérieur, l'ouïe n'en paraissait pas affectée. Budja devant m'accompagner jusque dans l'Ounyoro pendant que Speke ira contempler le Nil, sortant du lac Nyanzo, son nom reviendra souvent dans ce chapitre. Il avait durant la route une autorité toujours incontestée en sa qualité de médiateur entre les rois d'Ouganda et d'Ounyoro.

Il y avait, en Ouganda, des instruments à cordes et à vent très bien faits ; car les indigènes excellent dans tout ce qu'ils entreprennent Le tambour résonnait nuit et jour sur les collines environnant la demeure royale. Il était alloué des timbales à chaque officier commandant cinquante hommes ; elles étaient faites de bois et se portaient sur le dos pendant la marche, enfermées dans un étui qui les garantissait de la pluie et du soleil. Chaque compagnie avait son roulement particulier ; celui de Budja, que nous apprîmes bien vite a distinguer, se composait d'un certain nombre de coups frappés rapidement. On battait les petits tambours du roi *crescendo et diminuendo*. Des joueurs de roseaux, des hommes sonnant du cor, assistaient à toutes les audiences; ils tenaient leurs roseaux comme des flageolets; ceux-ci étaient ornés de grains blancs, bleus et écarlates ; ils avaient des sons assez agréables. J'ai déjà parlé de l'harmonica et du nanga ou tambira à cordes qui, posé sur les genoux, ressemble à une petite harpe. La reine se fai-

sait jouer de cet instrument par un aveugle ; le roi y excel-
lait et passait des heures à faire ou à écouter de la musique.
Le chant n'était pas en honneur chez les Waganda, ils
préféraient la musique instrumentale ; quelquefois cependant il leur arrivait pendant la marche d'entonner d'une voix
chevrotante un chant bizarre mêlé de paroles et de notes.
Tous savaient siffler sur leurs doigts qu'ils faisaient claquer
lorsqu'ils voulaient accentuer ce qu'ils disaient. M'tessa, à
notre départ, avait donné ordre à Budja de nous conduire à
l'endroit où le Nil sort du Victoria Nyanza, presque à l'est
de sa résidence ; mais Budja s'obstina quatre jours durant à
nous faire marcher dans une direction plutôt septentrionale
qui nous éloigna de cette route. Nous nous demandions de
quel intérêt pouvait être pour nous ce point opposé, car
nous avions déjà vu le lac et nous savions qu'en continuant
à cheminer pendant quelques milles, nous allions atteindre
une immense rivière vers laquelle nous nous dirigions en
ce moment. Toutefois, afin d'éviter tout reproche soit de
négligence, soit d'indifférence, nous résolumes malgré le
mauvais vouloir de Budja, de ne rien omettre et de nous
rendre aux sources du Nil. Je n'étais pas en état, à cette
époque, de faire vingt milles par jour, surtout dans un pays
accidenté où l'on rencontrait souvent des marais. Il fallut
donc, à mon très grand regret, renoncer à accompagner
Speke, et continuer ma route vers Ounyoro. Je tiens à
constater la nécessité où je me trouvais d'agir ainsi, parce
que plusieurs personnes se sont imaginé que mon compagnon n'a pas voulu partager avec moi l'honneur de voir le
Nil. Il n'en est rien, et ma santé seule m'a empêché d'aider
Speke à fixer pour les géographes la latitude de cette intéressante localité, au sujet de laquelle nous étions suffisamment renseignés par les rapports des indigènes.

Le 19 juillet, Speke me quitta très légèrement équipé, pour les *Chutes Nipore* comme il appela plus tard l'endroit où les eaux destinées à former le Nil Blanc se déchargent du Victoria Nyanza. Il devait me rejoindre à Ounyoro et s'y rendre en bateau, mais il ne put mettre ce dernier projet à exécution, Budja, les bagages, la majorité des Séedés et moi-même ayant pris une direction opposée à celle de la capitale. Le pays que nous traversions était gouverné par le frère de la reine d'Ouganda ; il paraissait assez bien cultivé.

Le 2? juillet, Mauma, à qui les bestiaux étaient confiés, vint me trouver en pleurant ; il avait à la tête une large blessure qu'un Séedé venait de lui faire, parce qu'il avait refusé de lui céder sa cabane. Le coupable, deux fois grand comme Mauma et qui se conduisait ordinairement très bien, manifesta un grand repentir. Je ne pus savoir la vérité sur cette affaire, et lorsque j'eus menacé de mettre le Séedé aux fers (que nous n'avions pas) tout le monde parut satisfait, — à l'exception de Mauma qui se trouvait insulté parce qu'on avait dit qu'il n'était qu'un Ounyamnezi. Ce n'est pas la blessure qui me fait mal, s'écria-t-il pleurant à chaudes larmes, mais ceci !... et il montra son cœur. Il jura de se venger en tuant son ennemi, mais je n'entendis plus parler de cet incident.

C'était dans ce pays, sur les frontières de l'Ouganda, que nous devions recevoir, d'après les ordres du roi, les dernières vaches ; on en amena plusieurs que Budja déclara ne pas valoir plus que des chèvres. Un de mes grands favoris, Oreymengo le chevrier, vint un jour me prévenir qu'il avait vu des paysans Waganda enlever toutes nos chèvres, je mis à leur poursuite des hommes armés ; une demi heure après on trouva nos bêtes broutant l'herbe non loin du camp ; elles n'avaient pas été volées ; c'était le chevrier qui, ne sachant où les trouver, avait imaginé cette fable. Pour le punir de son mensonge, il fut condamné à recevoir un certain nombre de coups de verges que lui appliqua Mabruk.

Le 26 du même mois, j'entrai avec ma caravane dans le territoire de l'Ounyoro ; rien n'indiquait les limites qui séparaient ce pays de l'Ouganda. Nous avions à peine fait quatre milles que la route que nous parcourions se trouva barrée par des branchages disposés en forme d'arc ; les Waganda n'osaient franchir cette mince barrière, craignant sans doute quelque trahison de la part de leurs plus cruels ennemis, les indigènes d'Ounyoro, mais je crus voir là, ainsi que la plupart des Séedés, le signe qu'on emploie dans l'Ounyamnezi pour marquer le voisinage de l'eau et des habitations. Nous avions changé de territoire, aussi il fallut faire halte et envoyer quelques hommes en avant pour obtenir la permission de poursuivre notre voyage.

Deux Séedés s'étant pris de querelle à propos du cœur d'une vache qu'on venait de tuer, se battirent à coups de bâton. Mon intervention ne suffit pas à les apaiser, et tout le camp s'en mêla ; bref, on les enferma séparément chacun dans une cabane ; mais comme elles n'étaient pas éloignées l'une de l'autre, ils continuèrent à s'injurier, finirent par s'échapper, et s'enfuirent dans la forêt pour s'y battre à loisir. Cette fois on les laissa faire.

Le 27, Budja et cinq de mes hommes se détachèrent pour aller demander l'autorisation d'avancer dans le pays. L'attente nous fit paraître cette journée excessivement longue ; enfin vers trois heures le roulement particulier des tambours de Budja résonna dans le lointain et je m'empressai d'aller avec les miens à la rencontre de nos envoyés.

Tous les villageois s'étaient enfuis à leur approche, à l'exception d'un seul homme qui leur dit de revenir le lendemain, l'officier du district étant absent ; il ajouta qu'on s'opposait pour le moment à ce qu'ils allassent plus loin. Lorsque vous serez chez le roi, continua-t-il, on donnera à l'homme blanc, puisqu'il est cannibale, un albinos à manger, et aux Waganda l'échine d'une vieille vache. Il me parut étrange d'être considéré comme un cannibale, mais mon domestique Uledi me dit que dans son pays, en Ouhiao, on croyait que tous les étrangers se nourrissaient de chair humaine. La plaisanterie de l'échine de vache se comprenait plus facilement en songeant que les Waganda enlevaient continuellement les bestiaux des gens d'Ounyoro.

Nous étions donc forcés de nous arrêter pendant quelques jours. La plupart de mes hommes refusèrent d'avancer pour voir si la route était ouverte ; Mabruk, cependant, qui plusieurs mois auparavant avait été envoyé en mission à Karasiy, consentit, sur ma demande, quoique le roi, dit-il, nous eût traités de cannibales et de mangeurs de beurre. Il partit donc accompagné de quelques Waganda et revint au camp dans l'après-midi. Ils avaient rencontré le *M'koon-goo* ou officier du district, qui leur dit qu'il fallait attendre les ordres du quartier général. Il insista surtout pour savoir pourquoi l'autre homme blanc était allé par eau, ce qui semblait annoncer chez lui la résolution de pénétrer dans le pays par une route défendue. Cette réponse m'inquiéta, car j'étais sans nouvelles de Speke. Les Ounyoro qui venaient visiter le camp semblaient lourds, peu intelligents ; ils avaient de gros traits et manquaient totalement de la politesse et de la grâce qui distingue les Waganda. Cette même nuit, — le 23, — la nouvelle lune se montra ; les Séedés dirent leurs prières en la contemplant.

Nous eûmes souvent de la pluie dans le courant de juillet et je crois que, dans ce pays, il n'y a pas de mois où elle ne tombe, ce qui expliquerait la continuité des récoltes. Une douzaine de Waganda armés vinrent le lendemain nous faire une visite; leur chef nous apporta deux régimes de bananes et reçut en retour des grains et de la viande bouillie. Ils prétendirent qu'on *forcerait* Speke à prendre la route habituelle, — la nôtre, — j'aurais voulu avertir mon ami de cette résolution, mais Budja s'y refusa sous prétexte que Speke ne tarderait pas à s'apercevoir qu'il avait pris une voie interdite. Je trouvai ce jour-là mon domestique, que je croyais très honnête, buvant mon vin de bananes avec un autre Sécdé; réprimandé par l'interprète, il me demanda pardon, mais sans se lever de la couche sur laquelle il était étendu, la bouche pleine d'une chique de tabac. C'est une race qu'on ne peut conduire qu'en l'assujétissant à une discipline rigoureuse.

Deux de mes hommes partirent avec leurs fusils; ils emportaient du bœuf et des cauris pour acheter en échange, aux villageois, des patates et des bananes. Ils rencontrèrent une bande de Waganda qui leur dirent : — Imbéciles que vous êtes d'acheter vos provisions, lorsque, comme nous, vous pourriez les obtenir pour rien! En effet, les Waganda avaient l'habitude d'aller trouver les gens d'Ounyoro et de leur demander poliment des provisions que ceux-ci leur donnaient ordinairement.

Une maladie contagieuse se déclara parmi nos vaches; l'une d'elles avait l'intérieur de la bouche tellement ulcéré qu'elle ne pouvait plus manger; les Sécdés voulaient la tuer avant qu'elle n'empirât. Le 30 juillet, pendant la nuit, la pluie tomba à verse. Nous étions toujours aux arrêts!

Trois vautours de plumage différent ne quittaient pas les environs du camp; l'un était le cannibale trop bien connu d'Ouganda qu'on appelait le m'saga et qu'on prenait facilement avec une branche recourbée et deux nœuds coulants. Son plumage était couleur sépia, le cou entièrement dénudé et rouge était bordé à sa naissance d'une fraise de plumes blanches. L'autre oiseau, plus grand et plus hardi, était probablement la femelle et se distinguait du premier par la couleur gris foncé du cou. Le troisième enfin, plus farouche, avait le plumage rouge, à l'exception de l'extrémité du dos, des cuisses et du bout des ailes que couvraient des plumes d'un blanc de neige.

Des lézards, de six pouces de long, fourmillaient dans ma cabane; ils se nourrissaient de mouches et avaient comme elles la faculté de dormir la nuit au plafond. Lorsqu'il avait plu et que la terre était jonchée de petits *mille-pieds* rouges, je m'amusais à regarder les lézards saisir ces insectes, les étreindre comme un chien ferait d'un rat et rentrer dans la cabane après leur avoir mangé seulement la tête, comme j'ai pu m'en assurer.

Le 31, je fus éveillé d'un profond sommeil par les cris de mes hommes. Je craignais un incendie ou une attaque de la part des Wangoro; mais c'était une hyène qui avait emporté la plus grasse de nos chèvres, dont les bêlements arrivaient jusqu'à nous. Malgré une recherche immédiate aux flambeaux, ce ne fut que le lendemain qu'on retrouva quelques restes informes de la pauvre bête. La nuit suivante on monta la garde pour essayer de tuer la hyène en l'attirant par l'amorce d'une tête de vache, mais sans y réussir. Bien que nos bestiaux ne fussent pas enfermés la nuit, ces carnassiers ne les attaquaient jamais, ils les auraient chassés à coups de pied et de corne.

Pour passer le temps, je dessinai les deux jeunes filles Wahuma de notre camp. L'histoire de Sikujac, la plus jolie, est assez remarquable. Pendant leur séjour à Ouganda, les hommes de Speke étaient obligés de prendre leurs vivres partout où ils les trouvaient. L'un d'eux, pour se venger d'un coup reçu à la tête, parvint à s'emparer de cette fille et l'emmena avec lui. Personne n'étant venu la réclamer, elle lui resta. Elle avait le charmant visage ovale des Wahuma, sa couleur était d'un noir d'ébène ; elle sera certainement remarquée et passera pour une beauté à Zanzibar, où le noir le plus foncé est le plus estimé. L'autre fille avait été donnée à Speke par la reine d'Ouganda, et appartenait maintenant à Bombay. Elle avait la peau jaune, de beaux yeux, la tournure et la figure assez agréables.

J'appris d'un homme qui avait fait la route d'Ounyoro à Kawalogh pour chercher du sel, que Speke avait remonté la rivière assez haut, mais je ne reçus aucune nouvelle de lui ni du roi d'Ounyoro. Un des hommes de Budja, ayant été près de Karée vendre des femmes, confirma le lendemain le mouvement de Speke. Il obtint dix vaches pour deux femmes qu'il avait volées en route, tandis que dans la capitale de l'Ouganda on ne lui en aurait donné que la moitié. Nous avions au camp plusieurs hommes de la tribu des Mukooa ; ils portaient au front une empreinte semblable à celle d'un fer à cheval et aux tempes trois incisions horizontales faites au couteau.

Comme je manquais de tabac, j'envoyai en acheter moyennant la moitié d'une poitrine de bœuf en échange de laquelle il m'en rapporta quatre paquets, chacun de la grosseur d'un œuf!

Un jour une grande rumeur s'éleva dans le camp, un des nôtres fut pendant plusieurs heures possédé par un démon.

Il était dans un état si violent qu'il fallut le maintenir de force ; au milieu de cette crise on lui demanda où était Speke, et si notre voyage serait heureux. Il nous répondit que l'expédition serait menée à bonne fin, mais qu'elle aurait à subir de nombreux retards. Les Séedés croient fermement que les démons donnent à un homme le pouvoir de pénétrer l'avenir, et qu'il en existe beaucoup, les uns anglais, d'autres Abyssiniens, d'autres Mombas, etc.; en effet, chaque pays ou district a son diable ; les Anglais sont les plus intraitables.

Le 1 août, mes hommes s'amusèrent à chanter et à jouer devant ma cabane avec beaucoup de grâce et de belle humeur. Un des chanteurs était surtout très drôle par les gestes dont il accompagnait son chant ; j'étais le sujet de la complainte qu'il improvisait : Dieu avait envoyé aux Séedés l'homme blanc ou le Mazoongoo qui leur donnait du bœuf à manger, qui pour se procurer des provisions n'avait pas besoin de recourir à la divination au moyen de cornes d'antilope et d'entrailles de poulet, comme faisait le savant Kiengo.

Un détachement, que j'avais envoyé à la recherche de nouvelles, me rapporta la réponse suivante : Kamarisi est un très grand roi et il faudra encore bien des jours avant qu'on puisse lui parler de vous! Le surlendemain je fis partir de nouveau des Séedés à la découverte ; une partie revint le même jour, disant qu'ils avaient rencontré des Waganda armés qui menaçaient de nous battre, si nous ne voulions pas rester tranquilles chez nous. Mabruk leur chef avait vu dans une trappe un lion mort, auquel les Waganda jetèrent leurs lances ; mais le brave Mabruk lui tira un coup de fusil, qui mit en déroute tous les Ounyoro ; c'était la première fois que ces derniers entendaient la détonation d'une arme à feu.

Le 8, arriva un messager du roi avec quelques hommes armés. Il nous dit que son maître ne désirait pas voir les hommes blancs parce qu'ils l'insultaient en pénétrant dans son royaume par deux voies différentes ; que nous venions en outre du pays d'Ouganda dont le roi n'était qu'un parvenu. Il ajouta que Sa Majesté nous recevrait avec plaisir si nous voulions revenir dans un an porteurs d'une recommandation de Rûmanika, mais que pour le moment nous n'avions qu'à retourner sur nos pas. C'était une nouvelle foudroyante, cependant l'espérance ne m'abandonna pas.

Le lendemain on discuta trois heures durant la question de savoir si nous devions ou non aller en avant. Des Wanyoro, des Wanyamnezi, des Waganda, des gens du Karague, des Wangwana (Séédés) et moi composions la réunion. Tous les arguments furent inutiles, les prières, les cadeaux furent sans effet ; j'offris inutilement au roi ce qui me restait de plus précieux, une carabine à deux coups, souvenir de mon vieil ami Blanshard, l'ancien gouverneur de Vanconore. Le roi, me dit-on, n'avait envoyé son messager que pour s'assurer de l'importance de notre escorte et savoir si nous avions pour habitude de voler les hommes et les bestiaux ; il nous faisait donner l'ordre de nous retirer sur la frontière d'Ouganda où nous recevrions de nouvelles instructions dans un délai de huit jours. En présence d'une volonté si formellement exprimée, je ne pouvais qu'obéir ; je me retirai dès le lendemain au lieu indiqué et attendis Speke. Deux Séédés furent blessés par les indigènes lorsqu'ils voulurent s'emparer de leurs cabanes ; en revanche, nous fîmes prisonniers un homme et trois femmes, et pour nous garder de toute surprise j'ordonnai de couper tous les bananiers dans un rayon de trente milles autour de nos cabanes ; mais les indigènes ne nous attaquèrent pas, quoique nous les vissions rôder sans cesse autour de nos habitations. Le lendemain, quinze d'entre eux vinrent en armes présenter leurs respects, mais à peine entrés dans le campement de Budja, ce dernier leur demanda de quel droit ils pénétraient chez lui avec des lances. Une querelle à laquelle les miens prirent part s'éleva et tous les visiteurs furent désarmés. Je vis chez Budja le prisonnier, officier de district, qu'on avait mis en prison. Assis à terre, fortement lié à un poteau par le cou et la ceinture, il avait entre les pieds et les mains deux longs bâtons, fourchus aux deux bouts. Il était resté toute la nuit dans cette posture génante, qui semblait le faire beaucoup souffrir. Budja lui rendit le même jour la liberté sous la condition de livrer les hommes qui avaient blessé les deux Séedés, sans quoi on gardait à jamais sa femme également prisonnière. S...gulier moyen de coërcition ! Depuis qu'il est chargé des affaires, Budja a montré beaucoup de tact et remplit consciencieusement son devoir. Très-fier de sa position, il ne se mêle ni à ses hommes ni aux miens. Il refuse de manger d'une vache tuée par des mahométans ; il fait abattre les siennes d'un coup appliqué derrière la tête.

Le 12, j'envoyai huit Séedés et autant de Waganda faire part à Speke de ma retraite forcée. Ils avaient ordre de ne pas revenir avant de l'avoir rencontré ; mais, à notre grande surprise, ils rentrèrent le même jour avant le coucher du soleil. Un officier leur avait dit que Speke était déjà très loin, à Kidi. Budja se montra furieux de la désobéissance de ses hommes; que deviendrait-il lui-même, leur dit-il, si Speke était réellement à Kidi où il n'avait pas la permission d'aller ? N'oublions pas que Budja avait déjà été incarcéré trois fois par ordre de M'tessa, et il craignait sans doute, avec raison, de ne pas sauver sa vie, s'il se rendait coupable d'un nouveau délit.

Après le coucher du soleil, on entendit de grands cris dans le camp de Budja. Ils étaient poussés par une de ses femmes, fort jolie personne vraiment, qu'il avait battue cruellement, la soupçonnant d'avoir quitté sa demeure après la chute du jour. Une telle sévérité était faite pour produire des résultats tout contraires à ceux qu'on en attendait, mais les maris, — je parle d'après mes propres observations, — n'avaient guère de raisons pour se plaindre. L'adultère était puni des peines les plus rigoureuses. Les Wakoongoo ou officiers commandant au moins cent cinquante hommes avaient autorité pour infliger ces peines et même pour faire mettre à mort le coupable.

Frij croyait, comme tous les Séedés, que les Juifs ou Yakoodée de Calcutta s'emparent des gens, les attachent, les suspendent par les talons, et recueillent le sang qui s'écoule des narines, de la bouche, des oreilles et des yeux, puis ils donnent la liberté aux victimes qui survivent à ce traitement, ce qui est fort rare. Lui-même à Calcutta fut arrêté, mais il s'échappa pendant que le Juif se préparait à monter à l'échelle. Une autre fois, ayant vu un de ses camarades suspendu par les pieds, il donna l'éveil à la police et le Yakoodée fut condamné à dix-huit mois de prison ! Ces contes absurdes servaient à faire passer le temps.

Manna le vacher entend parfaitement son métier; les bêtes qu'il garde sont grasses et leur poil est luisant, car il connaît l'herbe qu'elles préfèrent, celle qui pousse verte et drue dans les lieux ombragés. Son compagnon, qui sait à peine distinguer une vache d'un cheval, ramène le soir les siennes aussi plates, aussi maigres que si elles n'avaient pas mangé de la journée. Nous avions perdu, depuis quel-

ques jours, trois vaches ; maintenant Mabruk se tient le
soir, une corde à la main, à la porte de l'enclos et fait un
nœud à mesure qu'il en revient une. Cette manière de
compter lui est plus facile que le système ordinaire ; les
vaches une fois rentrées se délectent à l'épaisse fumée qui
s'élève d'un feu allumé au milieu de l'enclos.

Le 15, je reçus enfin des nouvelles. On n'avait pu rencontrer Speke, il avait sans doute remonté la rivière. Le
principal officier Wahuma ne voulut pas donner audience
à mes hommes, de crainte qu'à leur vue le lait de ses vaches
ne se tarît ; de plus, on était résolu à ne pas recevoir dans
l'Ouganda des hommes qui s'asseyaient sur des chaises en
présence d'un roi.

Ce jour-là je tirai avec une seule balle deux antilopes
n'soono magnifiques, mais j'en perdis une, bien qu'elle eût
la jambe de devant brisée. Je ne puis m'empêcher d'admirer l'indigène qui de la tête de sa lance enleva la peau de
l'animal et découpa la chair avec toute l'adresse d'un boucher expérimenté de nos pays.

La réponse de Kamarasi, promise pour le 16, n'était pas
arrivée. Tous mes gens me pressaient de commencer la retraite ; aucun d'eux n'avait la moindre envie de m'accompagner sur la route du Nord ou de l'Égypte. Nous n'étions
qu'à sept journées de marche du lieu où, disait-on, des
barques nous attendaient pour descendre le Nil, cependant
rien ne put engager mon escorte à pousser en avant. Budja
consentit enfin à envoyer une seconde fois dix hommes
dans l'Ounyoro pour tâcher d'obtenir une réponse du roi.
Le soir j'assemblai tous les miens et je leur expliquai les
difficultés de la position, ainsi que la nécessité de diminuer
les rations de viande. Ils acceptèrent toutes mes proposi-
tions.

Vingt-deux jours s'étaient écoulés depuis le message de Kamarasi. Comme dernière tentative, je fis marcher en avant quelques hommes avec une offrande de fil de cuivre. En attendant je me mis à chasser, accompagné de vingt-cinq villageois et fus assez heureux pour tirer une antilope leucotis, qui se tenait dans l'eau jusqu'au genou, presqu'entièrement cachée par de hautes herbes. Cette espèce se plaît dans ces lieux, quoiqu'elle n'ait pas les pieds faits comme ceux du Waterboc. Tous mes hommes revinrent le lendemain de la frontière d'Ounyoro ; ils rapportaient mes présents. L'officier du district leur avait dit qu'il ne pouvait en accepter, tant que le roi refuserait de voir l'homme blanc et que la route me resterait fermée, quand même j'attendrais dix ans. Dans cet état de choses, je résolus de me mettre à la recherche de Speke, dont je n'avais plus de nouvelles depuis trente jours et d'essayer d'arriver à Ounyoro par Karague. Le 19 donc, je marchai pendant huit milles dans la direction du Sud et fis halte après avoir traversé un marais, large de 450 mètres. A peine le camp fut-il établi que je vis arriver Bombay suivi de trois Sécdés ; il me remit une note de Speke. Ce dernier avait dans la matinée même atteint ces parages. Le cœur plein de joie, je me rendis à son camp ; il était à la chasse, mais ses domestiques me firent un accueil des plus chaleureux. Ceux-ci avaient adopté la coiffure des pages de M'tessa, c'est-à-dire qu'ils avaient la tête entièrement rasée, à l'exception d'une touffe de laine, en forme de cocarde au-dessus de chaque oreille ; cela leur donnait un air assez étrange. J'attendis le retour de Speke ; enfin il arriva. Le lecteur peut aisément se faire une idée du plaisir que nous éprouvions à nous trouver de nouveau réunis.

Tous deux, nous avions eu des revers, des mécomptes,

mais Speke avait accompli son dessein, et contemplé la première cataracte du Nil au point où ce fleuve débouche du lac Victoria Nyanza. Douze Sécédés, sous les ordres de Bombay, et quelques Waganda composaient toute son escorte. On ne pouvait désormais rien résoudre sans en conférer avec Budja. Au pis aller, notre avis était d'obtenir de M'tessa, au moyen de présents considérables, mille hommes avec lesquels nous essaierions la route de Kilimanjaro vers la côte orientale.

Envoyer de nouveaux messagers dans l'Ounyoro en présence des menaces des indigènes nous paraissait impossible. En outre nous ignorions l'impression produite par le combat livré sur les bords du Nil par les gens de Speke, combat qui avait coûté la vie à plusieurs Wanyoro ; la mauvaise humeur du roi devait en être augmentée. L'arrivée du factotum de Sa Majesté, porteur d'une invitation, mirent fin à notre perplexité. Tout était pour le mieux. On nous avait évidemment mis à l'épreuve et surveillés de près ; notre soumission nous avait sans doute valu la faveur royale. Le roi ordonnait que notre escorte de Waganda nous quittât à la frontière d'Ounyoro ; ceux-ci refusèrent d'obéir à cet ordre qu'ils considéraient comme une insulte, et que je trouvais fort sage, vu les dispositions turbulentes et pillardes de cette race.

Le 21, nous n'avions pas encore commencé la marche. Budja se méfiait des Wanyoro et ne voulait pas nous livrer à eux. Les Sécédés, sous prétexte de manquer de poudre, manifestaient quelques signes de révolte, car ils soupçonnaient une trahison de la part de Kamarasi, à cause des hommes tués sur le Nil. Je leur dis qu'ils étaient libres de retourner à Karague, sous la condition de remettre d'abord leurs fusils. Le lendemain, je les trouvai revenus à des idées plus sages ; on leur distribua des munitions, et après une marche de plusieurs milles, nous campions enfin sur la frontière septentrionale d'Ouganda.

M'étant mis en quête de gibier, je tirai, sans la toucher, une antilope leucolis. Je la rencontrai plus tard, couchée dans l'eau, la tête seule émergeait à la surface ; elle se leva à notre approche et je pus lui loger une balle dans l'épaule. Budja, ravi de cet exploit, sauta dans l'eau avec ses hommes, dont l'un reçut plusieurs coups de corne avant d'avoir achevé la bête. Après avoir bruyamment célébré la puissance de ma carabine, huit Waganda retirèrent avec soin l'antilope, et afin de ne pas souiller sa belle peau, la posèrent sur un lit d'herbes où elle fut dépecée à la Waganda. Un éclair de joie passa dans les yeux de Budja, lorsque je lui offris la peau, et il m'accabla d'un torrent de *n'yans, n'yans*. Tout-à-coup des cris d'éléphant se firent entendre dans le lointain, et les Waganda effrayés prirent la fuite. Il fut impossible d'atteindre aucun de ces pachydermes qui continuèrent cependant à crier au loin tandis qu'ils paissaient au clair de lune.

Du 23 août au 2 septembre nous n'avions fait que quatre étapes, mais notre direction était bonne. De hautes herbes et des forêts clair-semées couvraient le pays ; çà et là cependant quelques collines en pain de sucre montraient leurs flancs verdoyants. Des clôtures protégeaient les terrains défrichés contre les animaux sauvages ; les cabanes faites d'herbes, en forme de dôme, étaient très sales et mal construites. Les habitants nous les cédaient de mauvaise grâce et après avoir eu soin de tout enlever. Ils vinrent, en grand nombre, regarder les Wazoongoo et croyaient que les caisses de fer-blanc qu'ils voyaient pour la première fois nous servaient de demeure.

Ils semblaient parcimonieux, à en juger par la couche de terre, qui recouvrait les couris en circulation, signe d'un séjour prolongé dans le sol où ils avaient été enfouis. Cette monnaie leur venait du Karague, et Kidjweego, un officier âgé seulement de trente-cinq ans, se rappelait l'époque où une vache se payait deux couris et une femme trente... Il en faut maintenant la moitié d'une charge pour acheter une vache. Dans ce pays, qui sépare les lieux où se fait le commerce venant du Nil de celui venant de la côte orientale de l'Afrique, on se servait rarement de grains, les étoffes et l'argent monnayé y sont inconnus. Kamarasis, il y avait de cela quatre ans ! — l'année se composant de cinq mois, — avait reçu quelques grains de trafiquants du Nil, et la route se trouvant désormais ouverte, il faut espérer que le commerce et la civilisation y pénétreront.

Les indigènes fabriquaient des ornements d'ivoire pour orner les poignets et les chevilles ; ils faisaient aussi des bagues qu'ils fendaient afin qu'on pût les mettre avec plus de facilité.

La bague la plus petite coûtait vingt-cinq couris, prix, selon moi, très élevé. Ils avaient aussi des pointes de lance, longues de deux empans et portant deux pouces à la partie la plus large. Les Waganda les payèrent cinq cents couris la pièce ; on en donnait dix pour une vache. Les affaires étaient très prospères ; les indigènes achetaient à nos hommes de la viande, rejetant toutefois celle qui avait été préparée au beurre. Hommes et femmes s'entourent la cheville d'anneaux de crin, couverts de fil de fer ou de cuivre.

Manna fraternisa avec l'officier Kidjweega, comme il avait fait à Oukuni avec Bombay, mais d'une autre façon. Un Wanyoro lui fit au dessus du nombril une légère incision ;

Kidjweega but quelques gouttes du sang qui s'échappait de
la blessure et subit la même opération de la part d'un
Séedé ; Manna avala aussi un peu de son sang. Cette fra-
ternisation établit entre les deux parties une amitié du-
rable, ainsi que j'ai pu le constater plusieurs fois. La
civilisation pourra employer ce moyen, car les indigènes
ne montrent aucune répugnance à se lier avec les Européens.

La pluie tomba rarement dans la dernière semaine d'août.
Un jour, après une averse, la terre fut jonchée de gros vers
blancs à tête noire ; ils se contractaient en forme d'arc et
s'élançaient du sol comme mûs par un ressort. Lorsque
nous marchions à la file, à travers des herbes hautes et
épaisses comme un champ de blé, la rosée du matin mouillait tout de la façon la plus désagréable. Les Wanyoro,
craignant de gâter leurs haillons de peau et d'écorce, portaient devant eux un immense balai de feuilles de bananier, avec lequel ils enlevaient la rosée qu'ils tenaient pour
nuisible à la santé et capable de donner la gale. Il était
difficile à première vue de comprendre à quoi servaient les
balais.

M'tessa nous envoya un détachement nombreux afin de
se renseigner un peu sur notre manière d'être. Nous avions
cru d'abord qu'une fois leur curiosité satisfaite, ces messagers reprendraient le chemin de leur pays, mais il n'en fut
point ainsi et le chef en montrant quatre petits morceaux
de bois nous dit : que le premier de ces bâtons voulait dire
que le roi exigeait un fusil à deux coups qui durerait toute
sa vie ; le deuxième représentait les bourres ; le troisième
une médecine fortifiante et le quatrième signifiait tout ce
qu'il plairait au *Bana* (Speke) d'ajouter. Nous adressâmes
au roi nos remerciments les plus chaleureux en l'assu-

rant que, s'il se présentait une occasion, nous lui expédierions d'Ougani t^  ce qu'il demandait et davantage encore.

Ici eut lieu un touchant incident. Une femme du village reconnut, parmi nos Séedés, son frère qu'elle n'avait pas revu depuis le temps où enfants ils vivaient chez leurs parents dans l'Ouhiao, à quinze cents milles vers le Sud-Ouest. Tous deux avaient été faits prisonniers et vendus comme esclaves. En retrouvant son frère, la pauvre femme éclata en sanglots sans se faire reconnaître tout de suite ; puis elle lui envoya un messager chargé de s'informer si dans son enfance il ne portait pas tel nom. Son maître vint le lendemain chercher le frère que nous appelions Barottée ou la Poudre. Plusieurs Séedés allèrent assister à l'entrevue et me racontèrent au retour que la femme qui ressemblait à Barottée, tomba, comme évanouie à ses pieds sans pouvoir prononcer une parole, et lorsqu'elle fut un peu remise elle ne put parvenir à communiquer avec lui, car elle avait oublié sa langue maternelle et Barottée ignorait celle d'Ounyoro. Elle aurait volontiers suivi son frère mais celui-ci ayant déclaré à son mari ou maître qu'il n'avait pas de quoi racheter sa sœur, il fallut se séparer encore ! En témoignage de sa tendresse elle lui envoya un immense plat de bouillie et trois poulets réduits en purée.

Le 31 août, des Waganda nous arrivèrent chargés d'un important message de leur roi ; ce dernier nous ordonnait de revenir sur le champ, fussions-nous même à une journée de marche de Kamarasi. Il avait quelque chose de très important à nous dire et promettait de nous laisser prendre la direction qui nous conviendrait. Budja trouva cet ordre sans réplique, les Séedés partagèrent cette opinion. — Nous retournerons à Ouganda, disaient ceux-ci, que nos maîtres le veuillent ou non ! Sur notre observation qu'ils étaient libres de nous quitter, en rendant toutefois les fusils qui appartenaient à Speke, ils répondirent avec impudence qu'ils les gardaient et qu'ils partiraient demain avec Budja. Ils allèrent même jusqu'à battre du tambour comme signal de leur départ prochain. Kamarasi parut avoir eu vent de ce projet, car le lendemain deux cents hommes bien armés étaient rangés autour de nos cabanes, résolus à empêcher les Waganda de nous emmener avec eux ; mais on n'eut pas recours à leur intervention. Le 1er septembre à six heures du matin, vingt-huit Séedés désertèrent avec Budja qui emportait notre pluviomètre pour l'offrir en cadeau à son roi. De cette façon nous nous trouvions débarrassés des plus mutins, il ne nous restait que Bombay et les meilleurs de nos Séedés. Des événements importants signalèrent la première semaine de septembre à savoir une chasse à l'éléphant et notre arrivée en vue du palais de Kamarasi : disons quelques mots du premier de ces événements.

Un certain nombre de Wanyoro nous conduisirent à une forêt dans laquelle l'herbe poussait verte et drue, où les arbres étaient touffus et de moyenne hauteur et où çà et là s'élevaient des tumuli, œuvre des fourmis blanches. A mesure que nous avancions, nous remarquions des branches brisées et arrachées, l'herbe était couchée comme si le rouleau y avait passé. Il était facile de reconnaître des traces d'éléphant, et comme elles étaient fraîches, nous nous attendions, à chaque instant, à voir le troupeau. Soudain, avertis par le léger coup de sifflet d'un Wanyoro nous échangeâmes un regard et peu d'instants après à une distance d'environ deux-cent-soixante-dix mètres, dans un espace ouvert, les dos bleuâtres d'une troupe d'éléphants frappèrent nos yeux. Jamais je n'avais été témoin d'un pareil spectacle ; Speke allait me laisser l'honneur de tirer le premier coup lorsqu'un second troupeau parut sur la scène et je résolus de l'attaquer seul, suivi d'un domestique portant un arme de rechange. De quelque côté qu'on se tournât l'œil n'embrassait que des éléphants, passant en toute sécurité et manifestant une si complète indifférence que je m'avançai hardiment dans l'herbe touffue jusqu'à un arbre qui se trouvait à une quarantaine de mètres d'un groupe de ces animaux ; je les comptai, il y en avait vingt ! C'étaient des femelles accompagnées de leurs petits ; ils étaient d'une taille moins élevée que ceux qu'on voit dans les Indes, ils avaient de longues défenses. J'étais surtout frappé de voir combien leurs énormes oreilles étaient placées en arrière de la tête. Tandis que j'attendais un moment favorable pour tirer, je me retournai et je vis que j'étais seul, mon domestique s'était enfui ! Épaulant ma carabine Lancaster et visant derrière l'épaule une vieille femelle à grandes dents, je pressai la détente. L'éléphant rejoignit simplement ses camarades que la détonation avait évidemment intrigués. Tout entier à la contemplation, j'oubliai de recharger mon arme jusqu'à ce que je les vis se rapprocher de moi. Changeant alors de position, je m'en allai derrière un autre arbre, à vingt-cinq mètres d'un éléphant d'une taille prodigieuse et dont je distinguais la peau ridée à l'omoplate. Je tirai et l'énorme bête tomba sur son train de derrière. Elle se releva aussitôt et se réfugia près des autres éléphants qui, la queue en l'air, poussaient des cris formidables. Ils avaient peur et ne comprenaient rien à ce qui se passait. On eut dit qu'ils délibéraient entre eux ; enfin le plus sage se mit à la tête du troupeau et tous se précipitèrent vers un épais fourré. Je les suivis, mais les broussailles devenaient si denses que, craignant de m'égarer, je retournais vers un

endroit plus ouvert lorsque je vis arriver sur moi, en ligne
diagonale, une de ces énormes bêtes ; elle s'approcha tellement que je pouvais distinguer l'expression de ses yeux.
La balle que je lui avais envoyée dans l'épaule n'avait eu
d'autre résultat que d'accélérer son allure. Un coup de sifflet m'annonça l'arrivée de Speke. Il avait tiré à la tête
aussi bien qu'à l'épaule sans avoir obtenu un meilleur succès que moi. Les éléphants ayant disparu, les guides
Wanyoro nous rejoignirent ; ils ne cessaient de crier :
« Weewakeh, muzoongoo m'srja » (vous autres blancs,
vous êtes des hommes !) De retour au camp notre bravoure
fut encore célébrée, car oser aborder une troupe d'éléphants
semblait aux indigènes une chose merveilleuse. Pendant la
nuit les cris sauvages de ces animaux vinrent troubler notre
sommeil, ils partaient de l'ouest, puis du nord et finirent
par s'éteindre dans le lointain. Le troupeau avait pris le
parti de se retirer emmenant avec lui ses blessés.


# XII

La capitale ou le palais de l'Ounyoro, du 9 septembre au 9 novembre 1862. — Topographie du pays — Climat, sol, animaux.
— Le roi Kamarasi et ses femmes. — Mendiants. — Armes en
usage chez les Ounyoro. — Nourriture et boisson. — Une
forge. — Amusements des indigènes. — L'expédition s'em-
barque sur le Nil.


Les dernières étapes que nous avions à fournir nous faisaient traverser un pays peu accidenté, couvert d'herbes
et d'arbres. L'herbe était haute de six pieds et portait de
longues panicules qui s'attachaient aux habits. Rien ne peut
égaler l'aspect désolé de notre campement dans la capitale

de l'Ounyoro; qu'on se figure une lande aride, sans arbres
ni plantations qui reposent l'œil ou offrent un abri contre
les ardeurs d'un soleil brûlant. La vaste plaine était couverte d'eau et de hautes herbes à travers lesquelles il fallait
dans cette saison se frayer un passage. On voyait dans le
lointain au nord quelques collines dénudées dont la plus
remarquable se trouvait en Kidi.

Nos cabanes étaient situées à quelques mètres d'une rivière qui roulait lentement ses eaux bourbeuses, elle s'appelait le Kuffo et venait d'Ouganda. Sa profondeur, les
roseaux élevés qui bordaient ses rives, nous empêchaient
de voir les crocodiles qui, d'après les récits de nos guides,
y foisonnaient. Dans la troisième semaine d'octobre, il se
fit une crue prodigieuse, emportant des îlots entiers de papyrus, sur lesquels je me serais volontiers embarqué, car le
courant les portait en Égypte ! Souvent lorsqu'un rayon de
soleil éclairait les collines du Kidi, nous pouvions voir
d'une élévation qui se trouvait près du camp le Nil qui,
semblable à un mirage, s'éloignait à mesure que nous voulions en approcher !

On nous donna beaucoup de renseignements sur les pays
environnants, car les indigènes ne craignaient pas, comme
les sujets de M'tessa, de nous faire part de leurs connaissances. Nous espérions trouver ici des lettres d'Égypte,
mais il n'y avait que des grains qui nous étaient inconnus
et qui évidemment avaient été apportés de ce pays. Nous
comprenions que les relations ne seraient pas établies entre
les deux hémisphères tant que Bombay ne nous aurait pas
rapporté une lettre de certains marchands égyptiens qui
trafiquaient de l'ivoire, en ce moment dans le Nord. Tout
d'abord nous voulions nous joindre à eux à Faloro. La
route par eau était impraticable, nous dit-on, ce que nous

pûmes vérifier dans la suite, à cause des cataractes qui se trouvent entre Chopeh et Madi ; sans cela nous aurions pu faire tout le trajet par le Nil. Ce renseignement ainsi que la nature plate du pays permirent à Speke de dessiner une carte de la partie du Nil qu'il nous était interdit de visiter, à cause de son éloignement de la voie directe, et parce qu'elle se trouvait dans la province d'un chef révolté.

Un des officiers du roi avait visité le pays de Masai, à l'est d'Ounyoro, et il nous dit que nous pouvions faire le même voyage, si Kamarasi nous donnait une corne particulière, remplie de charmes et de talismans, qu'on porterait en tête de l'expédition, en ajoutant au convoi six cents houes de fer (afin d'en offrir deux à chaque chef du district) l'exploration de cette région inconnue ne rencontrerait point d'obstacles. Le même individu nous parla aussi beaucoup du Lweet-an-Zigeh (le Luta-Nzigé de Speke), une immense masse d'eau à quelques marches vers le sud-ouest qui s'étendait jusqu'à Karague. Il aurait fallu, selon lui, vingt jours pour l'atteindre. C'est ce lac, dont l'entreprenant et hardi Sam Baker réussira à déterminer la position, du moins nous l'espérons, car nous lui avons donné une carte de la direction générale.

Très loin, au nord-ouest d'Ounyoro, se trouve un peuple appelé les Ooreea-Wautu, mangeurs d'hommes ou cannibales. Plusieurs de ceux que nous avons vus avaient bu quelques gouttes du sang de Kamarasi pour fraterniser avec lui, comme l'avaient fait Manna et Kidjweega. La pluie tomba en grande abondance pendant notre séjour, et les matinées étaient généralement brumeuses. Nous étions assez bien abrités pour n'avoir pas à souffrir de la chaleur. Il nous fut impossible d'aller à la chasse ; le roi, en autocrate morose qu'il était, ne nous permettait pas de nous éloigner de nos cabanes; le pays se trouvant en grande partie couvert d'eau, cet ordre ne pouvait nous causer de grands regrets. On nous avait dit que les dents d'éléphant étaient la clôture habituelle des cabanes, mais les indigènes en tuaient d'abord fort rarement et de plus ne connaissaient que les moyens les plus primitifs, tels qu'un lourd coin de fer attaché à un poteau. Un jour, on nous apporta un jeune léopard pris dans les roseaux ; Speke, désirant l'apprivoiser, obtint de son ravisseur qu'il le lui donnât à la condition de faire à celui-ci un cadeau, si la bête continuait à vivre ; mais elle mourut au bout de quelques jours, faute d'une nourriture convenable. On la rendit à son premier maître qui probablement la mangea.

La pêche à l'hameçon dans le Kuffo ne nous réussit pas; mais le roi ne voulut pas que nous manquions de poisson et il nous en envoya un jour quatre charges : il était desséché et noir comme du charbon. Nos hommes ne le reconnurent pas et l'appelèrent « Mamba » à cause de ses grandes dents. Ils refusèrent d'en manger, et les femmes indigènes s'enfuirent à son aspect. Tout ce poisson avait été pris dans le Nil ; il était dur comme du bois et n'avait pas le moindre goût ; les hommes seuls le mangèrent.

Ayant demandé à plusieurs de nos Sécdés si jamais ils avaient mangé des rats, tous répondirent affirmativement. Nous avons goûté me dirent-ils, à toutes les créatures qui respirent, hormis à l'hippopotame, au chien, au serpent et au chat. La chair du rat ressemble à celle d'un poulet très tendre ; les grenouilles forment un excellent mets, mais nous avons renoncé à consommer de tous ces animaux, depuis que nous sommes mahométans. Nul parmi eux ne s'était nourri de chair humaine, cependant en Ouhiao, leur pays, lorsque quelqu'un meurt ensorcelé, le magicien, à les croire, mange une partie du corps pour *assurer l'effet de ses incantations*. Quantité de rats et de lézards vivaient dans nos cabanes, en parfaite union ; les pièges ne servaient à rien, et on était obligé de faire couver les poules sur un plateau de feuilles de bananier suspendu au plafond. Les lézards se nourrissaient de blattes et d'autres insectes, et ne dédaignaient pas les os du poulet ; les rats broûtaient l'herbe comme des lapins, et à l'occasion mangeaient de la farine. Les moustiques foisonnaient près des marais.

Neuf jours s'étaient écoulés, sans que le soupçonneux monarque nous eût donné audience, quoiqu'il eût à plusieurs reprises reçu nos serviteurs. Las d'attendre, on lui fit dire par un envoyé spécial que puisqu'il préférait les noirs aux hommes blancs nous allions nous raser la tête et nous teindre en noir. Il nous fit répondre immédiatement par des messagers, de ne pas le faire ; qu'on préparait une maison et un trône pour nous recevoir. Les Waganda lui avaient fait sur nous tant de contes absurdes, entre autres choses que nous dévorions tous les jours plusieurs hommes et plusieurs femmes, qu'il ne savait que penser. Il avait en ce moment comme hôtes quelques Wanyamnesi, qui firent sur leurs armes le serment que nous n'étions point des cannibales. Ils se portèrent garants de nos mœurs douces et affables, offrant de se soumettre à la circoncision, si jamais nous venions à commettre un délit d'aucune nature. Le roi, malgré son caractère méfiant, envoyait journellement prendre des nouvelles de notre santé et quelquefois nous faisait donner des provisions. Un jour qu'on lui demandait ce qu'il ferait si les Waganda venaient à exécuter leur menace d'enlèvement, il répondit en brandissant un bâton, qu'il ne leur permettrait pas de toucher à un seul cheveu des hommes blancs et qu'en cas de danger il nous fournirait des bateaux pour retourner dans notre pays. Il admirait notre courage. Il fallait que nous fussions de vrais démons, disait-il, pour nous aventurer dans de si lointains parages; il nous demanderait de combattre avec lui son frère rebelle et les Kidi, ce peuple qui l'inquiétait sans cesse !

Depuis sept ans Sa Majesté avait établi sa résidence dans une position naturellement forte, sur un terrain plat entre le Nil et le Kuffo. Il y avait environ trois cents cabanes occupant un espace de deux milles carrés ; la demeure royale se distinguait par sa grandeur ; le roi avait abandonné son ancienne installation, à trois marches vers le sud, et choisi celle-ci comme offrant plus de sécurité contre les attaques de son frère qui avait méprisé son autorité et habitait une île au sud du Nil.

Kamarasi avait le teint assez clair pour un Africain ; d'une taille de près de six pieds et mince de corps, il paraissait âgé de quarante ans. Les traits étaient réguliers, le regard exprimait la douceur. On lui avait arraché dans sa jeunesse, selon l'usage du pays, les incisives et les canines, opération pour laquelle le dentiste avait reçu du père du roi un présent de cent vaches. Elle se fait probablement au moyen d'un fer de lance ou d'un petit couteau, car je n'ai pas vu d'outil plus perfectionné. Le roi avait au front des marques noires, suite de cautérisations appliquées contre les migraines et le reste; il en avait aussi une au nez qu'il nous pria d'enlever parce qu'elle l'enlaidissait ! Une sorte de jupe tombait de la ceinture jusqu'aux pieds ; elle était couleur saumon et parsemée de morceaux d'étoffe noire cousus en tous sens. Je ne lui vis jamais d'autre costume. Il se faisait raser la tête, laissant çà et là quelques touffes laineuses. Un seul collier de grains, très long, formait son

principal ornement ; près de lui, on voyait une lance ap-
puyée au mur ; un étui de cuir lacé au moyen de deux
lanières de peau de léopard en couvrait le fer.

Kamarasi reçut nos présents de grains, de caisses, d'étoffes,
de fusils, etc., avec beaucoup de calme, sans le moindre
signe de satisfaction. Bombay fit rire tout le monde en
mettant des lunettes, le roi seul ne s'émut pas. Il ne manifesta ni empressement, ni étonnement en examinant les
différents objets qui lui étaient offerts ; il les connaissait
tous à l'exception du fusil à deux coups et de la montre
qu'il vit Speke tirer de sa poche. A la seconde entrevue, il
fallut lui abandonner la montre, chronomètre de prix, et
après l'avoir reçue il nous congédia sous prétexte qu'il allait
pleuvoir. Il nous suivit jusqu'au canot qui devait nous
ramener à nos cabanes, de l'autre côté de la rivière,
et se tint sur la rive, lance en main, sans nous avoir dit adieu,
ni même adressé un sourire, jusqu'à ce qu'il nous eût vu
débarquer.

Aux audiences suivantes. il ne cessa de mendier ; il lui
fallait des couteaux de table, des moustiquaires, des ustensiles de cuisine et jusqu'aux bagues que nous avions aux
doigts ; nous fûmes obligés de lui céder la plupart de ces
objets. Un jour comme nous étions déjà embarqués pour
retourner chez nous, il nous fit sortir du bateau, parce
qu'il en avait besoin, et nous en donna un autre qui
était loin d'être en aussi bon état. En toute occasion il
agissait brutalement, et ne se montrait ni gracieux, ni hospitalier.

Sa visite nous ayant été anoncée, Speke décora sa cabane
du mieux qu'il put ; c'étaient des bois d'antilope suspendus
au mur, notre cher drapeau flottant près de la porte, les
couvertures de nos lits, etc., etc. Une caisse de fer-blanc

représentait le trône devant lequel on étendit une peau
d'âne. On devait tirer des coups de fusil pour saluer l'arrivée
de Sa Majesté et nos hommes avaient endossé leurs plus
beaux vêtements. Mais tant de soins furent inutiles, le roi
s'assit sur un siége de bois, recouvert d'une peau de léopard,
que ses serviteurs avaient apportée. Invité à vouloir bien
prendre place sur le trône, il jeta sur l'estrade un regard
inquiet ; toutefois s'étant assuré que ce n'était qu'une caisse
semblable à celle dont nous lui avions fait cadeau, il daigna
si asseoir. On parla commerce ; nous voulions lui faire en-
trevoir l'avantage qu'il y aurait pour lui à ouvrir la route
du Nord. Il le comprit parfaitement, mais nous répondit de
son air hautain et cérémonieux, qu'il était en guerre avec
les peuples du Nord cinq jours sur sept, et que pour cette
raison tout l'ivoire du pays prenait le chemin de Zanzibar.
Cela dit, il se mit à réprimander la foule de curieux
assemblée devant la porte, puis ayant fait retirer presque
tout le monde, il nous demanda tout ce qu'il voyait dans la
cabane. Il voulait aussi et surtout qu'on lui donnât un
breuvage pour empêcher ses enfants parvenus jusqu'à un
certain âge de mourir, car il n'avait pu en conserver un seul.
Je lui fis remettre une certaine quantité de drogues, sur
quoi il nous quitta brusquement en disant à sa suite
« *Erokh togendali* » (allons-nous-en). Nous le suivimes
jusqu'à son canot sans qu'il fit la moindre attention à
nous.

Malgré son apparente rudesse, Kamarasi ne manquait pas
de bonté. Tandis que M'tessa faisait conduire ses sujets à
à la boucherie, on se contentait en Ounyoro de censurer les
délinquants en leur vantant le gouvernement paternel du
roi ; cependant on battait les assassins, on les tuait à coups
de lance, et dans ce dernier cas on jetait les corps dans le

Kuffo. Il ne se passait guère de jours sans qu'on nous apportât un peu de farine, une boisson que nous trouvions même assez mauvaise, des patates douces ou quelque autre souvenir. Le cadeau le plus considérable nous fut fait peu de temps après notre arrivée : chacun de nous eut dix vaches et cinq poulets, venus par des voies différentes, le roi jugeait nécessaire d'offrir un présent à chacun séparément. Au moment de partir et sur notre prière nous obtînmes encore plusieurs vaches, nos principaux serviteurs reçurent tous une dent d'éléphant. En échange, nous donnâmes à Kamarasi des marchandises anglaises et étrangères valant 3750 francs y compris un fusil double, une carabine, un chronomètre, etc. Nous espérons qu'à l'avenir il sera hospitalier pour tous les blancs.

Des hommes de pays lointains visitaient constamment le roi pour lui acheter de l'ivoire, des bestiaux et des esclaves. Avec sa permission, les Waganda, qui avaient accompagné Speke aux chutes Kipon, vinrent nous apporter un message de leur roi. Ils avaient ordre de nous escorter n'importe où, à travers le feu et l'eau, tant que cela nous conviendrait ; mais il leur était défendu d'aller jusqu'en Angleterre ! Kamarasi ne voulut pas entendre parler de cela et dit, qu'à moins de nouveaux ordres de M'tessa il ne leur permettrait pas de s'aventurer parmi les sauvages le Kidi et de Madi. En conséquence, ils furent obligés de retourner en Ouganda, rapportant à M'tessa le couvercle d'une caisse de fer-blanc comme souvenir affectueux de notre part. On leur donna aussi un peu de sel qu'ils léchèrent comme si c'eût été du sucre. Malheureusement ils ne purent manger de notre bœuf parce qu'il n'avait pas été tué par un des leurs, mais ils reçurent de la bouillie, du vin et une vache. Avant de partir et après s'être agenouillés pour nous remercier, ils nous exprimèrent tout leur dévouement et toute leur reconnaissance ; leur cœur, disaient-ils s'était échauffé à notre contact. J'appris avec regret la mort de mon ami Budja ; il avait succombé aux fatigues de la route, ou plutôt pour me servir de l'expression consacrée, l'art noir avait mis fin à ses jours.

Des gens de Gani, dans le Nord, venaient souvent chez Kamarasi. Ils ressemblaient sous plusieurs rapports aux Kidi, et comme eux, ils ne portaient dans leur pays aucune étoffe autour des reins. Ils parlaient une langue incompréhensible à nos hommes, ainsi qu'à la grande majorité des habitants d'Ounyoro. Leurs présents étaient quelquefois bizarres, par exemple le roi reçut, pendant notre séjour, une petite défense, un morceau de la peau d'un singe à longs poils, un rang de beaux grains provenant de trafiquants égyptiens, et une queue de girafe. Ils retournèrent dans leur pays avec quelques bestiaux qu'ils avaient obtenus en en échange. Les Wagani ayant conduit Bombay au camp de Nubiens et nous l'ayant ramené, on leur donna en récompense une vache. Après avoir tué l'animal, ils ôtèrent adroitement, et sous forme d'un long ruban, le muscle placé de chaque côté de l'échine, grattèrent la chair qui adhérait autour et l'avalèrent tout cru. Ils mangèrent en même temps et sans leur faire subir aucune préparation, une partie des intestins. Le lendemain chacun de nous put les voir, portant la graisse de la vache enroulée autour du cou; le repas de la veille paraissait les avoir tout à fait reposés de leurs fatigues.

Les femmes du roi se nourrissaient de lait, régime qui les faisait devenir monstrueuses. Elles étaient apathiques, et malpropres, ne savaient pas faire le beurre et ne prenaient aucune part aux travaux du ménage ; elles n'assis-

taient jamais à nos entrevues avec le roi. Les femmes, en
général, étaient de taille moyenne et semblaient jouir d'une
santé parfaite, quoique leurs maris prétendissent que leurs
enfants fussent débiles et de constitution mauvaise. Un singulier petit vieillard, haut de trois pieds, et dont le portrait
bien ressemblant se trouve dans le journal de Speke, vint
un jour nous rendre visite. Il paraissait assez intelligent, et
s'agitait sans cesse pendant qu'il posait remuant la tête et
tenant la main devant l'œil unique qu'il possédait. Comme
contraste avec ce nain, le roi avait à son service un homme,
vrai géant pour la taille et la force ; c'était lui qui nous
apportait les messages de son maître. Un jour il nous donna
le spectacle d'un combat ; brandissant sa lance avec une
vigueur qui n'excluait pas la grâce, il finit par terrasser son
invisible ennemi et posant en signe de triomphe le pied sur
le cou de celui-ci, il essuya, d'un air vainqueur, son fer de
lance vierge de tout sang.

Une singulière espèce de mendiants nommés Bandwa et
alliés aux Wichwezée parcourt sans cesse le pays. Ils portent plus de grains, de cloches de bijoux en cuivre que les
autres races, leurs femmes sont presque toutes jolies lorsqu'elles sont en grande toilette, c'est-à-dire vétues de peaux
de couleurs variées et coiffées d'un petit turban d'étoffe d'é-
corce. Ils vont en chantant de cabane en cabane et deviennent souvent importuns car ils refusent de partir si on ne
leur fait pas un cadeau. Plusieurs d'entre eux demeuraient
près de nous et comme il possédaient quelques bestiaux, ils
ne devaient pas vivre uniquement de charité. Les indigènes
leur portent beaucoup de respect, leur donnent toujours à
manger et les considèrent comme des sectaires religieux. On
peut faire partie de cette secte en observant certaines pratiques, sans qu'il soit nécessaire de suivre la même profes-

sion. J'en ai connu un, capitaine d'un détachement de soldats. Tout le pays était autrefois occupé par un peuple de cette nature appelé Wichwezée, et qui, selon la tradition disparut un jour brusquement sous terre !

Les Wanyoro ne possédaient en fait d'armes, que des lances, longues de six pieds. Ils ne connaissaient ni arcs ni flèches quoique leurs voisins du Karague ne se servissent que de cette arme. On colportait sur les frontières méridionales d'excellents fers de lance, que les Waganda plus riches, accaparaient entièrement. Il n'y avait pas de bois dans le pays de sorte que les cabanes étaient fort misérables. On n'en balayait jamais le sol ; lorsque l'herbe qui le couvrait était fanée, on ajoutait une nouvelle litière d'herbe sans enlever la première qui pourrissait sur place. La vermine abondait dans ces huttes.

L'agriculture occupait spécialement les femmes ; celles-ci retournaient la terreau moyen d'une houe et l'ensemençaient. Nous regrettons les belles plantations des bananiers du pays d'Ouganda ; on ne cultivait aucun fruit près du palais d'Ounyoro ; le café venait d'Udoo et l'aspect de la campagne était triste. Il y avait du sorgho, du sésame, des patates douces et des citrouilles, mais le beurre était très rare, les bananes manquaient tout à fait, aussi nous vivions fort mal La monnaie du pays consistait principalement en couris, dont il fallait deux cents pour acheter un petit sac de farine; et pour prix d'une vache malade que nous avions vendue pour nous procurer des poulets (à treize couris chaque) on nous donna dix foondo ou mille couris. Les indigènes nous cédaient quelquefois du beurre en échange de colliers de grains de différentes couleurs ; pour un rang, faisant cinq fois le tour du cou, nous recevions à peu près trois quarts de livre de beurre qu'on nous apportait soigneusement lié dans les feuilles vertes du Sorgho. Tous les trois ou quatre jours nous abattions une vache pour nous et nos hommes, et dès que les indigènes eurent connaissance de ce fait, ils vinrent au camp échanger de la farine, du tabac, des patates contre de la viande, commerce dont tout le monde se trouva bien.

Le roi nous envoyait fréquemment une boisson enivrante, du *m'wengé* ; elle était faite avec du millet murwa (*eleusine coracana*). L'officier de Kamarasi avait coutume de dire, lorsqu'il en présentait un vase, que le roi nous adressait ses compliments, avec la certitude que nous la trouverions pure comme l'eau. Ce breuvage ressemblait au résidu d'un tonneau de bière, et aucun de nous ne put partager à cet égard le goût de Sa Majesté. Près du palais se tenait presque tous les jours un marché où l'on vendait ce *grog*, de la viande, des poulets, du bois à brûler; mais on ne nous permit pas de traverser le Kuffo pour le visiter.

Dans nos campagnes on apprend les nouvelles en allant à la forge ; il en est de même en Afrique et les oisifs venaient flâner chez le forgeron d'Ounyoro. Son atelier se trouvait sous un abri haut de dix pieds construit avec des tiges de sorgho. Un gamin accroupi par terre, mettait en mouvement un soufflet à manche double et dont l'air arrivait jusqu'au charbon à travers un tube détaché de terre. Deux hommes également accroupis, et presque nus, travaillaient, causant et fumant sans cesse. Une grosse pierre plate servait d'enclume et des morceaux de fer de la forme d'un ciseau faisaient l'office de marteau.

Le peuple avait peu d'amusements, mais les Sécédés trouvèrent les danses bien supérieures à celles qu'ils étaient habitués à voir à Zanzibar. Les hommes se paraient dans de semblables occasions de tous leurs grains et de tous leurs coquillages ; se formant en cercle, ils chantaient, battaient des mains et décrivaient des courbes gracieuses.

Les idées les plus superstitieuses dominent tous les indigènes, depuis le roi jusqu'au plus humble de ses sujets. On devait nous apporter quelques brins de paille, tirés du toit de la cabane occupée par un ennemi de Kamarasi ; ensorcelés par nos pouvoirs surnaturels, ils ne manqueraient pas d'attirer le malheur sur l'infortuné qui habitait à une grande distance. Un jour, voulant nous servi du pluviomètre, nous ne pûmes trouver cet instrument ; avis de ce vol fut donné au roi qui envoya un homme borgne porteur d'une corne de vache afin de découvrir le coupable. La corne était enveloppée d'un haillon d'étoffe d'écorce et avait à son extrémité une clochette de fer. Le vieillard fit asseoir nos Séedés et secoua son talisman devant la figure de chacun d'eux ; tous à l'idée d'être soupçonnés changèrent de couleur. Le sorcier se rendit ensuite à l'endroit où on déposait habituellement le pluviomètre: il le trouva à quelques pas et vit en même temps les traces d'une hyène, la vraie coupable très certainement. Cet incident, au lieu de les ébranler, ne fit que confirmer nos hommes dans leur croyance en l'*art noir*. Au lieu même où deux devins se rencontraient, nous vîmes plusieurs fois une grenouille ou un poulet mort ; on y plaçait même une chèvre si la personne était riche. La bête avait le ventre ouvert, près d'elle se trouvait une poignée d'herbe! le tout dans le but de rendre la santé à quelque malade. On nous raconta de merveilleuses histoires d'un chien ayant une corne, laquelle avait été longtemps conservée par un des officiers du roi ; quand une guerre éclatait, on la posait à terre et chaque soldat passait dessus, la victoire alors était assurée. Une autre croyance nous frappa surtout : Kamarasi, lorsqu'il le voulait, pouvait séparer les eaux du lac

Cela semblait une tradition venant d'âge en âge du temps de Moïse.

Nous n'avons jamais vu de funérailles en Afrique et il est très rare que nous ayons rencontré des ossements humains. On ensevelit les morts près de leur cabane ou dans l'enclos du bétail. Le corps est enveloppé dans une peau de vache ou un morceau d'étoffe d'écorce ; quand le roi meurt on dessèche le corps au feu après avoir orné la mâchoire inférieure de grains et de fils de cuivre, puis on l'enterre et l'on construit sur la place même une cabane mortuaire. On conserve de la même manière les mains et les cheveux des officiers du roi.

A l'exception de quelques cas de fièvre tierce et de dyssenterie, nous nous portions assez bien dans l'Ounyoro, mais notre position ne valait guère mieux que celle d'un prisonnier dans sa cellule. Certes, nous avions tous les matins notre courrier, le messager du roi, qui venait s'informer comment nous avions passé la nuit ; nul autre que lui n'avait la permission de nous faire visite. Des gens de pays lointains, intéressants à connaître, venaient chez le roi sans que nous puissions nous mettre en rapport avec eux ; c'étaient des danses, des fêtes auxquelles nous n'étions jamais invités. La pluie devint pour nous une sorte de distraction, car nous nous amusions à constater la quantité tombée. Les insectes de nuit nous intéressaient beaucoup, le ver luisant surtout, qui, lorsqu'on le prenait dans la main, se mouvait avec rapidité et jetait, à de courts intervalles, une lumière scintillante.

Le lecteur se rappellera que nous avions envoyé Bombay et Mabruk en avant, accompagnés de plusieurs hommes du Nord, afin de savoir si Petherick nous attendait sur le Nil avec des bateaux. Kamarasi n'avait pas voulu nous laisser aller avec eux. Lorsque vous partirez, dit-il, je garderai comme ôtage cinq hommes de chacune des trois tribus que vous devez traverser, jusqu'à ce que j'apprenne votre heureuse arrivée ! Après une longue attente, un jour, c'était le 1er novembre, un coup de fusil suivi d'un second frappa nos oreilles et dans le lointain se dessinait la silhouette d'un homme vêtu d'un pantalon. C'était Bombay, et chacun de nous salua son vêtement comme preuve substantielle de ses rapports avec le monde civilisé.

Remplis de reconnaissance envers Kamarasi, nous lui adressâmes tout ce dont nous pouvions nous passer, en sollicitant la permission de partir. Il nous fit répondre qu'il fallait lui laisser deux de nos Séedés de Zanzibar avec leurs fusils, afin que ses ennemis croient toujours que nous étions ses hôtes. Il appuya aussi sur le peu de sécurité des routes, mais le tact et la résolution de Speke vainquirent tous les obstacles, et le 9 novembre, après avoir reçu comme souvenir du roi, deux lances, nous nous embarquâmes sur le Kuffo !

Une foule empressée bordait les deux rives et nous disait adieu de la voix et du geste. Une femme se faisait remarquer par l'élégance de sa toilette et la tristesse de son attitude ; c'était une dame d'honneur qui se tenait ordinairement aux pieds du roi, et la seule femme d'un rang supérieur que nous eussions vue. Elle avait une figure plate et n'était point jolie. Elle portait un vêtement d'étoffe d'écorce fond jaune et à raies noires ; sa chevelure était arrangée en forme de crête, comme à la cour d'Ouganda.

Nous filions à raison de quatre milles à l'heure ; le Kuffo était assez large pour permettre à deux bateaux d'y naviguer de front. Ses rives bordées de jonc et de roseaux cachaient la vue du pays et devaient nous gêner beaucoup pour débarquer ; cependant ce voyage par eau nous parut délicieux.


## XIII

Voyage de la capitale d'Ounyoro à un campement égyptien, du 9 novembre au 3 décembre 1862. — Iles flottantes sur le Nil. — Les indigènes. — Leurs habitations. — Les chutes de Karuma. — Piége à hippopotame. — Un campement de Turcs.


Ce fut ma première excursion sur le Nil, — le Nil Blanc ; — mais Speke y avait déjà navigué à Ourondogani. Nous étions entrés dans ces eaux sacrées, à quelques milles de la résidence de Kamarasi, à l'endroit où le Kuffo s'y jette, et nous les descendîmes pendant quatre jours, faisant le reste de la route jusqu'aux chutes de Karuma par terre et sur la rive gauche. En sortant du Kuffo, nous nous trouvâmes tout à coup sur un vaste lac bordé de roseaux et sans débouché apparent ; nous n'aurions jamais su, sans pilote, dans quelle direction il fallait aller. Une heure plus tard la scène changeait ; nous voguions sur un fleuve large de neuf cents mètres et même davantage en certains endroits. De nombreuses îles, les unes stationnaires, les autres flottantes, donnaient à ce voyage un grand intérêt, surtout lorsque le vent soufflait et que les hippopotames montraient leur grosse tête au dessus de l'eau. En regardant avec attention les îles flottantes, il était facile de voir que la vitesse du fleuve n'atteignait qu'un mille par heure ; les premières étaient de véritables fourrés de fougères, de plantes grimpantes et de petits arbres que dominaient les tiges élancées du papyrus. Cette masse d'îles, dont plusieurs mesuraient près de vingt mètres en longueur, explique selon moi le delta du

Nil. Par un vent frais, qui faisait ployer toute leur végétation et sous lequel leur position changeait continuellement, elles ressemblaient à une véritable flottille. Le troisième jour toutes avaient disparu; elles étaient séparées et gisaient échouées sur la rive, laissant baigner dans l'eau les feuilles et les branches de leurs arbustes.

Chaque soir nous débarquions pour passer la nuit à terre; il fallait pour l'atteindre se frayer un chemin à travers une masse épaisse de roseaux, de joncs et de convolvulus Un jour nous aperçûmes au milieu de cette végétation un canot abandonné; un des bateliers l'aspergea de quelques gouttes d'eau, j'en fis autant, ce qui charma fort les indigènes qui ne passaient jamais devant le canot sans lui décerner cette marque de respect.

Il nous arriva plusieurs fois de faire la chasse à des canots, car le roi avait permis aux hommes qui nous escortaient de saisir toutes les provisions qu'ils rencontreraient; et dès qu'une embarcation apparaissait dans le lointain, on se mettait aux avirons avec toute la vigueur possible. Les gens qui la montaient redoublaient d'énergie pour nous échapper et ne hissaient leur pavillon que lorsqu'ils voyaient l'inutilité de la lutte. Alors ils se tenaient tous debout, mouvement que les poursuivants accueillaient par des cris de triomphe. Les Wangoro saisissaient immédiatement tout ce qui leur tombait sous la main, étoffes, lances, grains, liquides, etc., etc.

La plus grande de nos embarcations jaugeait une tonne et demie; elle était faite du tronc d'un arbre immense et non de planches comme les bateaux du Victoria Nyanza. Nos effets, placés au milieu, nous servaient de lit de repos. Nous avions envoyé par terre quelques vaches, cadeau du roi, qu'on faillit nous enlever deux fois durant le trajet. Un jour on surprit un voleur en train de chasser nos chèvres dans la jungle ; deux des nôtres l'amenèrent au camp, les mains liées, et une corde au cou ; les Séedés se mirent à le frapper avec une joie sauvage, ils le couvraient d'un mélange de boue, de cendres et d'eau ; cependant, si bien attaché qu'il fût, il parvint la nuit même à s'échapper : quelques - uns des siens avaient certainement favorisé son évasion.

Il nous fallait l'aide des indigènes pour porter nos effets à travers le pays ; mais ils ne se soumettaient à cette besogne que quand, pour les effrayer, nous nous emparions de leurs femmes et de leurs bestiaux. Kidjweega avait reçu du roi l'ordre de rassembler une force de quarante hommes pour nous servir d'escorte. Il eut la plus grande peine à en réunir la moitié, les indigènes prétextant les dangers qu'offrait la traversée du pays de Kidi. Une fois en route, ils paraissaient assez gais. Lorsque nous rencontrions quelque obstacle, un fossé ou un rocher aigu, celui qui marchait en tête se frappait la cuisse de la main qu'il avait de libre, pour avertir ses camarades ; c'était leur unique signal.

En descendant le fleuve, il nous arriva de voir dans la même journée deux crocodiles, quatre hippopotames, des poissons morts et beaucoup de mouettes d'une espèce fort petite. Il fallait une grande adresse pour tirer les hippopotames ; à peine visait-on qu'ils avaient disparu sous l'eau. Les indigènes les harponnent au moyen de fers bardelés fixés à de longues perches. Les poissons morts pris à la surface de l'eau pesaient sept livres et avaient la forme de la morue ; nos bateliers s'en régalèrent, bien qu'ils fussent tout à fait gâtés. Sur les rives élevées et couvertes d'arbres, des singes gambadaient de branche en branche sans manifester aucune crainte, même auprès des habitations ; ils étaient gris, avec une longue queue, avaient la barbe et les sourcils blancs, le visage noir. L'aigle bateleur et le buceros étaient les seuls grands oiseaux qui nous frappèrent ; lorsque le premier décrit dans l'air avec ses ailes blanches et son corps noir ses grands cercles irréguliers, il ressemble à une chauve-souris. Le buceros est un énorme oiseau noir, aux allures gauches, qui se promène dans les champs cultivés ; il a les jambes très courtes et trois doigts d'égale longueur.

Les habitants se montraient en général polis et hospitaliers ; ils nous envoyaient souvent des bananes et quelquefois une chèvre ; ils n'aimaient pas à nous voir traverser leur pays et ne cédaient leurs cabanes qu'avec répugnance, ce qui ne nous étonnait nullement, car notre escorte d'Ounyoro pillait tout ce qui lui tombait sous la main. Dans les districts populeux, les indigènes venaient en masse nous regarder et nous saluer avec des démonstrations de joie. Les femmes portaient une espèce de double jupe, elles ont les jambes littéralement couvertes de grains ou de perles de fer, brillant comme l'acier, on eût dit des jambières; cette parure s'alliait parfaitement avec leurs membres bien proportionnés. La quantité de fil de cuivre dont les bras de quelques-unes étaient garnis nous étonna ; les maris, nous dit-on, l'obtenaient à Karague en échange de leur ivoire.

Leurs habitations se composaient de cabanes détachées, construites le plus souvent au milieu d'une plantation de bananiers ; une hutte dressée sur pilotis servait de magasin pour les provisions de blé et autres. Le ficus qui fournit l'écorce dont on fait les étoffes, et que nous n'avions pas rencontré depuis plusieurs mois, abondait dans ce district sans toutefois atteindre une grande hauteur. Les habitants cueillaient les feuilles longues et menues d'une certaine espèce de jonc pour en extraire du sel. Après les avoir séchées et brûlées on lavait les cendres, et l'eau imprégnée de sel servait à la cuisson des patates et des bananes. Souvent nous trouvions des œufs frais sur les arbres près des bananes ; c'étaient des talismans. On en attachait également au plafond des habitations. Les restes d'hippopotame, tels que la tête, les dents, etc., gisaient en petits tas, près de ceux qui possédaient les engins nécessaires à la destruction de ces pachydermes. La conservation de pareils débris portait bonheur ; on plantait à côté un beau convolvulus (*argyreia sp.*) à fleurs mauves d'une nuance délicieuse ; le succès de la chasse était assuré si on tenait à la main une branche de cette plante. Les femmes à genoux munies d'une pierre ronde écrasaient le blé sur une plaque de granit d'un rouge de brique qui leur servait de meule. Ce pays incliné vers le Nil et exposé à l'est semblait assez sain, et durant le court séjour que nous y avons fait, il n'y eut que très peu de cas de maladie. Quelques hommes avaient des loupes au front et derrière l'oreille ; la seule créature mutilée que nous ayons vue était une femme à qui l'on avait coupé le poignet dans l'Ouganda en punition de quelque délit.

Notre position dans un canot ouvert et sous un soleil ardent nous causait souvent de fortes migraines ; après huit jours de navigation nous étions, Speke et moi, pris de fièvre et de dyssenterie, aussi il était heureux pour nous que l'approche des cataractes nous obligeât à prendre la voie de terre. Dans la soirée du 19 novembre, j'arrivai au campement harassé et malade ; j'y trouvai Speke également souffrant ; mais la brise nous apporta le bruit des eaux mugissantes et le lendemain matin, après une nuit de fièvre, de vermine et de moustiques, la vue des chutes admirables de Karuma nous rendit toute notre vigueur. Assis sur les rochers de la cataracte principale, nous avions devant les yeux le plus magnifique des spectacles ; un ciel nuageux se reflétant dans le fleuve lui donnait une teinte sombre ; l'eau se précipitait à travers trois canaux creusés dans le roc et retombait en écume blanche d'une hauteur de six pieds. Sur le bloc central on avait élevé une hutte, sans doute en commémoration de quelque événement important. Au dessus des cataractes et sur un îlot s'élevaient d'autres huttes d'un accès difficile ; elles n'étaient pas habitées et servaient peut-être de magasin pour le blé que cette position protégeait contre les déprédations des Kidi de la rive opposée. Des cordes auxquelles pendaient des ailes et des plumes d'oiseau reliaient entre eux les arbres et donnaient à l'îlot l'aspect d'un lieu enchanté.

Immédiatement au dessous des cataractes, là où l'eau tourbillonnait dans les roseaux, plusieurs paniers remplis de poulets étaient suspendus après les arbres ; les indigènes les plaçaient ainsi pour attirer les hippopotames. Ces animaux, en s'avançant, devaient se heurter contre une corde tendue et dissimulée par des plantes grimpantes ; une courte bûche garnie d'une forte pointe de fer était accrochée à une branche qui se trouvait au dessus de la corde, et tombait sur l'hippopotame dès qu'il la touchait ; l'animal blessé devenait ainsi la proie facile des indigènes.

L'officier du district nous retint trois jours dans ces lieux charmants, car les bacs qui devaient nous transporter de l'autre côté n'étaient pas prêts, et de plus il fallait nous procurer des provisions pour un voyage à travers les forêts de Kidi. Un grand vacarme me fit un jour sortir de ma cabane, où j'essayais de faire la sieste : les Séédés, armés de fusils de munition anglais, étaient alignés d'un côté; de l'autre se tenaient leurs adversaires, n'ayant comme moyen d'attaque que des lances et des bâtons. Une bataille semblait imminente ; mais le bruit d'un coup de fusil tiré dans une autre partie du camp dispersa tout le monde et mit fin aux hostilités. Une insulte faite à une femme avait causé ce désordre ; de pareilles scènes n'étaient pas rares, mais elles n'eurent jamais de résultats sérieux.

Dans l'après-midi du 22, les sons bruyants du tambira (espèce de harpe) annoncèrent l'arrivée de visiteurs et le katee keero ou gouverneur ne tarda pas à faire son apparition ; une troupe de Wanyoro assez bien vêtus l'accompagnait. Cet officier avait les mains couvertes de lèpre, le regard stupide, et refusa de faire à nos questions aucune réponse directe. Tout son corps, la tête exceptée, disparaissait sous une étoffe d'écorce à raies noires et jaunes. Il nous offrit un petit taureau, un peu de farine et trois vases pleins de m'wengé ; nous lui donnâmes en retour des grains et quelques pilules, promettant de lui envoyer un beau collier, lorsque nous aurions atteint le camp de M. de Bono. Il était commandant en chef et se battait constamment contre Néonga, le frère révolté de Kamarasi, qui demeurait à une journée de marche au dessous des cataractes. Pendant que nous causions, on vint nous annoncer qu'une foule de voyageurs passait sur l'autre rive. C'étaient des Kidi qui allaient s'unir à Néonga pour combattre le gouverneur avec lequel nous causions. Ils marchaient en toute sécurité, car un fleuve large et profond les protégeait et la distance les mettait à l'abri des flèches. Dès qu'ils se furent éloignés, notre départ s'effectua, et nous voici embarqués sur le Nil dans des canots faits de troncs creusés. Ce n'était pas chose facile que de débarquer juste à l'endroit voulu ;

car le courant menaçait de nous entraîner vers la seconde
cataracte et nos pagayeurs eurent besoin de boucoup d'é-
nergie pour l'éviter. Kidjveega, qui avait pour mission de
veiller sur nous, avait apporté sur l'autre rive une chèvre
pour être sacrifiée aux rochers et nous assurer ainsi un
heureux voyage. Un m'manga ou magicien, tenant à la
main gauche des branches d'arbres, tua la bête et l'étendit
en travers du sentier, en ayant soin de placer la tête dans
la direction que nous devions prendre, puis il pria Speke
de sauter par dessus : tous suivirent son exemple. De l'autre
côté on avait sacrifié une seconde chèvre.

En attendant les bestiaux, nous constatâmes que nous
nous trouvions à 2970 pieds au dessus de la mer. La manière dont notre bétail passait le fleuve était bien simple :
un homme dans le canot tenait la corde qu'on leur avait
attachée aux cornes, ou à la mâchoire inférieure, lorsque
les cornes faisaient défaut. Les passeurs nous firent perdre
beaucoup de temps; les trois quarts de nos vaches se trouvaient déjà de l'autre côté, quand ils nous envoyèrent dire
qu'en plus du prix convenu et qu'ils avaient déjà touché,
c'est-à-dire un chapeau rempli de pain, il leur fallait une
vache; sinon, ils se refusaient à passer le reste. Nous ne
pouvions que nous soumettre et en retour de notre générosité, ils nous apportèrent une grande quantité de bananes
mûres. Cette nuit-là, nous campions, avec nos hommes, à
un mille des cataractes, au milieu d'une forêt où s'étalait
une végétation tropicale.

Kamarasi nous pria en dernier lieu d'aller combattre son
frère qui ne se trouvait éloigné de notre chemin que de
quelques heures de marche. Kidjweega, qui nous apportait
ce message, n'ayant pas beaucoup insisté sur son exécution,
on se remit en route sous la conduite d'un petit homme

très actif de Chopeh, appelé Luendo. Pendant trois jours, il
nous fallut marcher dans une forêt entrecoupée ici et là par
des marais, puis traverser un pays couvert de hautes herbes
à l'horizon duquel s'elevaient les collines de Gani. Elles
étaient éloignées d'environ vingt-cinq milles, et pourtant
notre cœur se réjouit à cette vue, car nous espérions retrouver dans ce pays la civilisation ; pas un arbre ne variait
l'aspect monotone de cette plaine dont les hautes herbes
rendaient la marche excessivement pénible ; si l'on avançait tête levée, l'herbe vous coupait le visage jusqu'au sang ;
marchait on sans regarder en avant, on risquait de tomber
dans un trou ou de trébucher contre un rocher. Plus d'une
fois nous avons failli nous égarer, car le chemin se perdait
dans les herbes; Luendo alors grimpait sur une fourmilière
et après s'être orienté nous remettait dans la bonne voie. De
temps à autre nous trouvions sur notre route quelques
huttes abandonnées par d'autres voyageurs et où brûlait
encore du feu. Les habitants de Chopeh et de Kidi visitaient
ces parages, nous dit-on, pour s'y livrer à la chasse qu'ils
aiment passionnément. Speke ayant blessé un buffle, les
indigènes s'élancèrent, la lance en arrêt; mais une charge
furieuse de l'animal les dispersa en un clin d'œil; quelques
coups de fusil eurent enfin raison de l'ennemi et il succomba. Bien que chargés de nos effets, les Wanyoro portèrent la chair jusqu'au camp, et je puis assurer le lecteur
qu'on n'en perdit pas la moindre parcelle. Plus tard, une
bande d'éléphants se dessina dans le lointain, et après
avoir eu le bonheur d'entendre rugir un lion, nous avons
rencontré quelques antilopes hartebeest. On prétend que les
gens de Chopeh s'approchent du buffle sauvage pendant
qu'il dort, et le tuent à coups de lance.

Le 29 novembre, nous étions rassemblés au nombre de

quatre-vingts sur une large plate-forme de rocher ; en face de nous s'élevait une colline sur laquelle on distinguait des cabanes. L'arrière-garde et les bestiaux nous ayant rejoints, nous poursuivîmes notre marche et une demi-heure plus tard nous étions au milieu de champs cultivés et en vue d'habitations. Quelle joie après la monotomie de la forêt ! Je voulais courir en avant afin de voir le premier cette race de Gani chez qui nous devions passer la nuit, mais il fallut prendre patience. Nos hommes marchaient à la file sous la conduite de Luendo ; celui-ci sonnait du cor de temps en temps pour indiquer la nature pacifique de notre visite. Les indigènes se rassemblèrent en foule sur les hauteurs et nous fîmes halte sous un arbre, en attendant la permission d'avancer. Bien que nous ayons été guidés par des hommes de leur race depuis notre départ de chez Kamarasi et que ceux-ci eussent brûlé la veille de l'herbe dans la plaine, afin d'annoncer notre arrivée, il nous fallut attendre que le seigneur du pays voulut bien nous inviter à entrer dans son domaine. Deux jeunes gens nus, le visage blanchi avec des cendres, se précipitèrent du haut de la colline, en brandissant leurs lances et s'arrêtèrent devant nous. Ils avaient le corps peint en couleur pourpre et gris cendré, ce qui leur donnait un air tout à fait grotesque ; d'autres les rejoignirent, aucun d'eux n'était peint de la même façon ; les plus jeunes affectaient des couleurs claires et se coiffaient d'une seule plume qui tournait au vent comme une girouette. Tous portaient aux bras des anneaux de fer brillamment polis ; une bague de même métal ornait la lèvre inférieure et des cercles de cuivre étaient passés dans les oreilles ; ils avaient pour arme une lance à manche de bambou. Ils nous apportaient la permission d'avancer.

Arrivés au sommet de la hauteur rocheuse, un large espace semé de cabanes de bambou et d'herbes apparut à nos yeux surpris. Au centre s'élevait un « méloomba, » c'est l'arbre qui fournit l'écorce à étoffe, et deux cabanes d'idoles ; des cornes d'animaux sauvages étaient éparses au pied de l'arbre merveilleux. Un vieillard à cheveux blancs s'avança suivi de femmes et de quelques anciens ; il portait un poulet blanc, du m'wengé, et tenait d'une main une plante à fleurs blanches. C'était Chong'ce, le chef souverain de ces lieux. Il nous adressa quelques paroles, puis agita en l'air le poulet qu'il passa ensuite à son principal officier ; celui-ci répéta les mêmes mouvements. Cela fait, on frotta le corps de Luendo notre guide avec la plume trempée dans le m'wengé et on nous aspergea du même liquide. Après cette cérémonie chacun de nous prit place sous le méloomba assis sur des peaux de vache, puis on nous présenta le m'wengé.

Cette petite colonie nous impressionna favorablement de prime abord. Les cabanes ressemblaient à des ruches, elles étaient tenues très proprement ; les magasins de blé reposaient sur des piliers de granit ; ils consistaient en un énorme cylindre de boue et de branchages, que fermait un toit de bambou et d'herbes qu'on pouvait lever suffisamment au moyen d'une perche pour permettre à un homme d'y pénétrer ; les femmes y montaient avec une échelle grossière afin de prendre leur provision de blé.

Les femmes de tout âge et de toute condition ne portaient pour unique vêtement qu'un simple chiffon attaché à la taille. Quelques-unes avaient de lourds anneaux de fer à la cheville et des grains au cou. Les hommes paraissaient beaucoup plus soignés ; on les voyait assis à l'ombre sur des rochers, se parant mutuellement la tête avec des plumes, des coquillages et des grains; en effet, la toilette semblait leur unique préoccupation, et ils se tenaient généralement dans des attitudes affectées et risibles. L'entrée des cabanes était si basse, que nous n'y pouvions passer que sur nos genoux; mais les indigènes ont le corps tellement assoupli qu'ils savent s'incliner jusqu'à deux pieds du sol, tout en continuant à marcher. Le bambou croît dans ce pays, nous n'en avions pas rencontré depuis que nous nous étions éloignés du 7° de latitude sud. Mauna retrouvait aussi la plupart des arbres qui croissent entre les rochers de sa patrie, dans l'Ounyamnezi. Je revis aussi l'*ensete* de Bruce, dont les chèvres sont si friandes. Le lendemain de notre arrivée Chong'ce harangua les villageois et leur enjoignit de traiter ses hôtes avec bonté, et de nous fournir tout ce dont nous pourrions avoir besoin.

La bière fabriquée par les indigènes était forte et d'une amertume qui n'était pas désagréable au goût, aussi ses effets ne tardèrent-ils pas à se manifester chez Bombay et d'autres dont la gaieté devenait, vers le soir, par trop bruyante. Elle se prépare avec du grain appelé Murwa, qu'on fait bouillir après l'avoir grillé et écrasé : elle fermente légèrement en se refroidissant, et c'est à ce moment que je l'ai trouvée le plus agréable à boire. On récolte aussi dans ce pays le sésame, l'*hibiscus* et l'*hyptis spicigera*; ce dernier s'appelait « neeno » et nous le voyions pour la première fois. Les indigènes le mangeaient grillé et en tiraient de l'huile. Bien qu'il n'y eût pas de mauvaises herbes dans les champs, les récoltes cependant n'offraient pas une belle apparence. Le *crotolonta glauca* dont les écosses, les fleurs et les feuilles cuites ressemblent à des épinards, occupait un espace immense. Le bananier d'Ouganda manquait ici complétement et les noix de terre et le maïs, qui se trouvaient partout en grande abondance jusque dans l'Ounyoro, étaient très rares ici.

Le bétail appartenait à la petite espèce et manquait des soins nécessaires. Il y avait aussi des moutons à longue queue couverts de laine d'un brun rougeâtre. Des chèvres grimpaient dans les rochers et broutaient les feuilles du jujubier de l'Inde. Les chiens semblaient peu nombreux.

Une marche de deux jours nous conduisit au campement de quelques marchands d'ivoire égyptiens dont Bombay et Mabroock avaient fait la connaissance plusieurs semaines auparavant. C'est sur cette route que nous avons rencontré deux nouveaux arbres ; l'un que Manna appelait « mee-pampa » ressemblait en volume et dans ses contours au chêne de nos pays ; ses fleurs que suçaient des mouches à miel parfumaient l'air ; l'autre était une espèce de boscia à longues feuilles lancéolées. Les indigènes prenaient le nom de Madi, bien que leur mode de se peindre ne différât pas de celui des Gani. Leurs armes consistaient en lances de sept pieds de longueur, en arcs de bambou avec des flèches de roseaux ; chaque homme portait ordinairement dix de ces dernières à pointes variées, celles-ci n'étaient pas empoisonnées mais entaillées de manière à en rendre l'extraction très difficile. Une palissade entourait les villages. Les cabanes, très propres à l'intérieur étaient faites de bambou, platrées en dedans, et surmontées d'un toit élevé de bambou et d'herbe. Ils faisaient couver leurs poules de la plus drôle de façon : on plantait dans le sol même de la cabane un bâton long de cinq pieds et à trois fourchons garnis d'herbe. C'était sur ces fourchons que la poule couvait. Un autre usage auquel nous n'étions pas habitués consistait à nous apporter le matin de très bonne heure de l'eau chaude pour nos ablutions ; on y joignait souvent un petit cadeau de bière indigène.

Le camp des trafiquants d'ivoire au service de M. de Bono occupait à Faloro une position très favorable sur le flanc d'une colline que baignait un charmant ruisseau. Nous y arrivâmes le 3 décembre, à la chute du jour ; cette heureuse date restera toujours gravée dans notre mémoire. Nous annoncions notre arrivée par des coups de fusil, lorsque soudain la petite colonie parut à quelques centaines de mètres de nous. Une scène des plus animées s'en suivit. Une troupe d'hommes bien vêtus, coiffés soit d'un fez, soit d'un turban, vinrent à notre rencontre, enseignes déployées, au son des tambours et des fifres. A leur tête marchaient deux commandants le sabre à la main. La foule grossissait en route ; à la détonation des armes se mêlaient les cris aigus des femmes, tout le monde rivalisait à l'envi pour nous faire honneur. C'est ainsi escortés que nous arrivâmes devant la porte du commandant Mahomed où chacun de nous prit place sur des peaux de léopard. Tous les trafiquants connaissaient Petherick de nom, mais soit ignorance, soit mauvais vouloir, ils ne nous dirent rien de lui, si ce n'est qu'il se trouvait à vingt marches dans le Nord, et que notre lettre d'Ounyoro ne lui avait pas été remise.

Tout nous semblait étrange, et nous regardions avec un plaisir infini l'objet le plus ordinaire dans cet établissement où régnait un semblant de civilisation. Ces gens étaient bien mis, ils portaient des souliers, possédaient de véritables lits, de la vaisselle, etc.; choses que depuis deux ans, nous ne connaissions plus. Mahomed, le chef, assis sur un escabeau, pendant qu'on le rasait, excita au plus haut point l'étonnement des Wanyoro. Après lui avoir attaché une serviette blanche au cou, un garçon faisant fonction de bar-

bier promena son rasoir sur la tête et le visage avec une
rapidité merveilleuse, et l'opération terminée il lui présenta
un miroir dans un cadre d'or. Le campement ne manquait
pas d'animation : des ânes passaient au galop sans bride ni
selle ; le cavalier perché à la mode du pays sur le train de
derrière dirigeait sa monture au moyen d'un long bâton ;
de jeunes nègres promenaient des bœufs à selle portant un
licou et une corde aux naseaux, ils les menaient grand
train et tout cet ensemble formait un tableau charmant à
regarder.

Nos literies et nos ustensiles de cuisine n'étant pas encore arrivés, Mahomed voulut bien, sur notre demande,
nous faire donner à dîner ; tandis qu'on le préparait, on
nous servit du café à la vraie manière arabe. Notre repas
se composait de boulettes de viande hachée, d'un cuissot
de chèvre rôti, de miel et de minces galettes de sorhgo, véritable festin de Balthasar, auquel chacun de nous fit honneur, bien que nos doigts dussent remplacer les couteaux
et les fourchettes ; à la fin on nous donna de l'eau et du
savon pour nous laver les mains, luxe pour nous inappré-
ciable. Il fallait songer au repos ; Mahomed nous abandonna
pour logis un vaste hangar ouvert, mais avant de nous
endormir nous adressâmes de ferventes actions de grâces
au Tout Puissant, dont la main nous avait conduits sains et
saufs jusqu'aux confins de la civilisation.

## XIV

Du 3 décembre 1862 au 11 janvier 1863. — Les Toorkee ou Turcs. — Danse au clair de lune. — Produits de Faloro. — Bêtes sauvages. — L'arbre de Miani à OEppuddo. — Le bruit de la mort du capitaine Speke arrive jusqu'à moi. — Préparatifs pour entrer dans le Bari.

Il y avait à Faloro une centaine d'égyptiens de toute classe et de toute couleur; les indigènes les appelaient Toorkee ou Turcs, bien qu'il n'y eût parmi eux personne de cette nation. C'étaient des aventuriers sans feu ni lieu, nés pour la plupart dans la partie septentrionale de l'Égypte et descendant de la race nègre. Le bazar Khartoum, comme nous l'avons constaté plus tard, était rempli de désœuvrés, prêts à tout; les trafiquants les enrôlent pour chercher de l'ivoire dans l'intérieur. On les arme de fusils, et commandés par un indigène intelligent, ils remontent le Bahr OEbiad ou Nil Blanc, comme chercheurs d'ivoire; leur absence dure quelquefois plusieurs années, et c'étaient ces gens-là que nous étions si heureux de rencontrer, ils séjournaient à Faloro depuis neuf mois !

Et pourtant que d'obstacles n'apportèrent-ils pas à notre départ ! Tantôt parce que les rivières étaient trop grosses, tantôt parce qu'il fallait attendre un détachement venant de Gondokoro avec des munitions et les moyens nécessaires au transport de l'ivoire. A la fin, la route nous semblant praticable, nous avions pris la résolution de nous remettre en marche, mais la veille du départ, les Wanyoro désertèrent et retournèrent dans leur pays; cette fuite nous réduisait à l'impuissance la plus complète. Un autre incident vint mettre notre patience à une rude épreuve : une partie des Toorkee devait visiter un district où était accumulée une grande quantité d'ivoire ; à leur retour seulement on se mettrait en marche pour Gondokoro ! Faute de mieux il fallut se soumettre et supporter toutes ces contrariétés.

Pendant notre séjour au camp quatre-vingts hommes allèrent faire une razzia ; ils revinrent avec environ cent dents d'éléphant, un troupeau de bestiaux et plusieurs esclaves. On traitait notre ardent désir de partir comme une fantaisie d'enfants : — Ne craignez rien, nous disait-on, vous serez à Gondokoro avant la nouvelle lune ! — Cependant nous voulions continuer notre voyage et un beau jour ils nous trouvèrent, à leur grande surprise, emballant nos effets et nous préparant à nous mettre en route avec les vingt Séedés qui nous restaient,

Notre séjour chez les Toorkee me rappelait la vie militaire, car au point du jour on battait et sonnait régulièrement le réveil et à la nuit on plaçait des factionnaires à chaque porte. Il y avait tous les vendredis, jour qui équivaut à notre dimanche, une grande parade à laquelle on nous priait quelquefois d'assister. Rien de plus risible que les manœuvres qui s'exécutaient devant nous. Les soldats, vêtus chacun d'une manière différente, se tenaient en ligne ; devant eux brillait le capitaine Mahomed, le sabre en main et portant une veste, un turban de soie et un large pantalon à la turque. Le commandant en second avait adopté l'uniforme des tirailleurs, la veste verte ornée de noir, le pantalon flottant, les guêtres et le fez. Speke passait la revue, tandis que j'étais à distance sur une hauteur ; Bombay jugea de son devoir de se placer aux côtés de son maître, la lance à la main, tête nue et montrant par dessus ses vêtements une chemise sale ; tout en lui indiquait de fortes libations. Frij, le second interprète, était dans le même état et n'avait pas comme son compagnon le bon sens de se tenir tranquille. Pendant que ces soldats d'un nouveau genre se livraient à leurs évolutions, il s'élançait au milieu d'eux brandissant un sabre-baïonnette, répétant le commandement, licence que Mahomed supporta avec bonhomie. Le général étranger en l'honneur duquel la fête avait lieu ce jour-là, et qui en Crimée avait commandé des troupes turques, s'extasia naturellement sur le bon air des soldats, sur leur discipline et la précision des manœuvres. Mahomed, leur chef, ne semblait pas partager cette opinion favorable, et ne se faisait pas faute, à la moindre bévue, de frapper le délinquant.

Après la parade on plaçait les drapeaux sur une espèce de place qui se trouvait ménagée au centre du village, puis passant trois fois devant eux, au son du tambour, on les saluait ; quelquefois on tuait une vache et on les consacrait en les aspergeant avec le sang. Nos Séedés connaissaient cet usage qu'ils avaient vu pratiquer par les troupes mahométanes du sultan de Zanzibar. La nuit qui suivait cette fête on semait pour ainsi dire le village de factionnaires ; ceux-ci observaient consciencieusement la consigne, ne se laissant jamais aller au sommeil bien qu'ils fussent assis sur une chaise tant que durait la faction. Les Séedés nous auraient ri au nez, si nous leur eussions commandé d'en faire autant.

Les Nubiens étaient rarement oisifs ; ils préparaient des peaux, soignaient le bétail ou vaquaient aux affaire domestiques. Cette activité fit tout d'abord honte aux Séedés, mais quelques jours s'étaient à peine écoulés que le naturel reprenant le dessus, ils se livrèrent de nouveau aux danses habituelles. Nous ne pouvions les empêcher de s'énivrer et de se quereller, qu'en ne leur parlant pas pendant huit jours. Cette manière de faire les impressionnait évidemment beaucoup et ils nous donnaient alors, après une punition de ce genre, moins de sujets de plainte.

Parmi les esclaves nouvellement pris, il y avait plus de femmes que d'hommes. Beaucoup d'entre elles, surtout celles qui étaient jolies, portaient aux deux chevilles de forts anneaux de fer, reliés par une chaîne tellement courte qu'en allant puiser de l'eau elles n'avançaient que de quelques pouces à chaque pas ; cette précaution rendait toute fuite impossible. Il y avait au camp une vingtaine de femmes d'Ounyoro, faciles à reconnaître par l'extraction des dents incisives inférieures ; nos Sédées pouvaient s'entretenir avec elles et obtenir ainsi des renseignements fort utiles pour nous. Tous ces esclaves étaient, sans aucun doute, destinés à être vendus au marché du Caire.

Les femmes des soldats appartenaient aux races de Bani, de Madi, etc., et se montraient très laborieuses. Dès l'aube, on les voyait, vêtues d'un unique jupon, nettoyer ce que nous appellerions le seuil de la porte d'entrée, en y étendant une couche de fumier de vache ; elles maintenaient à l'intérieur une très grande propreté et passaient la journée à moudre du murwa, à fabriquer de la bière, à cuire des galettes et à soigner leurs enfants. Les villageoises portaient un petit couteau pendu à la ceinture ou passé dans un des anneaux qui entouraient la partie supérieure des bras. On m'a raconté que les femmes d'une race de cannibales, qui vivaient à neuf marches vers le nord-ouest se mettaient de chaque côté de la ceinture dix petits couteaux à manche de cuir, et qu'elles lançaient contre l'ennemi, en les tenant par l'extrémité de la lame.

Chaque fois qu'il naissait un enfant dans le camp des Toorkee, on battait le tambour dès l'aube du jour ; les femmes s'assemblaient devant la porte de l'accouchée, dansant et criant en signe de joie. A les voir sauter en l'air, agitant gauchement les jambes, se battre les flancs du coude, on aurait pu les croire ivres, tandis que c'était simplement une manière d'exprimer leurs félicitations. Les mères donnent beaucoup de soins aux enfants ; elles les lavent tous les jours à l'eau chaude et leur essuient la figure en la léchant à sec, comme ferait une chienne pour ses petits ; puis, après avoir graissé le corps d'une pommade vermillon, elles couchent l'enfant sur une peau de chèvre qui lui sert de berceau et dont on lie ensemble les quatre coins, soit pour le porter à la main, soit pour l'accrocher quelque part. Les femmes de la race de Bari font à la joue de leurs enfants trois incisions horizontales et les frottent d'une pâte noire et huileuse ; on les laisse cuvertes pendant huit jours et plus tard elles forment des signes en relief. Ces marques se font sur différentes parties du corps, selon les tribus. Les indigènes de Faloro se distinguaient par des incisions en forme de flèches pratiquées près des yeux.

Les gens de Madi, à qui appartenait le village de Faloro, ne semblaient pas heureux sous le joug des Toorkee; les chefs seuls exprimaient une vive satisfaction lorsqu'ils recevaient en cadeau des vêtements arabes ; comme les Toorkee, ils se promenaient dans le village, un fouet de peau de buffle à la main. Les habitants n'oubliaient pourtant ni de danser ni de boire, ils aimaient surtout à regarder les plus jeunes d'entre eux se livrer à cet exercice.

Le 5 décembre, pendant un magnifique clair de lune il y eut au village au dessus duquel nous demeurions un

spectacle vraiment curieux : c'était une danse extraordinaire. Environ trois cents hommes et femmes y étaient réunis ; six tambours de différentes grandeurs et suspendus à
des perches occupaient le centre, et à l'entour se heurtait,
se bousculait une masse compacte, telle qu'en renferment
nos champs de foire ; puis venait un cercle de femmes, de
fillettes et d'enfants faisant face à un second cercle composé
d'hommes armés de lances et de massues, sonnant du cor
et coiffés de couris et de plumes d'autruche. Hommes et
femmes sautaient simultanément au son de la musique; les
femmes chantaient en faisant carillonner des masses de
bracelets et défiaient les hommes qui étaient en face d'elles.
Jamais je n'avais vu pareille scène de la vie sauvage, ni
entendu de vacarme aussi étourdissant. Quoique les Turcs
et les indigènes prissent un égal plaisir à ces fêtes noc-
turnes, les premiers n'en opprimaient pas moins les seconds
et les faisaient travailler à coups de fouet durant le jour.
J'en eus de nombreux exemples. Rien n'était moins rare
que de voir un Turc donner un coup de rotin à une femme
parce qu'elle se trouvait sur son chemin ; ailleurs c'étaient
les habitants qui enlevaient le matériel du village pour le
rétablir dans un endroit plus éloigné du campement turc.
Il fut impossible d'obtenir des renseignements sur les pays
voisins, car les indigènes craignaient les Turcs ; ceux-ci à
leur tour étaient jaloux de nous et demandaient de quel
droit nous nous occupions de leurs sujets. Ils recevaient
aussi des étrangers qui venaient pour les entretenir d'af
faires, c'est-à-dire de razzia d'ivoire et de bestiaux,
qu'on nous dissimulait tant qu'on pouvait. Les Toorkee ayant séjourné à Faloro pendant trois saisons con-
sécutives, chacune de neuf mois, avaient réuni une
immense quantité d'ivoire acquise en échange de bes-

tiaux volés et quelquefois de grains, mais pour seize livres d'ivoire, ils ne donnaient que deux rangs de gros grains bleus à facettes. Ils étaient parvenus à se procurer durant ce troisième séjour environ cent dents monstres et trois cents d'une grosseur moindre, mais pesant encore près de seize livres chacune. Toutes ces défenses se distinguaient aisément des dix-huit que les Toorkee avaient obtenues en tirant les éléphants ; elles étaient noircies par les flammes, car les indigènes se servaient du feu pour en opérer l'extraction. Avant le départ, les dents furent liées en paquets au moyen d'une lanière faite d'une seule peau de vache et emportées par charges de cinquante à soixante livres que les hommes mettaient sur la tête.

En renvoyant nos guides Gani nous leur avions donné en paiement des grains et à l'un d'eux un pantalon par dessus le marché; il mit immédiatement ses grains dans les poches, mais en s'asseyant à la manière des indigènes, il les fit tomber les uns après les autres, au grand amusement de ses camarades; Frij, pour le rendre tout à fait heureux, le coiffa d'un haillon rouge en forme de turban, mais l'Africain se frotta les mains d'un air malin qui semblait dire : Où est l'habit ? Le père de cet homme, Chongéo de Gani, vieillard décrépit à la peau ridée, au regard éteint, avait reçu en retour d'une vache des grains très petits, il en fut mécontent, prétextant très ingénieusement qu'il était trop vieux pour avoir d'aussi minimes objets ! Un échange de grains plus gros mais d'une valeur bien inférieure le satisfit complétement.

J'observai chez beaucoup d'indigènes une grosse tumeur au dessus du genou et quelquefois aux deux jambes ; elle était molle au toucher et ne contrariait en rien les mouvements ; les femmes adultes y semblaient plus sujettes que les hommes. Le docteur Murie, que nous avons rencontré plus tard à Gondokoro, crut d'après ma description y voir un effet rhumatismal. Pendant notre séjour au camp, un des Turcs mourut, miné par la fièvre et les fatigues. L'enterrement eut lieu au coucher du soleil ; les soldats entourèrent silencieusement la fosse creusée dans une cabane que le feu avait presque entièrement détruite quelques jours avant. Je dirai à propos de cet incendie que le calme de l'air nous sauva seul d'un grand désastre. Les cabanes, faites d'herbes et de bambous, serrées les unes contre les autres, renfermaient toutes des munitions et l'eau était à un demi-mille ? Notre position devenait critique, mais avec des efforts multipliés on parvint a se rendre maître de l'incendie qui ne consuma qu'une seule habitation.

En décembre les indigènes mettaient le feu à l'herbe des collines et des vallons ; l'air était rempli de cendres noires pendant plusieurs jours, jusqu'à ce que la pluie les eut fait retomber, elles servaient alors d'engrais. Vers cette époque le ruisseau qui coulait au pied de la colline commença à se tarir, et en janvier il restait à peine assez d'eau pour abreuver les bestiaux qui composaient neuf troupeaux bien distincts d'environ quinze cents vaches chacun. Au village on attachait la bête à un piquet, ne lui donnant la liberté que quand on la menait paître ; ils appartenaient presque tous aux Toorkee. Les champs cultivés se trouvaient au moins à un mille du village, l'espace intermédiaire étant réservé aux pâturages. Parmi les produits végétaux je citerai le tabac, le murwa, la patate douce, etc.

Ainsi qu'on l'a dit déjà, la position choisie par les Turcs à Faloro était des plus agréables. Nous étions environnés de collines très peu élevées et qui offraient à travers les forêts, le long des cours d'eau, de charmantes promenades.

C'est dans ces excursions, pour moi  pleines de charme que j'ai rencontré plusieurs plantes nouvelles, entre autres une plante parasite (Landolphia Florida?) ; le tronc gisait au dessus d'un ruisseau semblable à un grand serpent et servait de passerelle ; en suivant sa trace on le voyait grimper sur un arbre élevé et se séparant en branches innombrables, couvrir, de magnifiques fleurs blanches, ses feuilles les plus hautes. Les indigènes d'Ouhiyow convertissaient le lait de cette plante en balles à jouer, semblables à nos balles de gomme élastique. Speke trouva un jour dans le lit d'un ruisseau un superbe lys à branches (*crinum sp.*), le seul qui fût en fleur ; il est actuellement dans l'herbier de Kew en Angleterre. Il y avait aussi différentes variétés d'arbres résineux

Nous avons également remarqué plusieurs arbres au tronc desquels on avait placé des siéges ; on voyait aussi là des trous de feu. Ces siéges avaient probablement servi à quelque pratique superstitieuse, soit pour faire tomber de la pluie, soit pour obtenir la guérison d'un malade. Le gibier était rare à l'aloro ; nous n'y avons tué qu'une antilope *bushbee* qui paissait gracieuse et calme dans un beau et frais vallon. Plus loin, parmi des rochers, j'ai vu deux espèces de singes ; l'un appelé Lungoor à face noire et dont la tête était couverte de poils épais ; l'autre, le Yanée, selon nos Séedés, d'une taille moindre passait pour vous renvoyer la lance que vous lui jetiez. Il y avait aussi des coqs des bois, beaux oiseaux au riche plumage et de la grosseur du vautour, des cailles et des pintades qu'il nous fallut laisser en paix car le plomb commençait à nous manquer, elles couraient les champs en bandes innombrables, je n'en avais jamais vu autant ; des freux à queue très courte volaient d'arbre en arbre, croassant comme des corbeaux, et esquivaient avec beaucoup d'adresse les poursuites des milans.

Le 11 janvier 1863, nous quittâmes Faloro ; les Séedés qui nous restaient, au nombre de vingt, portaient les bagages. Nous avons marché pendant plusieurs jours dans la direction du Nord et sous les Turcs ; leur avant-garde nous rejoignit le 31 du même mois. Nous avions tiré, dans cet intervalle, des rhinocéros, des buffles et des antilopes de différentes espèces ; nous vîmes aussi des éléphants, des girafes, des élans, des sangliers ainsi que l'antilope aux oreilles blanches de Petherick. Les indigènes refusèrent la chair du rhinocéros. Les girafes étaient nombreuses, mais impossibles à atteindre ; dominant de leur cou élancé les herbes les plus hautes, elles voyaient le chasseur s'approcher se battant alors les flancs de leur queue, elles partaient au galop. Rien n'étaient plus beau sous les rayons du soleil, que leur peau d'un jaune clair, tacheté de noir. Les Turcs tirèrent un crocodile et le portèrent au camp pour en extraire les dents, dont les indigènes de Madi se font des colliers ; ces dents ressemblent aux longues incisives du mouton ; on les enfile après les avoir percées. La plupart des Turcs mangèrent du crocodile, ce que nos hommes de Zanzibar ne purent voir sans dégoût ; les œufs firent notre déjeuner, et bien que nous les ayions trouvés bons et sans aucune saveur particulière, l'envie d'en manger une seconde fois ne nous revint jamais. On les avait trouvés ensevelis à un pied sous terre, dans le lit d'un ruisseau, et rangés avec beaucoup de symétrie ; ils étaient plus gros que des œufs de dinde, d'un blanc pur et de la même forme aux deux bouts.

Le cours d'eau qui se trouvait au dessous du village d'Appuddo, où nous avons campés pendant plusieurs jours, s'était frayé à travers la plaine un large passage ; on eût dit un véritable canal. Voyant un jour briller sur ses bords des paillettes semblables à de l'or, je crus à une découverte et commençai à lever le sable ; j'obtins des résidus noirs, brillant comme de la limaille de fer, entremêlés de paillettes, mais celles-ci n'étaient que du mica, ainsi que le constata une analyse faite en Angleterre. Pendant cette opération, je voyais arriver des quantités d'abeilles de tailles ordinaire qui s'enfonçaient dans les terriers qu'elles s'étaient creusés dans le sable ; il y en avait de deux couleurs, des vertes et des jaunes, toutes barrées de noir ; à quelques pouces sous terre je trouvai un cocon fait de jeune feuilles et entouré d'une substance jaune, un peu liquide, de la cire peut-être, car les indigènes me racontèrent que les abeilles rapportaient plus tard les cocons dans les rochers. Peut-être les ensevelissaient-elles dans le sable humide pour les garantir des vents chauds? Les indigènes pratiquaient dans le sable de petites fosses dont ils tiraient de l'eau qu'ils préféraient à celle du courant.

Les villages étaient entourés d'une forte barricade de troncs et de branchages, percée de nombreuses portes qu'on fermait avec des fagots d'épines, elles étaient très basses et il fallait se courber pour y passer ; les femmes même en rapportant de l'eau sur la tête étaient obligées de se mettre à genoux. Les habitants de Panyoro paraissaient tout d'abord peu disposés à nous recevoir dans leurs cabanes et les Toorkee voulurent nous persuader de ne pas demeurer dans ce village ; mais jusqu'ici nous nous étions toujours mêlés aux indigènes et, pour ma part, je ne comprenais pas la nécessité de changer notre manière d'agir. Aussi nos hôtes finirent-ils par nous montrer de la confiance en cachant leurs effets sous nos toits, les dérobant par ce moyen à la cupidité des Turcs. Les chefs avaient une façon

singulière de saluer, et qu'aucun des inférieurs n'osait
employer : ils nous prenaient les mains et les ayant levées
droites en l'air ils les laissaient retomber. Les danses res·
semblaient à celles de Madi, des hommes brandissaient
leurs lances au dessus de la tête, des femmes s'agitaient en
mesure au son des tambours. Mes gens prenaient part à ces
fêtes que les Turcs, campés en dehors du village, regardaient comme compromettantes pour leur dignité.

Ils éprouvèrent de grandes difficultés à se procurer du
monde pour le transport de leurs deux cents charges
d'ivoire. Les habitants se refusaient souvent à cette corvée,
disant avec raison qu'ils n'étaient pas des esclaves; pour
vaincre les résistances, on eut recours aux moyens violents;
trois Turs furent blessés, les indigènes eurent quinze des
leurs de tués, sept autres restèrent prisonniers, les vainqueurs mirent le feu au village et s'emparèrent d'une centaine de bestiaux. Tel fut le récit que nous firent quelques
Séedés envoyés pour s'enquérir du motif pour lequel les
Turcs restaient en arrière. Dans ces occasions les femmes
sont la propriété de celui qui les fait prisonnières; l'ivoire
et le bétail se partagent entre le maître et les soldats.

En vue d'Appudo, à trois ou quatre milles de la rive
droite du Nil, se dresse un tamarinier magnifique. Les
Turcs me dirent qu'un Européen les avait accompagnés
deux ans avant, de Gondokoro jusqu'à cet endroit, et qu'il
avait été obligé de rebrousser chemin à cause des grandes
pluies et de l'insuffisance de son escorte; ils ne purent me
dire son nom qui selon eux se trouvait sur l'arbre en question. Je m'empressai d'en faire le tour et je vis en effet mal
tracées, à peine gravées sur la surface, deux initiales que
les plantes parasites avaient presque effacées, et c'est avec
peine que je distinguai un A et un I. Ce n'est qu'à Khar-

toum que j'appris le nom de ce voyageur; c'était un Véni-
tien, M. Miani, qui a depuis protesté contre *notre* Nil
comme n'étant pas le vrai, parce que, d'après nos observations journalières, nous avions assigné à son arbre une
longitude et une latitude qui différaient de celles que lui-
même avait obtenues sans instruments scientifiques. Si
M. Miani prépare, comme on le dit, une seconde expédition, il reconnaîtra probablement son erreur; M. S. Baker
aura, en attendant, visité ce lieu et déterminé la position,
ainsi que celle du fleuve. Le Nil avait entièrement perdu
l'aspect sauvage qu'il présentait aux cataractes de Karuma;
ses bords étaient plats et dépourvus d'arbres.

Arrivé à cette partie de mon travail, une nouvelle douloureuse vint m'arrêter et me surprendre. Speke, mon ami,
était mort victime d'un accident de chasse; son fusil étant
parti brusquement, il avait reçu toute la charge en plein
corps. Il n'y avait que peu de jours que lui et son frère
m'avaient engagé à venir chez eux dans le comté de Somer-
set, afin d'assister à Bath au congrès de l'Association britannique. Sachant que mon attention s'était plutôt dirigée
sur les mœurs des différents peuples que sur les études
géographiques, il m'avait prié de faire un compte-rendu de
notre vie en Afrique, et une partie de ce récit se trouva, le
jour de sa mort, sur sa table de travail. Je le publie maintenant, sans les corrections que mon ami m'aurait sans
doute suggérées, car il avait une connaissance parfaite du
pays et de ses habitants, et il était très savant en ornithologie. La grande patience, le sang-froid inaltérable du
capitaine Speke le rendaient particulièrement apte à la
tâche qu'il avait choisie. D'un caractère des plus honorables
et pur de tout égoïsme, Speke aspirait toujours aux grandes

choses et savait manifester, malgré ses manières douces et
une simplicité presque enfantine, une ténacité inébranlable.
Ses récents efforts pour poursuivre son voyage en Afrique
le prouvent suffisamment et il eut certainement achevé
l'œuvre qu'il s'était imposée, si sa vie avait été épargnée,
mais Dieu dans sa profonde sagesse en a jugé autrement. Il
reste à ses parents, à ses amis désolés la consolation de
savoir que bien que jeune encore il s'est déjà immortalisé
et qu'il repose près de la demeure paternelle, comme un
brillant exemple pour la jeunesse des générations futures.
Si le glas funèbre avait pu retentir sur les rives du Nyanza,
un cœur au moins en eût été frappé, le roi de l'Ouganda
aurait pleuré la mort du voyageur qui venu d'un pays lointain avait recherché sa protection.

Je reprends mon récit que ce triste événement vient d'in-
terrompre. Il soufflait à Appudo des vents assez chauds
pour faire fondre tous les glaciers du monde ; le « Kousee »,
venant du nord-est, semblait sortir d'une fournaise et sou-
levait des tourbillons de poussière ; il cessait vers le
coucher du soleil et c'est alors seulement que nous pouvions
sortir. Durant tout ce mois de janvier les vivres étaient
chers et rares, les champs n'offraient qu'un aspect désolé,
rien n'y poussait ; nous étions dans la saison d'hiver.

Les indigènes demeuraient dars des villages entourés de
palissades ; la population de ces villages était quelquefois
de deux cents âmes. Le voisinage des Kidi, grands voleurs
de bestiaux exigeait une certaine force numérique.

Le chef d'un de ces districts était un lépreux qui avait
les mains et les membres blancs ; c'était sans doute à cette
particularité qu'il devait sa position, car les Africains
témoignent un grand respect à ceux qui ont la peau tachetée.

Les Turcs avaient l'habitude de nous consulter sur leurs indispositions; un jour qu'il fallait arracher une dent, je me servis, en guise de clef, d'une paire de ciseaux. On nous amena un homme affligé d'une tumeur blanche dans la gorge et nous ne possédions pour l'extraire, qu'un canif. Puis restait la difficulté d'atteindre le siége du mal; mais les indigènes se montrèrent très ingénieux : ils tirèrent la langue du patient jusqu'à ce que l'on put passer un crin en nœud coulant autour de l'abcès que par ce moyen il fut possible d'opérer. Le malade se rétablit promptement.

J'ai déjà dit que les gens de Madi portaient des colliers de dents de crocodile; ceux de Bari en faisaient autant et la blancheur des dents s'harmonisait parfaitement avec leur teint bronzé. Ils portaient aussi au cou les os de la cuisse de vautours et de rats qu'on perçait par le bout. Je n'avais rien rencontré de semblable depuis que j'avais quitté la baie de Lagos où les Caffres Zulu, appelés Watula dans l'Afrique centrale, suspendent au cou comme talismans des os, des pattes d'oiseaux, etc.

Le 1er février 1863, nous quittions au nombre de trois cents personnes notre camp d'Appudo, nous dirigeant vers quelques villages, situés à quinze milles sur la route de Gondokoro. La caravane se composait de deux cents porteurs d'ivoire, des Toorkee, de leurs femmes, servantes, esclaves, bestiaux, ânes, etc. Il nous fallut près de sept heures pour accomplir ce trajet, à cause de la traversée de l'Asna, souvent rapide et rempli de rochers.

Nous marchions au dessus de la rive droite du Nil, à travers un pays pittoresque mais tout à fait inhabité, et nous avions à peine fait quatre milles que des hauteurs où nous nous trouvions, nous entendîmes le Nil mugir au dessous de nous, mais ce ne fut que deux milles plus loin qu'il

nous fut permis de contempler le noble fleuve, bien que
des îles nombreuses et couvertes d'une végétation luxu-
riante nous en cachassent une partie ainsi que la rive
opposée. Des accacias de différentes espèces, des arbres aux
fleurs d'un beau lilas tendre, des figuiers sauvages croissaient en abondance sur la rive que nous suivions et parfumaient l'air; un taillis impénétrable nous empêchait
d'approcher de l'eau et ce n'est qu'au huitième mille qu'une
percée nous permit enfin de nous désaltérer dans ce fleuve
dont nous avions suivi le cours depuis le Victoria Nyanza
et de nous écrier dans la langue de l'Ouganda « Awangh!
Awangh!» Vieil ami! Vieil ami! A nos pieds et au milieu
de vagues écumantes et rapides, des poissons s'ébattaient
dans un tourbillon où tournoyaient pêle-mêle joncs,
branches et roseaux. Le rivage était semé d'écailles et de
traces de feu, preuve irrécusable que les indigènes avaient
fait là un repas. En aval, à gauche, s'élevaient arides et
nus comme une barrière escarpée, les monts Jubl Kookoo,
hauts d'environ deux mille pieds et qui, en se perdant
dans le lointain, se transformaient en pointes coniques.
L'Asna nous apparut enfin; on avait tant parlé de cette
rivière, que sa vue nous causa un vrai désappointement.
Nous avions de l'eau jusqu'à la ceinture et un courant
assez fort, au milieu des roches pointues, rendait la marche
assez pénible; pourtant après un parcours d'une quarantaine de milles nous étions tous sains et saufs sur l'autre
bord. Pendant le mois de décembre, à en juger par le sable
déposé bien au dessus de l'étiage actuel, l'Asna devait se
transformer en torrent impétueux, impossible à traverser.
Les hommes s'amusèrent deux heures durant à se baigner
et à faire passer les bestiaux et les ânes chargés. La brutalité des chasseurs d'ivoire se révéla dans cette occasion :

l'un d'eux, en montant sur son buffle, s'y prit si maladroitement qu'il fit pencher toute la charge d'un côté, si bien que la bête ne pouvait avancer; alors il lui asséna sur la tête de si furieux coups de bâton qu'elle se coucha. Exaspéré de cette résistance, il en descendit et lui tira une balle en plein cœur; ses camarades coupèrent la bosse et les cuisses, tandis que le malheureux propriétaire du buffle regardait d'un air morne cette scène révoltante. Après avoir traversé la rivière, nous campâmes dans un village, dont les habitants se sauvèrent à notre approche.

Un des Séedés, que nous avions recueilli au cœur même de l'Afrique, fut convaincu dans ce campement de Madi d'avoir dérobé à un Toorkee avec lequel il demeurait, une certaine quantité d'étoffe. L'offense était grave et déshonorait tout notre détachement; en conséquence, le coupable fut condamné à recevoir cinquante coups de fouet. Bombay lui en administra quarante et Frij se chargea d'appliquer les dix autres : — Tuez-moi, criait le Séedé après les premiers coups; voulait-il dire qu'il préférait la mort à la douleur? — Tu es donc une femme, lui disait le petit Bombay, que tu hurles ainsi? — Cette raillerie le fit taire, et quoiqu'il eût la peau du dos enlevée par place, je le vis peu de temps après manger son dîner de bon appétit; le lendemain il reprit sa charge. C'était un criminel endurci qui déserta en Égypte, après avoir commis un nouveau vol !

Dans ce district de Madi il n'était pas permis aux malades de demeurer dans l'enclos du village; mais on leur réservait à l'extérieur des cabanes ou hôpitaux. J'étais surpris, pour ma part, de rencontrer en Afrique cet usage des pays civilisés. Les cabanes étaient propres et bien construites, car le bambou abondait dans le pays; le sol était formé d'une argile rouge et durcie, et sur le seuil, aussi d'argile, émergeaient quelques incrustations de faïence artistement arrangées. Les toits faits d'herbes étaient garnis de coquillages univalves de la même espèce que ceux que nous avions déjà vus à cinq degrés sud de l'équateur. Les indigènes les découpaient par morceaux ronds de la grandeur d'un bouton de chemise et les enfilaient par centaines pour les porter ensuite comme ceinture. Ils constituaient la monnaie ordinaire et servaient à acheter de la bière et des poulets. Le travail se payait avec des vaches; les porteurs engagés par les hommes de M. de Bono recevaient une petite vache pour un voyage de quatre étapes et devaient aussi porter une charge en revenant. Le salaire se payait d'avance. C'était vraiment chose amusante que d'assister à la paye ou à la distribution des bestiaux ; l'indigène, dès qu'il avait touché ses gages, — sa vache ! — emmenait celle-ci en lieu de sûreté où elle restait attachée jusqu'à son retour.

Le pays paraissait bien peuplé, mais ne présentait au mois de février qu'un aspect de sécheresse générale; les cours d'eau étaient taris, et pendant plusieurs étapes nous n'avions d'autre eau que celle que nous trouvions en creusant leur lit. Quelques fruits sauvages, tels que des figues d'un excellent goût, aidaient à apaiser notre soif. Les indigènes récoltaient, en quantité, les fruits d'un cucurbitacé dont ils mangeaient l'écorce jaune après l'avoir séchée. Ils conservaient leurs récoltes dans des bâtiments ou pour mieux dire, des hangars, séparés des cabanes et élevés sur des piliers de pierre ou de bois; les Turcs, dès leur arrivée dans un village, se mettaient à piller ces magasins, et en cas de résistance, ils appliquaient au malheureux propriétaire quelques coups de crosse, ou le menaçaient d'un coup de fusil ; en revanche, les gens de Madi ou de Bari ne se faisaient pas faute de voler les Turcs quand l'occasion s'en présentait.

Le pays était très ouvert, très peuplé, aussi le gibier était rare et nous n'en rencontrions guère quoique nous voyions souvent aux indigènes des ornements de défenses de sanglier. Les armes en fer, telles que les têtes de lance, se faisaient remarquer par une fabrication supérieure, tandis que la poterie était des plus ordinaires ; pourtant un *filtre* en terre cuite attira mon attention. Un filtre était effectivement une chose assez remarquable dans un pays aussi sauvage ; on s'en servait principalement pour passer la bière. Le cotonnier atteignait près des habitations et sans le secours de l'arrosage une hauteur de huit pieds ; de nombreuses cosses y mûrissaient en cette saison ; trois ou quatre arbustes fournissaient tout le coton nécessaire aux vêtements d'une famille. Les hommes s'exerçaient fréquemment au tir à l'arc, en visant des capsules de *Kigelia pinnata,* placés à une quarantaine de mètres. Leur adresse était certainement très grande, car un jour on nous amena un homme presque mourant qui avait été blessé au flanc avec une flèche sans doute empoisonnée, arme qu'on emploie quelquefois dans le Madi ; une couche de certaines feuilles, leur remède universel, couvrait la blessure.

Les cas de maladies étaient très rares parmi nous, en ce moment ; nous nous réjouissions tous à l'idée de faire en bateau la route de l'Égypte. Quelques hommes venus de Gondokoro rapportèrent qu'il y avait là trois embarcations que nous jugeâmes appartenir à de Bono, à Frith et à Petherick. La possibilité de rencontrer ce dernier nous causait une joie extrême ; mais la difficulté qu'éprouvaient les Toorkee à se procurer des porteurs retardait le départ.

Nous occupions notre temps à herboriser ou à causer avec nos hommes qui nous parlaient de leurs projets. Manna se préoccupait beaucoup de ce qu'il ferait lorsqu'il aurait reçu son salaire : — La vie de Zanzibar, disait-il avec raison, ne lui convenait plus ; il fallait tout payer, nourriture, logement, vêtements! Il avait donc résolu de convertir son argent en grains et en étoffes qu'il se proposait d'aller vendre dans l'Ounyamnezi, sa patrie. C'était un petit homme bien intelligent, qui avait beaucoup voyagé et auquel ses pérégrinations avaient profité. Il aimait à parler dans les termes les plus élogieux de feu son roi, Foondeekeere, avant la mort duquel on avait fait périr un homme et une femme que l'on soupçonnait d'avoir causé sa maladie par des maléfices. Malgré cet holocauste, le roi succomba ; on n'enterra avec lui aucune de ses femmes. Le chef de Wakeembrich à l'ouest d'Ouniamnezi est déposé à sa mort, dans le lit d'une rivière ; on y noie, en même temps, cinquante femmes et autant d'hommes.

Entre Madi et Gondokoro se trouve un pays ayant quarante mille de longueur, habité par les Bari que tous les rafiquants d'ivoire redoutent, car c'est une race puissante et indépendante. En traversant ce district on nous recommanda d'avoir toujours le fusil à la main, de ne pas boire aux cours d'eau qui sont empoisonnés, et surtout de voyager en masse compacte. Avant de parler des Bari, je citerai un trait du caractère Séclé : M'kate, notre cuisinier, oublia un jour au campement un pot; les reproches de Frij lui firent une telle impression qu'il retourna seul de son propre gré, le même jour, et revint dans la nuit après avoir fait trente-six milles, rapportant le pot qui, certes ne valait pas le voyage !

## XV

Les Bari. — L'eau empoisonnée. — Gondokoro. — Rencontre
avec M. Samuel Baker. — M. et Madame Petherick arrivent
à Gondokoro. — Commerce et commerçants. — Manière de
traverser le Nil. — Départ pour Khartoum dans les bateaux de
M. Baker.

Le pays de Bari formait une longue suite de plaines s'inclinant vers le Nil, à quelques milles vers notre gauche.
Elles étaient couvertes d'une herbe haute et drue; des
tamariniers au feuillage épais et portant des fruits mûrs,
des pruniers sauvages, d'autres arbres encore semés dans
le paysage donnaient à celui-ci l'aspect d'un parc anglais,
car on n'y voyait ni palmiers ni aucune végétation tropicale. Il nous fallut traverser de nombreux ruisseaux dont
l'eau montait à peine jusqu'aux genoux; mais à en juger
par la profondeur de leur lit, ils doivent devenir dans la
saison des pluies de véritables torrents.

Nous n'osions pas nous arrêter dans les villages, car les
Turcs se méfiaient des indigènes; cependant Bookhart,
le commandant en second, ayant fait signe à un Bari de
s'approcher, celui-ci nous rejoignit. Il était grand, maigre
et nu des pieds à la tête; il avait le corps enduit d'une
pommade d'argile rouge; au dessous du coude on voyait
un anneau d'ivoire massif et il portait sur l'épaule un très
petit siége fait d'un seul morceau de bois dur et de couleur
foncée; une corde à laquelle était attaché un talisman qui
avait la forme de cinq doigts étendus ceignait ses reins :
il n'avait pas d'armes. Le lendemain il apporta au camp

une dent superbe pour laquelle on lui donna une chèvre
avec son petit; à ce prix l'ivoire était, certes, bon marché.
Les femmes avaient un tablier de cuir descendant jusqu'aux
genoux; un second pendait derrière; elles semblaient ne
se parer d'aucun ornement, mais il ne nous fut guère possible de les observer, car elles s'enfuyaient dès qu'elles se
voyaient l'objet de notre attention. Il paraît étrange que ce
peuple qui, depuis trente ans, a vécu à une vingtaine de
milles de la mission autrichienne établie à Gondokoro, soit
encore aussi sauvage; les missionnaires assurent que le
commerce de l'ivoire présente un obstacle à toute civilisation, car les indigènes en voyant un étranger, qu'il soit
blanc ou noir, le regardent comme un ennemi, venu pour
les dépouiller de leurs bestiaux, ainsi que de tout ce qu'ils
possèdent.

Pendant la traversée du Bari, notre caravane s'ébranlait
dès le point du jour au son du tambour et marchait jusqu'au
soir, à l'exception des trois heures de la plus grande
chaleur. Le drapeau, qu'il était défendu de devancer,
tenait la tête, tandis qu'une ceinture de Toorkee bien
armés entourait la masse mouvante et y maintenait l'ordre.
Nous cheminions ainsi rapidement, ne permettant à personne de rester en arrière. Quelquefois, on voyait à une
certaine distance des indigènes qui nous observaient avec
attention; quelques-uns se tenaient sur une jambe ayant
l'autre pied au dessus du genou de celle-ci et s'appuyant
sur une lance; cette attitude qu'ils semblaient affectionner
aurait paru gênante à un Européen. Un jour, après avoir
bu dans un ruisseau, j'y remarquai des branches d'*Euphor-
bia Antiquorum* sur lesquelles on avait placé des pierres;
des indigènes me dirent qu'on avait arrangé ces branches
pour empoisonner l'eau, réponse dont se moquèrent les

Toorkee; moi-même, attiré par la pureté cristalline de
l'eau, j'y bus de nouveau à longs traits sans ressentir aucun
mal. Les gens du pays préféraient l'eau qu'ils trouvaient en
creusant le sable. Les Bari sont, sans aucun doute, un
peuple dangereux; ils blessèrent à coups de flèches deux
de nos porteurs, et dans une autre occasion, lorsque trente
des nôtres retournèrent en arrière pour chercher mon
parapluie oublié, ils se montrèrent si audacieux qu'on
jugea prudent d'abandonner mon vieil et fidèle ami!
L'affaire la plus sérieuse que nous ayons eue avec eux se
passa dans la nuit du 14 février 1863, la veille même de
notre arrivée à Gondokoro. Nous étions tous campés au
milieu des herbes, à un mille du Nil, et nous venions
d'achever notre dîner, lorsque Frij vint nous dire : —
Savez-vous que les indigènes ont l'intention de nous attaquer cette nuit? Mahomed assure qu'il faut tenir nos fusils
prêts. — Chacun alors se rappela que, peu de temps après
notre arrivée, des porteurs et des Toorkee s'étaient rendus
au village et en avaient ramené tout ce qui leur était
tombé sous la main, deux détonations s'étaient fait
entendre, mais les Toorkee ne voulurent pas nous dire s'il
y avait eu des habitants de tués. Bientôt la nuit vint, et
voyant les sentinelles sur le qui-vive, nous nous cou-
châmes; Uledi, mon domestique, m'éveilla vers dix heures
en disant que les gens de Bari s'avançaient sur nous. En
effet, il y avait à l'horizon comme une mer de feu, l'herbe
même semblait prête à s'enflammer sous nos pieds. Les
indigènes vociféraient, battaient le tambour et couraient
avec des torches allumées. Nous fûmes sur pied en un
instant, et une fois habillés, chacun de nous, ayant à ses
côtés les carabines chargées, s'assit par terre pour contempler ce spectacle magnifique dans son étrangeté. Des

rondes fantastiques s'agitaient à la lueur des flammes, les roulements du tambour redoublaient de furie et par dessus tout, dominaient les cris perçants des femmes. Vaincus par la fatigue de la marche, nous avions fini par dormir ! Deux fois l'ennemi s'approcha du camp pendant cette nuit terrible, mais voyant nos sentinelles prêtes à faire feu, il battit en retraite.

Le lendemain, dès l'aube, la caravane se remit en route sans être inquiétée, bien que la nature du terrain favorisât une surprise. Lorsque nous eûmes fait sept milles à peu près, le pays changea soudain d'aspect; devant nous, à perte de vue, s'étendait, vers le Nord, une plaine aride où poussaient, rares et rabougris, de minces abrisseaux. Comme nous approchions de Gondokoro, on nous fit remarquer un point blanc qu'on nous dit être le *Kenessa* — l'Église, — où se trouvait la mission autrichienne, puis en avançant nous distinguâmes les mâts des bateaux du Nil, dont l'aspect nous causa une grande émotion, et lorsque n'étant plus qu'à un mille, les Toorkee s'alignèrent et tirèrent une salve, j'aurais voulu m'élancer en avant; mais Speke conservait son calme et nous continuâmes à marcher tous ensemble. Entrant dans la première cabane, un peu propre, qui s'offrit à nous, je m'empressai de m'informer de notre ami Petherick ; il venait de partir, et le propriétaire de la cabane nous proposa de nous conduire jusqu'à lui, et bientôt un homme dans lequel il était impossible de ne pas reconnaître un compatriote s'avança à notre rencontre. Poussant un cri de joie et agitant nos chapeaux, nous nous précipitâmes à sa rencontre; c'était Baker, le chasseur d'éléphants de Ceylan, qui s'était courageusement mis à notre recherche. Personne, nous dit-il, n'avait cru que nous réussirions à traverser toutes les tribus ! Cependant, nous étions là, reconnaissants envers Dieu, et heureux des sympathies de nos compatriotes. Baker nous conduisit à bord de son « *Diabeah* » ou bateau de plaisance, sur lequel je retrouvai, ainsi que mon ami, beaucoup du *confort* de la vie civilisée dont depuis si longtemps nous étions privés; il nous offrit du thé, du café, du sucre, du vin, du pain ! Celui-ci surtout nous causa un plaisir infini. Les dernières nouvelles que nous avions reçues d'Angleterre dataient du mois d'août 1860, et nous étions en février 1863 ! Que de choses à nous raconter! Mais que devenait Petherick? N'avait-il rien préparé pour nous recevoir? Ou, voyant passer l'époque fixée, avait-il pensé que nous ne reviendrions jamais? Cependant un beau diabeah et un bateau à bagages l'attendaient là, mais il n'y avait pour nous ni lettres ni instructions. Lui-même ne se trouvait pas à Gonnokoro, et il n'y avait même jamais été; au lieu de coopérer à notre expédition, il s'était rendu dans l'ouest à son dépôt d'ivoire et il n'arriva à Gondokoro que quatre jours après nous. Baker nous dit que, pour nous aider, de bons amis d'Angleterre avaient placé entre les mains de M. Petherick la somme de vingt-cinq mille francs, aussi nous nous étonnions que celui-ci n'eût fait aucun effort pour venir à notre rencontre. C'étaient les hommes de M. de Bono et non les siens qui nous avaient escortés jusqu'à Gondokoro. J'ajouterai que mon regretté compagnon partageait mon désappointement à cet égard, et que notre entrevue avec M. Petherick n'eut pas la cordialité à laquelle nous nous étions attendus.

Notre séjour à Gondokoro se prolongea jusqu'au 26. La chaleur, à cette époque de l'année, était excessive, mais elle ne durait que deux mois pendant janvier et février; Gondokoro passait, à cause de cela, pour une résidence plus saine et plus agréable que Khartoum. La région du Nil Blanc, qui s'étend entre ces deux localités, est considérée comme très insalubre; parmi le grand nombre d'Européens qui avaient péri victimes du climat, on regrettait surtout le docteur Penny, naturaliste français très distingué, qui s'était avancé très loin dans le Sud. Beaucoup des domestiques des trafiquants souffraient d'ulcères, suites de leur séjour dans les pays marécageux; j'avais eu un accès de fièvre le jour même de mon arrivée à Goudokoro, et tous les Séelés, à l'exception de six, avaient contracté, durant le voyage, la maladie du ver solitaire. Je leur ordonnai, dès que nous fûmes installés à Khartoum, de boire un grand verre d'une potion moitié eau, moitié sel; mais après avoir goûté une seule fois a mon remède aucun d'eux ne voulut en reprendre. Speke et moi n'avions pas été atteints.

Le Nil se sépare à Goudokoro en deux bras dont le principal se trouve sur la rive droite; une ile basse servant de pâturage les sépare de l'autre bras. Les anciennes rives du fleuve montaient dans cette saison à quinze pieds au dessus du dépôt d'alluvion; ce dernier s'élevait à quatre pieds hors de l'eau. Le courant marchait à raison de trois milles par heure. Tous les jours nous pouvions voir les indigènes passer à trois ou quatre le fleuve à la nage; ils poussaient devant eux, pour s'aider, un grand morceau de bois, et semblaient préférer ce mode de locomotion aux petits canots du Nil. Malgré le grand nombre de crocodiles vivant dans les eaux de ce fleuve, nous n'eûmes connaissance, d'aucun accident; peut-être ces animaux n'attaquent-ils l'homme que lorsqu'ils le voient seul; Petherick nous parla de crocodiles hauts comme une table et mesurant vingt-cinq pieds. Baker, qui possédait un excellent filet envoyait souvent ses hommes à la pêche; ils prenaient cinq ou six espèces de poissons, dont plusieurs ressemblaient au hareng. Parmi les oiseaux, je remarquai surtout un moucherolle rouge et vert, qui, semblable à l'hirondelle, nichait dans les berges perpendiculaires du fleuve : c'était la première fois que nous le rencontrions. On amène du pays de Nyam-Nyam, situé à l'ouest, de très belles chèvres noires, à cause de leur petitesse et de leur long poil. Nous vîmes ici des sangsues, les premières que nous eussions trouvées depuis le commencement de notre expédition ; dans l'Himalaya, il est impossible de passer dans l'herbe après une journée de chasse, sans en avoir une demi-douzaine attachées aux jambes.

Gondokoro présentait presque l'aspect d'un port de mer, car il s'y trouvait à l'ancre une vingtaine de grandes embarcations. On nous avait dépeint cette localité comme dangereuse et d'un accès difficile, mais depuis quatorze mois elle était constamment visitée par des bateaux égyptiens. Depuis vingt cinq ans une mission existait dans ce pays. En partant du Caire au mois de novembre, époque à laquelle souffle le vent du Nord, un bateau à voile peut atteindre Gondokoro en quatre-vingt-dix jours. Le retour à Khartoum se fait ordinairement en juin afin de profiter du vent du Sud, et bien que nous eussions devancé cette époque, nous arrivâmes le trente-troisième jour. Pour donner une idée de ce qu'est un voyage dans ces régions lointaines, je dirai que Baker avait loué à Khartoum, pour le transporter avec ses serviteurs et quatre chevaux, un très beau bateau à deux cabines, à raison de 200 francs par mois ; chaque marinier se payait dix francs par mois, le pilote et le charpentier recevaient trente-cinq francs chacun. Le blé pour nourrir les hommes coûtait environ cinquante francs par mois, de sorte que le voyage était de cette manière très peu dispendieux. Un Circassien du dis-

tinction, Koorshid Aga, résidait pendant quelques mois à
Gondokoro ; il était renommé pour son hospitalité ; vivant
très simplement lui-même, il aimait à recevoir ses amis,
ses connaissances, et à leur offrir avec profusion toutes les
bonnes choses de l'Europe. Il vivait là en parfaite sécurité,
ayant ses bateaux à l'ancre devant sa demeure, pendant que
trois à quatre cents Nubiens, armés d'excellents fusils à
percussion, battaient pour son compte l'intérieur à la recherche de l'ivoire ; à l'exemple de tous les trafiquants
comme Petherick, Latiffe de Malzac, il faisait parcourir
une certaine étendue de pays auquel il donnait son nom.
Le fait de chasser sur le terrain d'autrui passait pour une
violation de l'usage établi et ne manquait pas de provoquer
une lutte. Le commerce du Nil Blanc est considéré comme
peu honorable pour un Européen, tandis que celui du Nil
Bleu passe pour très honnête, mais là aussi des jalousies
surgissent bien vite lorsqu'un nouveau concurrent entre
dans l'arène. On nous confirma ici les bruits que nous
avions entendus à Faloro, bruits d'après lesquels Mahomed
et ses hommes auraient attaqué des villages, en les cernant
au milieu de la nuit, et enlevé des habitants avec leurs
troupeaux. De telles razzias ont habitué les gens de Gondokoro aux pratiques les moins légitimes ; la vie n'y était
pas en sûreté, on tirait constamment près de nos bateaux
des fusils chargés à balles, et cela, par bravade ; il en ré-
sultait nécessairement des accidents ; mais il n'y avait ni
gouvernement, ni police, nul bateau à vapeur pour mettre
fin au commerce des esclaves. Le consul Petherick essaya
de l'abolir, il fut regardé comme un intrus et on mit obstacle à ses projets philanthropiques.

Koorshid nous montra une magnifique dent pesant cent-
quinze livres et qui valait à Khartoum près de six cents

francs. L'ivoire diffère de qualité selon le pays et je pense que les hauts herbages de l'Ouganda sont moins favorables à la formation des grandes défenses que la végétation des régions plus marécageuses, bien que, dans le premier cas, l'ivoire soit d'un grain plus ferme. Celui de Kitch, sur le Nil, passe pour être d'une qualité très supérieure ; c'est un pays couvert de marais et de hauts roseaux.

La maison où la mission est installée à Gondokoro était bâtie depuis trente ans. Le docteur Knoblecker, homme très distingué, y avait longtemps poursuivi ses travaux ; ce n'était maintenant qu'une ruine, et dans le jardin, autrefois planté d'orangers, de limoniers et de grenadiers, des bestiaux paissaient tranquillement. C'est là que nous avons fait connaissance avec M. Moorlang de la mission autrichienne ; il se rendait à Khartoum après avoir exercé à Kitch son ministère ; on le rappelait parce que l'influence des trafiquants mettait obstacle à ses projets. Il avait trouvé les indigènes très doux mais peu disposés à se rapprocher de lui, à moins de recevoir en cadeau des étoffes et des grains ; ils avaient fini par s'imaginer que sa visite parmi eux avait pour but de frayer le chemin aux marchands d'esclaves !

Les indigènes de Gondokoro étaient nus comme ceux de Bari et portaient un petit panier contenant des charbons pour allumer leur pipe. Ils avaient tué quelques années auparavant un baron allemand, dont les gens, en tirant au hasard, avaient causé la mort d'un des leurs ; pour se venger, ils les attaquèrent et en massacrèrent seize, le pauvre baron qui, à ce moment revenait de la chasse, eut le même sort, mais ils respectèrent le missionnaire qui se trouvait tout près.

On n'avait jamais cru à Khartoum au succès de notre expédition, mais madame Tinne, sa sœur la baronne, et mademoiselle Tinne eurent plus de confiance en bravant la malaria du Nil Blanc, elles arrivèrent en bateau à Gondokoro dans l'espoir de pouvoir nous être utiles. Les indigènes se souviendront longtemps de la générosité et de la philantropie de ces aimables et charmantes femmes. Enfin il fallut songer au départ. Nous avions appris par Baker tout ce que nous désirions savoir sur l'Angleterre ; pendant tout notre séjour il nous avait traité de la façon la plus hospitalière, et pour faciliter notre retour il mettait maintenant à notre disposition trois bateaux, garnis de provisions et de tout ce qui était nécessaire à l'agrément du voyage.

## XVI

De Gondokoro à Khartoum ; du 26 février au 30 mars 1863. — Le pays de Shir. — Mission autrichienne à Kitch. — Les rivières Bahr el Gazal, Bahr-Giraffe et Sobat. — Le pays de Shillook — Établissement arabe d'El Eis. — Approche de la civilisation. — Arrivée à Khartoum.

Les Sécdés occupaient les trois bateaux dont deux étaient des nœgurs ou bateaux à bagages, grossièrement construits avec des planches de l'*acacia arabica*; ils avaient une lourde voile, mais sans cabine ni abri. Le troisième, que nous montions avec nos serviteurs particuliers, était un diabeah; la cale était planchéiée et portait une cabine à l'arrière ; non chargé ils tiraient trois pieds. Son équipage se composait du capitaine ou nakhoda, nommé Diab, d'un timonier et de douze rameurs. Nous nous étions embarqués le 24 février et nous avions immédiatement commencé à descendre le fleuve.

Les avirons étaient simplement attachés au plat-bord par une corde, et les hommes n'avaient qu'à maintenir le bateau au milieu du courant et à éviter les bancs de sable. S'il fallait déployer un peu plus de force, ils se levaient et appuyant le pied sur les rames ils les faisaient mouvoir en chantant un air monotone et triste. Vers le milieu du troisième jour, nous avions déjà parcouru un degré de lattitude nord, quoique les hauts-fonds nous obligeassent à mettre en panne pendant la nuit. Nous avions atteint une station de Koorshid Aga dans le pays de Shir et traversé un coin de celui de Bari. Les rives très basses du fleuve étaient couvertes d'une herbe épaisse et haute ; les arbres, enveloppés de plantes parasites, offraient un aspect fantastique. Des îles coupaient le Nil en quatre branches et il fallut toute l'expérience du capitaine pour ne pas se tromper de direction ; pendant la sécheresse, les indigènes mènent paître leurs bestiaux sur les berges. On voit des établissements rustiques qui sont comme semés çà et là ; c'étaient des huttes coniques, tellement petites qu'un homme pouvait à peine s'y étendre pour dormir. Les habitants nous adressaient quelquefois la parole pour nous demander des grains ; tous étaient couverts de cendre comme s'ils en avaient fait leur lit pendant la nuit.

Assis sur le pont, nous contemplions le fleuve. C'était un spectacle magnifique des pélicans volaient dans l'air bleu formant comme une procession solennelle ; une quantité innombrable d'autres oiseaux perchaient sur les arbres ; au dessus de l'eau planaient des plongeurs et quelques aigles pêcheurs. Je me souviens qu'un jour j'ai compté jusqu'à vingt-deux têtes d'hippopotames, nageant serrés les uns contre les autres ; ils disparurent à notre approche pour se montrer de nouveau un peu plus loin. Cette habitude de se tenir pressés ensemble semble très répandue chez eux, car j'en revis souvent dans cette position, des grues perchaient quelquefois sur leur tête.

Nous nous arrêtâmes pendant quelques heures à un village Shir où flottait le drapeau de Koorshid-Aga ; deux de ses soldats gardaient la place et achetaient de l'ivoire en échange de grains. Le chef du village vint nous voir, il portait le fez et une robe à longues manches en calicot rayé, mais les indigènes allaient tout nus. On fabriquait là de charmants paniers avec le feuillage du palmier doom ; les fruits et la farine du même arbre, le tabac s'échangèrent contre les provisions de doora de nos hommes. Comme chez les Wanyoro, les incisives inférieures manquaient à tous les indigènes. Beaucoup d'entre eux avaient été circoncis. On y fumait de longues pipes de terre, dont l'embouchure de fer leur donnait, en les comparant à celles de l'Ouganda, un aspect tout à fait fashionnable. Ce village Shir n'offrait rien de très remarquable ; il était propre, et les bestiaux couchaient sous de grands hangars faits de feuillage du palmier doom, arbre que nous n'avions plus rencontré depuis notre départ de Zanzibar.

Après les gens de Shir, nous avons vu les Aliab dont les femmes sont faciles à reconnaître parce qu'au milieu de toutes ces peuplades si nues, elles sont en partie vêtues. Comme celles de l'Ounyamuezi elles portent une peau de chèvre attachée à l'épaule ; deux autres peaux les enveloppent de la taille aux genoux. Les femmes mariées seules pouvaient s'habiller ainsi, les hommes se distinguaient par une touffe de laine, laissée au sommet de la tête, et qu'entourait un cercle formé d'une épaisse boue blanche ; ils se couvraient de cendre le corps et la figure, ils ne semblaient avoir de nous aucune crainte ; leur nourriture se compose presque exclusivement de lait bien qu'ils possèdent de nombreux troupeaux.

Les rives du Nil ne présentaient jusqu'à Kitch, station des missionnaires autrichiens, aucun lieu favorable pour débarquer, car elles étaient partout garnies de roseaux élevés et touffus. La station se composait de 'plusieurs cabanes ayant des portes et des fenêtres vitrées ; le révérend M. Moorlang avait passé trois ans dans ce triste séjour. Il fallut, pour y arriver, nous porter à travers les marais qui bordaient les fleuves et en passant nous soulevions dans l'herbe des nuées de moustiques. C'est à Kitch qu'était bâtie la chappelle du Bon Chrétien surmontée d'une croix de bois ; il y avait aussi une école, mais aucun indigène ne voulait se laisser instruire et la misson était destinée à l'abandon, comme nous l'avait dit son pasteur à Gondokoro. M. Moorlang, né dans les montagnes du Tyrol, se montrait pour eux d'une bonté infinie ; il nous donna en abondance des chandelles, du vin, des chèvres et lui-même devait nous suivre a Khartoum. Speke ayant pris la latitude de Kitch, nous poursuivîmes notre voyage jusqu'à Abre Kaka qui mérite à peine le nom de station, car elle se compose uniquement de six cabanes entourées d'eau et de roseaux. C'était de là qu'était parti le consul Petherick pour son dépôt de Néambura, dans le pays Moro. Une autre station, appartenant autrefois à M. de Malzac et portant aujourd'hui le nom de M. Binder, nous sembla plus agréablement située mais les habitants avaient l'air de vrais squelettes on leur donna un peu de blé en échange d'un peu de bois à brûler.

Du 5 au 9 mars, pendant la traversée du pays de Nouer, nous avions perdu de vue nos deux autres bateaux dont l'équipage venait d'être cruellement réduit par la maladie ; mais une brise qui soufflait du sud par larges bouffées réunit de nouveau no're flottille. Les cabanes de ce pays dressées à quelque distance du rivage, dans des plaines où paissaient des bestiaux et des chèvres, étaient spacieuces et en grand nombre. Des papyrus et des roseaux bordaient le fleuve à cet endroit; au-delà s'étendait une forêt d'accacias, ce qui nous permit de renouveler notre provision de bois à brûler. On y voit beaucoup de traces d'éléphants ; ces bêtes gigantesques causent dans les forêts d'incroyables ravages. C'est dans le pays de Nouer, que nous avons salué l'étoile polaire que nous n'avions pas revue depuis près de trois ans.

En atteignant le Bahr el-Chazal, un des affluents du Nil, nos mariniers tirèrent une salve, coutume qu'on observe en descendant et en remontant, et tandis que nous étions en panne à la jonction pour attendre un vent favorable, notre cuisinier, M'Kate, découvrit un nid de crocodiles avec soixante-dix œufs, dont chacun de nous trouva le goût fort désagréable. Après avoir ramé pendant dix-neuf heures dans la direction, de l'Est nos barques rencontrèrent le Girafe, autre affluent, venant du Sud-Est ; il avait quarante à cinquante mètres de large et coulait avec une rapidité de quatre à cinq milles par heure. Notre capitaine nous dit qu'il tirait son nom de la grande quantité de girafes qu'on rencontrait sur son parcours. Sa jonction avec le Nil change le caractère de ce dernier ; il atteint une largeur d'environ deux-cent-vingt-cinq mètres, le courant devient presque imperceptible et il est facile de débarquer, car la rive droite est garnie d'acacias au lieu de roseaux. On remarquait des collines, les premières que nous eussions vues depuis notre départ de Gondokoro. Une navigation de neuf heures et demie nous conduisit jusqu'à l'embouchure du Salat rivière qui se jette dans le Nil presque à angle droit. Sa largeur mesurait environ quatre-vingt-dix mètres : ses rives étaient assez escarpées et atteignaient de dix à vingt pieds. Ce point franchi, la navigation s'améliore, le Nil prenait une largeur de trois à quatre cent cinquante mètres ; nous ne trouvions plus de marécages et nous pouvions débarquer partout, soit à droite dans le pays de Shillook, plaine où la végétation manquait complétement, soit sur la gauche dans le pays de Denka qui nous fournit du bois à brûler. Les hippopotames devenaient plus rares à cause de l'absence de roseaux ; cependant la nuit on entendait encore leurs grognements.

Vers le 10º de latitude Nord, en face le territoire du sultan de Dainab, seize bateaux, venus pour demander satisfaction de la destruction totale d'une station arabe dans l'intérieur, se trouvaient à l'ancre. Le commandant, nommé Ibrahim, campait avec trois cents soldats, tant infanterie que cavalerie, sous de magnifiques acacias. Les Bagara ou cavaliers arabes me rappelèrent les tristes nomades dont parle l'Écriture ; ils se promenaient nonchalamment dans le camp, vétus de robes flottantes, les femmes s'occupaient à moudre le blé, et des chevaux harnachés à l'orientale hennissaient au piquet. Les bateaux avaient mis deux mois pour venir de Khartoum ; cent cavaliers Bagara, avec cinquante chevaux, s'étaient joints à eux pendant la route. Ces hommes allaient tête nue et portaient leurs cheveux attachés en longues tresses sur le dos. Leurs chevaux étaient petits et maigres, mais ils paraissaient bien soignés, et les Bagara, montés sur ces dociles coursiers, armés de longues lances à large fer, font merveille à la chasse aux éléphants, bien qu'ils ne se servent pas d'armes à feu. La mort d'un indigène de Khartoum fut l'occasion d'une cérémonie intéressante dans le camp. Le corps, enseveli dans un linge blanc, fut posé sur le bord de la fosse, autour de laquelle se rangèrent les Arabes en lisant sur un papier qu'ils tenaient à la main des prières pour le mort ; tous se montrèrent pleins de recueillement et leur physionomie portait l'empreinte d'une grande mélancolie.

Indépendamment de leurs canots faits de planches, les indigènes se servent aussi, pour traverser le Nil, de radeaux d'herbes, sur lesquels ils se tiennent dans l'eau jusqu'aux genoux, tout en pagayant. Arrivés sur l'autre bord, ils les tirent à terre pour les faire sécher. Les gens de Shillook, qui habitent un pays très étendu vers le 10° de latitude Nord, sont ordinairement nus et arrangent leurs cheveux de façon à ce que, vus de derrière, on les prendrait pour un grand éventail noir. Un indigène nous servit de guide pour remonter le Nil à la recherche des autres bateaux dont le retard nous inquiétait ; ils nous avaient dépassé dans la nuit sans que nous nous en fussions aperçus et se trouvaient à vingt milles en avant, ainsi que nous l'avons reconnu plus tard. Descendant le fleuve, nous arrivâmes à Kaka, station arabe sur la rive gauche, dont les deux cents cabanes étaient protégées contre les attaques des indigènes, par une palissade et un fossé.

C'est là que nous avons été à même d'observer le système d'irrigation égyptien, composé d'une longue perche garnie à l'une de ses extrémités d'un poids et portant à l'autre bout un seau en cuir. On y cultivait en abondance le maïs, les tomates, les oignons et les bananes. Le commandant du poste qui souffrait beaucoup d'une jambe se fit amener à bord pour être traité par nous ; nous n'avions guère que quelques emplâtres à notre disposition, la pharmacie se trouvant singulièrement diminuée ; le malade toutefois parut enchanté et nous envoya en signe de reconnaissance un plat de riz et des tomates. Les habitants profitèrent de notre arrivée pour charger Diab, le capitaine, de messages, de lettres, d'argent, etc.

La veille, nous avions vu à l'ancre une vingtaine de bateaux dans une rivière qu'on nous dit être une branche du Sabat : je n'ai pu parvenir à connaître le nom de cette rivière que notre patron assurait ne pas être un bras du Nil.

En traversant le pays des Danka vers le 12°, la chaleur était si excessive que l'eau de la cale prit une odeur fétide et nauséabonde, mais que nos matelots considérèrent comme très saine : le bateau fourmillait de lattes et de moustiques : un serpent d'eau nageait près de nous, en dressant la tête, troublait quelquefois l'équipage qui craignait beaucoup les reptiles bien qu'ils soient parfaitement inoffensifs; des milliers d'oies noires et blanches se promenaient souvent sur le bord de l'eau, et de temps en temps un aigle pêcheur venait majestueusement augmenter encore l'intérêt du tableau ; ce magnifique oiseau a le corps tout noir, la tête blanche, les cuisses garnies de plumes d'un rouge éclatant.

Bien que cette région parût très favorable pour l'agriculture, elle n'offrait à la vue ni village, ni champs cultivés. Des deux côtés du fleuve, large d'environ 350 mètres, s'étendait un pays plat d'alluvion où des lianes, courant d'arbre en arbre, formaient des berceaux naturels. Un soir, je crus voir dans le lointain une rangée de collines dont les contours prirent subitement la forme d'un nuage ; je cherchai d'où pouvait venir cet étrange phénomène, et je trouvai bien vite la clef du mystère : c'étaient des nuées de poissons qui émigraient et obscurcissaient l'air. Une autre fois, en passant au milieu de la nuit, à travers de hauts roseaux, nous fîmes partir des myriades d'oiseaux dont le vol produisait l'effet du vent qui souffle dans les arbres.

Vers le treizième degré, à peu de distance de la rive droite, cinq collines, — sans doute Jubl Denka ou Jubl Nyamatée des cartes, — se dressèrent devant nous. C'est là que commence véritablement la civilisation, car des deux côtés on nous adressait des salutations en langue arabe. Des bateaux étaient en voie de construction dans des forêts d'acacia; des chameaux, des bestiaux en grand nombre s'abreuvaient au fleuve : les femmes étaient complétement vêtues et portaient une cruche à eau sur la tête. Après les privations et les dangers du voyage accompli nous contemplions avec bonheur ces tableaux de la vie agreste et paisible. Parfois quelques antilopes à cornes recourbées venaient encore brouter les arbustes des forêts, mais les animaux domestiques prirent bientôt la place des bêtes sauvages. Les hippopotames étaient de plus en plus rares, depuis que les collines de Jubl Denka avaient disparu derrière l'horizon, nous n'en avions pas revu ; les canards noirs à bec jaune ne se promenaient plus par centaines sur le rivage ; le crocodile guettait encore sa victime, mais il avait perdu toute son audace et une clôture d'épine défendait seule les abreuvoirs contre ses attaques. L'oie d'Egypte, seule, nageait par bandes sans être intimidée par les traits de la vie civilisée, aussi devenait-elle aisément la proie du chasseur. Tout, en un mot, nous disait que notre voyage touchait à son terme.

El Eis ou la Source est un établissement arabe sur la rive droite, longé par la grande route qui relie le Sennaar et le Kordofou. Du fleuve, on ne pouvait voir les maisons, mais sur le rivage paissaient des troupeaux de chameaux, gardés chacun par un cavalier, signe d'un pays bien peuplé. On pouvait, paraît-il, facilement se rendre à âne en six jours à

Khartoum. Le Nil avait à cet endroit 450 mètres de large ;
plus bas, en face de Jubl Musa, il mesurait près d'un kilo-
mètre. Trois heures de navigation nous conduisirent en
vue de Jubl Brœme, colline isolée au sommet aplati ; la
dernière qu'on voit avant d'arriver à Khartoum et Jubl
Aolée située sur la rive droite et près du Nil ; elle s'élève
d'un massif de rochers à une hauteur d'environ deux-cent-
cinquante pieds.

A El Eis, les rives s'inclinent en pente douce ; les dépôts
nombreux du Nil Blanc les rendent très fertiles, mais il
n'était pas rare de voir les chèvres, en broutant ou en s'a-
breuvant s'y enfoncer jusqu'aux genoux sans pouvoir se
dégager. Passé cette bande de verdure, le sol se fendait et
se couvrait de coquillages d'une espèce que nous avions
remarquée dans l'intérieur. Des sables mouvants apportés
par les rafales du Nord couvraient tout le sol et rempla-
çaient le bois. C'étaient dans les forêts qui s'étendaient au
dessus d'El Eis que le voyageur s'approvisionnait pour la
dernière fois de bois à brûler.

Les indigènes, qui portent le nom d'Arabes Hassanyeh,
paraissaient très industrieux ; c'étaient de beaux hommes ;
quoique n'ayant pas autant de chevaux que les Bagara,
comme eux, ils ont une lance à fer très large ; les fusils
sont très rares dans le pays. Le mois de mars était commencé et nous voyions dans les champs, les hommes cueillir
le coton, travail qu'on aurait laissé aux femmes dans les
régions équatoriales ; mais ici, au milieu d'une population
mahométane, les femmes s'occupaient de l'intérieur, faisaient du beurre, nettoyaient le coton et allaient chercher
de l'eau qu'elles prenaient dans des puits creusés près du
Nil, à une profondeur de pieds ; ils avaient un diamètre de
trente pouces ; une femme y descendait et remplissait un

gourde qu'une seconde femme versait dans une autre gourde; lorsqu'il y en avait deux de pleines, un garçon les plaçait sur un âne et grimpant derrière il les maintenait d'une main, et de l'autre munie d'un long bâton il guidait sa monture.

Notre présence ne semblait nullement inquiéter les habitants, mais les chiens aboyaient avec colère lorsque nous approchions des cabanes ; cette circonstance nous frappa, car il est rare que pendant notre séjour en Afrique nous ayons entendu les aboiements des chiens. Les grains et les étoffes ne servaient plus aux achats ; il fallait de l'argent et Bombay était très étonné de se voir refuser du poisson pour lequel il offrait une houe en fer. Les indigènes avaient grand soin de leurs moutons ; ils les baignaient régulièrement dans le Nil où ils les lavaient de la tête à la queue, sans oublier leurs longues oreilles pendantes. Les chèvres étaient de grande taille, généralement noires et à longs poils qu'on coupait avec un couteau et les femmes en fabriquaient des couvertures ou des burnous. De grands levriers ou pelageuni gardaient les troupeaux aussi bien que les habitations.

Diab, notre capitaine, était fort connu dans le pays et chacun venait lui demander des nouvelles, soit d'un frère, soit d'un mari engagé comme chasseur d'ivoire. Le voyage de El Eis à Khartoum, un parcours de cent-cinquante milles, nous prit huit jours. La lenteur du courant, un vent défavorable, les attraits qu'avaient pour l'équipage les bazars de Shellal et de Gutana nous empêchaient d'avancer plus rapidement. J'étais étonné de la fraîcheur de l'atmosphère, même après le lever du soleil, lorsque le vent du Nord soufflait. Cette dernière partie du voyage s'effectua péniblement ; tantôt nous allions à la rame, tantôt à la voile ;

les vents étaient contraires et parfois même l'équipage hâ-
lait le bateau, quand leur intensité ne rendait pas ce dernier mode impossible. Nous débarquions ordinairement le
soir pour reprendre notre navigation au point du jour. A
Shijr Nagara, — littéralement l'arbre aux tambours, — on
nous a raconté qu'en nous plaçant près d'un certain arbre,
nous pourrions entendre les tambours de Khartoum ; nul
de nous ne tenta d'en faire l'expérience, car la distance
rendait ce fait peu croyable. Dans la soirée du 26 mars nous
arrivions près de Khartoum, mais il fallait encore attendre
jusqu'au jour suivant, parce que l'heure avancée n'aurait
pas permis de donner à notre entrée tout l'éclat que désirait
le capitaine. Le lendemain tant souhaité arriva enfin et à
une distance de deux milles, dans une plaine parfaitement
unie, nous pûmes apercevoir, un seul minaret, un grand
nombre de maisons construites en terre et des plantations
de dattiers : c'était Khartoum. Il restait encore à descendre
le Nil Blanc et à remonter pendant un mille le Nil Bleu ou
Bahr Azrak, dont les eaux, dans cette saison, étaient si
basses qu'on était obligé de pousser le bateau avec une
perche. La couleur de l'eau nous frappa, c'était la même
teinte que celle de la Méditerranée ; on voyait près de la
jonction des deux fleuves une jetée de pierre à moitié construite et dont les travaux paraissaient abandonnés. Plus
loin, en remontant, la rive gauche était couverte de jardins
garnis de clôtures, de dattiers, d'ateliers de construction
pour les bateaux, etc., etc. Nous n'avions pas encore jeté
l'ancre, que nous fûmes abordés par Ali Bey, le *Wukeel* ou
ministre de Musa Pacha, le gouverneur. Il venait dans son
bateau accompagné d'un ami et afin de se faire connaître
sous de favorables auspices, il nous embrassa de la manière
la plus affectueuse ; Ali nous conduisit à terre dans son

bateau. Il portait un vêtement à la turque de drap foncé,
qui contrastait singulièrement avec notre costume en haillons. Après avoir débarqué nous suivîmes notre aimable
guide qui marchait d'un pas rapide, donnant la main à
chacun de nous et que les passants saluaient avec respect.
Enfin nous atteignîmes une maison précédée d'un jardin
dans lequel se trouvait un cheval qui mangeait une botte
d'herbe à côté d'un âne caparaçonné ; on nous fit asseoir
sur un banc recouvert d'un tapis et Ali disparut dans la
maison, l'ami qui l'avait accompagné resta près de nous,
mais faute d'un interprète il nous fut impossible de r.en
comprendre à ce qui allait se passer. Bientôt le *Wukeel* reparut en nous faisant des signes mystérieux : chacun de
nous le suivit dans la première pièce où gisaient pêle-mêle
les vieux habits de notre hôte que celui-ci nous pria d'en-
dosser. Mais la répugnance que j'avais à porter les vêtements d'autrui me fit refuser cette offre : toutefois Ali
insista en montrant du doigt les trous et les déchirures de
mon costume ; autant de défectuosités, dit-il, dont la société
qu'il attendait ne manquerait pas de s'apercevoir. Bref je
dus me soumettre et un instant après, je me trouvai vêtu
d'un paletot de forme étrange en drap bleu de ciel. Speke
ne paraissait pas moins ridicule ; son pantalon de drap anglais était passable, bien qu'un peu court, mais pour l'ap-
proprier à la taille de mon ami, on l'avait élargi en arrière
avec un immense morceau de calicot blanc ; un gilet en
toile de Perse, boutonné jusqu'au cou et par dessus tout
cela une redingotte à manches étroites complétait sa bizarre
toilette. Ali le coiffa ensuite d'un fez puis se reculant un
peu et l'examinant un instant, il exprima sa satisfaction
par des battements de mains. Cela fait, on nous fit entrer
dans une grande pièce garnie de divans où une vingtaine

de personnes, les unes habillées à l'européenne, les autres
à la turque, nous firent un chaleureux accueil. Ils avaient
appris notre arrivée la veille par la lettre que nous avions
envoyée de Gondokoro et auraient voulu nous préparer une
entrée triomphale à Khartoum en allant à notre rencontre
avec des chevaux et des chameaux, mais leur messager
nous avait manqués, contre-temps dont ils voulurent bien
nous exprimer tous leurs regrets. M. de Bono, que les indigènes appellent Latiffe et dont nous avions trouvé le dépôt
à Faloro, invita toute la société à se rendre à sa maison où
nous passâmes quelques heures à boire du café et à fumer,
au milieu de conversations animées que Bombay interpré-
tait. M. de Bono nous pria de faire notre maison de la
sienne, offre aimable que nous ne pûmes accepter, car le
consulat Britannique nous réclamait.

# XVII

Séjour à Khartoum du 30 mars au 10 août 1863. — Le Nil Bleu.
— Produits naturels. — Ali Bey. — Bazars et manufactures.
— L'Église Cophte. — La mission autrichienne. — Antiquités
égyptiennes. — Départ pour Berber.

Il y a cinquante ans, on ne voyait pas une seule ville au
confluent du Nil Blanc et du Nil Bleu ; mais, au temps du
puissant empire d'Égypte, une brillante cité florissait sur la
rive droite du Nil Bleu, à dix milles de la Khartoum mo-
derne qui n'était il y a quarante-quatre ans, qu'une porte
militaire sur la frontière de l'Égypte. Aujourd'hui, c'est une
ville très commerçante, gouvernée par Musa Pacha et occupée par quinze mille soldats. Elle se trouve presque au

niveau du fleuve dont les eaux pénètrent tous les ans dans les rues à l'époque des crues, et cette situation en rend le séjour très malsain. Le pays présente partout un aspect aride et triste ; excepté dans les endroits où l'on fait des irrigations, des sables mouvants s'étendent partout et l'œil cherche en vain un peu de verdure pour se reposer de l'éblouissante clarté du soleil. C'est une terre d'exil séparée par des déserts et une rivière de cataractes du monde civilisé. Le gouvernement envoie dans ce triste lieu ceux de ses sujets dont il croit avoir à se plaindre.

Les irrigations se font au moyen de petits canaux de dérivation qui amènent les eaux du Nil Bleu. Les fruits et les légumes viennent très bien à Khartoum ; c'est d'abord une petite espèce de raisin, puis des oranges, des grenades, des dattes, des bananes et des figues ; comme légumes je citerai les fèves, les pois, les oignons, les laitues, etc., etc. On y cultive deux sortes de tabac, le séné et le carthame. La moisson de l'épeautre se fait en mars. Les environs n'offrent aucune promenade agréable ; les plantations de dattiers donnent seules de l'ombre et un mur de clôture en défend généralement l'accès. En s'avançant dans l'intérieur, le regard ne rencontre qu'un désert de sable ; le *cottage* de M. Bartolemy est une exception unique : entouré d'une ceinture de *parkinsonia aculeata* à fleurs jaunes, il présente un aspect si frais et si riant qu'on se croirait transporté dans une campagne de nos pays. Les autres résidents européens habitent la ville. Les maisons, à un seul étage, sont des constructions de briques et de torchis, à toiture plate ; elles me rappelaient les *serais* ou stations qu'on bâtit dans l'Inde pour les voyageurs. Dans la cour, des oiseaux domestiques, des antilopes apprivoisées errent en liberté ; des animaux sauvages y vivent enchaînés ; des chameaux,

des chevaux, des chèvres, etc., ajoutent encore à l'anima
tion du tableau ; quelquefois un treillage de vignes offre,
dans un des angles de la cour, une retraite ombragée. Le
vestibule constitue la pièce principale ; là se font les affaires, on y reçoit les visiteurs dans la matinée, car toute
cette partie du jour se passe à faire des visites, à fumer et
à boire du café. Rien que le consul anglais se trouvât à
Gondokoro, nous avions accepté l'hospitalité du consulat ;
du reste tous les résidents s'empressaient à l'envi pour nous
rendre le séjour aussi agréable que possible ; malheureusement nous ne pouvions nous entretenir avec eux qu'à
l'aide d'interprètes. Une seule personne, la baronne Csa-
pellen, sœur de madame Tinne, parlait très bien l'anglais.
Elle avait pénétré jusqu'à Gondokoro où elle avait été témoin de tristes scènes ; la petite vérole s'étant déclarée
parmi les esclaves d'un détachement de chasseurs d'ivoire,
les propriétaires eurent la cruauté de jeter les malades dans
le fleuve.

Frij et Uledi, lors de notre première visite chez madame
de Capellen, nous suivirent, à notre grand étonnement,
jusque dans le salon ; tous les deux portaient une carabine, une lance, et semblaient sous l'influence de nombreuses libations. Toutefois on voulut bien rire de cette
infraction à l'étiquette européenne. Déposant leurs armes,
ils s'avancèrent d'un pas mal assuré près de la maîtresse
de la maison, puis pliant un genou ils lui baisèrent la main,
mode de salutation considéré parmi les habitants de Zanzibar comme la plus respectueuse. Pendant notre séjour, un
bateau à vapeur apporta des nouvelles de madame Tinne
et de sa charmante fille ; il était venu en quinze jours de
Bahr el Ghazal. Le baron d'Ablaing se trouvait à bord ; il
devait retourner avec des provisions et des ânes de bât,

afin de pouvoir continuer le voyage jusqu'à Fernando Po.
Nous avons appris depuis les funestes résultats de cette
expédition ; la pauvre madame Tinne est morte et ce malheureux événement a arrêté les explorations.

M. de Bono, dont les chasseurs d'ivoire nous avaient si
hospitalièrement reçus à Faloro, donna en notre honneur
une fête splendide, à laquelle assistèrent quatre dames et
une vingtaine de messieurs appartenant à différentes na-
tions ; il y avait des français, des italiens, des allemands et
des indigènes. En buvant à notre santé, M. Thibault, le
consul français, porta un toast à l'alliance de la France et
de l'Angleterre, toast qui fut accueilli avec enthousiasme.
Nos vingt Séédés amusèrent beaucoup la réunion par les
danses grotesques qu'ils avaient apprises à Ouganda.

Ali Bey, le ministre du gouverneur de Korthoum, ne
cessa pas un instant de nous combler de prévenances ; il
nous fit visiter l'hôtel du gouvernement, les écoles, les
établissements industriels, nous fournit des chevaux pour
la promenade et fit manœuvrer les troupes devant nous ;
bref, il s'ingéniait sans cesse à nous procurer toutes les
distractions possibles. Il avait pour son usage particulier un
beau cheval arabe du golfe, à robe blanche, l'animal tout à
la fois le plus docile et le plus fougueux que j'aie jamais
rencontré. Caparaçonné de velours bleu à broderies d'or et
portant une bride de Busserah de chaînes d'argent et à
glands flottants, il représentait admirablement la race arabe.
Un anneau circulaire passé à la mâchoire inférieure remplaçait le mors ; il suffisait d'une légère pression sur la
bride pour arrêter instantanément le cheval, même quand
il était lancé à grande vitesse. Un enfant pouvait le monter
et le mettre à toute allure. Ali Bey nous fit voir sa résidence
particulière et toute sa famille excepté ses femmes ! Les

appartements du premier étage étaient garnis de somptueux divans et de tapis d'Ajim, venus du Caire par le fleuve et à travers le désert. Tout cela, d'après la formule de politesse turque, était à nous. Ali fit évoluer devant nous cinq cents hommes d'infanterie ; c'étaient des jeunes gens noirs de peau, bien faits, appartenant aux races mixtes du Soudan et armés de fusils à silex. Ils exécutaient les mouvements commandés avec autant de précision que nos régiments de cipayes, quoique, selon Ali Bey, ce ne fussent que des recrues ; les vieilles troupes, au nombre de dix à quinze mille, accompagnaient en ce moment le gouverneur de Soudan, Musa Pacha, dans sa tournée.

La position de Khartoum, sur la route de l'Abyssinie et des contrées du Nil Blanc, en fait l'entrepôt du commerce et des produits de ces pays. La résidence de M. Thibault était fort agréable, très animée ; une multitude d'animaux de diverses espèces, des oies noires et blanches, des pintades, une antilope koodoo une chèvre de Soakim, à grandes cornes, une autre de Nyam Nyam à longs poils et à courtes jambes vivaient sur ses domaines dans une parfaite union. Un chélah, sorte de léopard, jouait sur les tapis moelleux du salon avec un jeune chien, et au jardin s'ébattait, quoiqu'enchaînée, une hyène rayée, dont la société n'aurait nullement convenu aux habitants de la cour. Deux autruches se promenaient gravement au consulat britannique, ramassant çà et là le gravier qu'elles foulaient aux pieds. Nous avons vu chez un musulman marseillais, habitant Khartoum depuis trente ans, une grande collection d'armes et d'objets de curiosité, rapportés des pays du Sud, tels que Bari, Illyria et Shillook ; mais les armes d'Ouganda n'avaient pas encore pénétré jusqu'ici. M. de Bono possédait un bouclier très remarquable, en usage, disait-il, chez les *faiseurs de pluie* d'Illyria. Il était de fer, en forme de losange et mesurait 27 pouces de long sur 9 de large; on le tenait par un manche de bois.

Depuis leur arrivée dans la capitale du Soudan, nos Sécédés jouissaient de toute leur liberté; jamais ils n'avaient vu tant de magnificences réunies. Bombay et Frij, nos interprètes, se promenaient le cigare à la bouche et se trouvaient rarement dans toute la possession de leurs facultés. Nous leur avions abandonné les vêtements dont Ali Bey nous avaient affublés, mais à la condition de ne pas s'en servir durant notre séjour à Khartoum; cette restriction fut vite oubliée, et Bombay se pavanait dans la ville en redingote bleue et coiffé d'un fez! Frij songeait à se marier et, le soir même du jour où il m'avait fait part de son dessein, un fakil ou prêtre célébrait la cérémonie nuptiale moyennant la rétribution d'un dollar. L'épousée appartenait à Bombay, à qui le roi de l'Ouganda l'avait donnée; elle devint, pour la bagatelle de douze dollars, payables à Zanzibar, la propriété de Frij; le prêtre avait fait promettre à ce dernier de la protéger et de lui rester fidèle toute la vie! Cependant une des clauses du contrat de vente stipulait que si Frij se lassait de son acquisition, celle-ci retournerait à Bombay.

Il y a vingt ans, Khartoum possédait une garnison de vingt mille hommes et les officiers y menaient joyeuse vie. La ville s'agrandit alors considérablement; en 1863 elle semblait en décadence, toutefois il y avait de nombreuses boutiques tant indigènes qu'européennes, où l'on trouvait jusqu'à des fusils, des vêtements confectionnés, des vins, du pale-ale, de l'épicerie, de la faïence, etc. On exerçait à Khartoum toutes les industries; les porteurs d'eau, les marchands de pigeons et de volailles parcouraient les rues;

dans des échoppes, construites sur les places publiques, on vendait du poisson cuit, des confitures, des bijoux, des légumes, comme dans un marché. La quantité de choses qui étaient mises en vente nous étonnait, car à l'exception de quelques endroits cultivés on ne rencontre que le désert dans les environs; le séné pousse à l'état de mauvaise herbe, et Karthoum n'exporte aucun autre produit du sol, ni aucun objet manufacturé. Le fleuve présentait un aspect très animé; c'était un mouvement continuel pour décharger tout ce qui était nécessaire aux habitants, blé, bois à brûler, cruches de terre, briques, pierres, chaux, herbes et feuilles de palmier pour confectionner des nattes et des cordages, du sel Balber et des marchandises d'Europe. La gomme, dont la meilleure vient de Kordofan, l'ivoire, la cire, le coton et le sésame n'arrivent à Khartoum que pour être expédiés en Égypte. On dit que le commerce du Nil Blanc se fait avec deux-cent-cinquante bateaux, y compris ceux du Sobat et du Behr-el-Gazal; le Nil Bleu en possède probablement autant, mais il n'y en avait que quarante-cinq dans le port et dix dans les chantiers. Le plus grand, mesurait près de vingt mètres. Il y avait quelques huileries et des fabriques de savon. Une lourde meule, qu'un bœuf mettait en mouvement, écrasait le sésame qu'on plaçait ensuite sous une presse à vis de bois au dessous de laquelle se trouvait un récipient pour recevoir l'huile. Dans une manufacture de savon appartenant à Shenooda, un marchand d'ivoire, il y avait deux chaudières en pleine activité. Ali Bey nous conduisit aussi chez des orfèvres renommés pour leurs ouvrages en filigrans, semblables à ceux de Delhi et de Cuttack. Les coupes à pied dans lesquelles se place la tasse de café sont faites de l'or le plus pur, qu'on trouve dans le Soudan à l'état de poussière; l'or dans lequel il y

aurait le moindre alliage ne serait pas propre à cette fabrication. Il est d'usage de fournir la poussière d'or lorsqu'on
fait une commande. Nous avons vu, dans les deux boutiques que nous avons visitées, deux jeunes gens assis par
terre, ayant chacun devant eux une petite enclume sur laquelle ils étiraient le métal. On fait, au tour, de très jolis
gobelets avec des cornes de rhinocéros, matière qui offre
l'avantage de garder sa forme sous une température élevée
et de ne pas se fendre.

Il y avait à Khartoum un seul édifice public, l'Hôtel du
gouverneur, construction solide faite er, briques. Un esca-
lier menait à la salle de réception, belle pièce aux murs de
laquelle pendaient des gravures représentant des batailles
navales, etc. La cour plantée d'acacias tebbeck offrait de
l'ombre aux serviteurs et aux soldats. A un mille de la ville
on nous fit visiter un magasin contenant une énorme provision de poudre ; près de là se trouvait une caserne presque ensevelie sous le sable.

Un jour, que nous nous promenions dans les rues, Ali
Bey nous fit entrer dans un enclos où se trouvaient une
trentaine de tombeaux surmontés d'une croix ; une forte
odeur d'encens nous monta au cerveau, et déjà nous nous
demandions où nous étions, lorsque, passant sous une porte
cintrée, nous arrivâmes dans une salle au milieu de laquelle un homme lisait à haute voix dans un gros in-folio,
posé sur un pupitre. Des hommes coiffés d'énormes tur-
bans, et dont la chaussure était rangée de côté, l'écoutaient
assis sur un tapis en compagnie de quelques enfants. Les
murs étaient garnis de draperies sur lesquelles étaient ac-
crochés quelques tableaux représentant le Sauveur, et dans
un enfoncement s'élevait un autel recouvert d'un linge
blanc où une croix était dessinée. C'était une église cophte.

Pendant l'office, qui se disait en arabe, un beau vieillard entra appuyé sur un bâton surmonté d'une croix d'or. C'était le chef de l'Église Cophte de Khartoum ; il s'appelait Gabriel et nous invita à prendre le café chez lui. Il nous montra son exemplaire des Évangiles imprimé en hébreu et en arabe, et lorsque nous prîmes congé de lui, il remercia Ali Bey de nous avoir fait visiter son église.

La mission autrichienne possède depuis longtemps à Khartoum un établissement important. C'est un bel édifice, bâti en grès, près du fleuve, entouré de hautes murailles ; on y voit une petite église. Grâce à la bonté de M. Moorlang, nous eûmes la possibilité de conduire un dimanche nos Séedés à l'office et de leur faire entendre de la musique sacrée sur un excellent orgue. La vue du Christ attaché sur la croix impressionna très vivement Mabruk qui, croyant à sa réalité, voulait s'approcher pour toucher le corps.

Les ruines de Sobat sur la rive droite du Nil Bleu, bien qu'on n'y eût fait que peu de fouilles, nous intéressèrent d'autant plus que nous ne connaissions ni Thèbes ni Phylœ. Notre société se composait de M. Aipperley, de M. Angelo, d'un moullim ou secrétaire, de Speke et de moi. Nous nous étions embarqués, une après-midi, sur notre diabéah, et après avoir remonté le Nil Bleu pendant trois heures, tantôt à la voile, tantôt à l'aviron, nous nous sommes trouvés en face du Sobat. Il n'y avait pas vestige d'habitations, et le pays présentait un aspect triste et monotone. Quelques ondulations du terrain indiquaient seules l'endroit où gisaient enfouis des temples et des maisons. L'heure étant trop avancée pour nous permettre de visiter les ruines, on se mit à dîner. Nous étions installés sur le pont, assis sur des tapis d'Ajim à la clarté des bougies ; le repas se com-

posait de ragoûts, de côtelettes et de pâtisseries. Nous fîmes
honneur au festin qui se termina par de l'excellent café et
des pipes, et la nuit chacun se reposa sous une *rezzaïa* ou
courte-pointe à couleurs variées. Une collection hétérogène
de montures nous attendait le lendemain à terre ; leur vue
n'était guère rassurante, toutefois Speke et moi eûmes les
deux chevaux, les autres se contentèrent qui d'un âne, qui
d'un chameau. Le moullim, gros bonhomme au visage
placide, monté sur un âne sans bride, manquait totalement
de dignité, surtout lorsque sa bête ayant fait un faux pas
il roula par terre. Une chambre de dix pieds carrés nous
frappa tout d'abord ; dans chaque coin se trouvait autrefois
une colonne de granit, mesurant sept pieds de la base au
chapiteau ; elles étaient aujourd'hui gisantes sur le sol. Il y
avait trois ordres de chapiteaux, dont l'un se distinguait
par une croix au milieu de feuilles d'acanthe. Puis, nous
visitâmes les excavations faites sous la direction du docteur Dummichen, prussien, que nous avons rencontré sur
le terrain. C'était un petit bâtiment carré, à deux portes se
faisant face et dont les murs avaient deux pieds d'épaisseur.
Le dernier objet qui s'offrit à nous était un sphinx couché
sur un socle et couvert d'hiéroglyphes cophtes, c'est-à-dire
de dessins d'hommes, d'animaux et de toutes sorte de bêtes.
La tête manquait. Ce qui restait encore des ruines de
Sobat n'ayant pas un intérêt bien grand, nos investigations
se bornèrent là, et vers midi nous étions de retour à Khartoum.

Il fallut enfin faire ses préparatifs pour aller par terre
jusqu'à Berber et de là traverser le désert à dos de chameau,
afin de gagner Korosko. Les ressources de Berber étaient
si restreintes qu'il était nécessaire de nous approvisionner à
Khartoum pour toute la durée du voyage. Ali Bey nous

fournit un petit diabéah appartenant au gouvernement ; nous n'avions que l'équipage à payer jusqu'à Berber, soit une somme de vingt-huit dollars. Chacun de nos vingt Séedés avait besoin de deux *girba* ou outres de peau de chèvre pour contenir la provision d'eau, et, à Speke et à moi, il fallait deux *rey*, espèces d'outres de peau de vache. Il était essentiel de graisser et d'essayer les peaux avant de partir. Bref, toutes nos dispositions terminées, nous étions résolus à nous mettre en route dans la matinée du 15 avril, mais l'aimable hospitalité de nos amis de Khartoum nous retint fort avant dans la journée ; chacun voulait nous donner un conseil. Pendez au pommeau de la selle, disait l'un, une petite outre et un sac de biscuit ; buvez, disait un autre, un dé de rhum mêlé à beaucoup d'eau pour rester éveillé la nuit et ne pas tomber de chameau. On nous recommandait surtout de veiller à ce que nos hommes ne nous volent pas l'eau, d'avoir soin des outres que les chameaux mordent quelquefois quand la soif les presse et de les couvrir la nuit afin que le vent ne les fasse pas évaporer. Toutes ces prescriptions étaient excellentes et nous ne pouvions manquer de les suivre ; nos amis auraient pu ajouter qu'un *Hadjcen* ou chameau de selle était indispensable au *comfort* du voyage.

# XVIII

De Khartoum au Caire. — Le défilé Gherri. — Les ruines de
Seendi. — Pyramides et ruines de Méroé. — La ville de Berber. — Au désert. — Le village de Abou Ahmed. — Le faux
lac ou Bahr Belama. — Sources de Natron. — Tunnel naturel
extraordinaire. — Korosko. — Le Caire. — Départ pour l'Angleterre.

Le 15 avril, nous descendions le fleuve, à rames, et
comme nous étions partis tard, il était près de minuit lorsque nous arrivâmes à Halafaya pour y prendre quelques
heures de repos.

Ali Bey, accompagné du cheik du village, vint à notre
rencontre ; il nous amenait deux moutons. Nous soupâmes
tous ensemble, puis notre généreux ami reprit à cheval le
chemin de Karthoum, après nous avoir laissé un aide-de-
camp qui devait nous escorter jusqu'à Berber. Le fleuve
n'avait à Halfaya que cent-quatre-vingt mètres de largeur
et les eaux en étaient troubles. Quelques rares tamarins,
des saules montraient sur la rive gauche leur feuillage
grêle ; çà et là apparaissait au loin une colline isolée d'une
faible hauteur. Bientôt le Nil changea de caractère ; de nombreux rochers s'élevaient au dessus du fleuve et rendaient
la navigation très difficile ; dans la nuit même elle devint
impossible.

Laissant en arrière l'île de Nocéan, le Nil passe par
l'étroit défilé des collines Gherri, dont rien n'égale le morne
aspect. De grands éclats de roche noire, semblables aux
débris d'une carrière, couvrent ses flancs. En sortant de ces
collines, le fleuve se partage en deux branches ; nous

avions pris celle de droite, mais à peine y étions-nous
engagés, qu'il nous fallut descendre une cataracte rapide et
dangereuse, la sixième des cartes, et que les indigènes appellent Gibléoga. Le chenal en était tellement resserré
qu'avec les avirons on aurait pu toucher les bords. Le passage s'effectua heureusement, et ce n'est qu'à Murnat où
nous arrêtions, que nous avons de nouveau rencontré les
rochers.

On ne trouva entre Karthoum et Berber que deux endroits de quelque importance Metamma, et Scendi. Le pays,
en général, est plat, sans culture ni villages; sur les bords
du Nil, on remarque de nombreux troupeaux de bestiaux,
de chameaux, de chèvres, et quelquefois de chevaux. Les
indigènes se montraient prévenants et nous offraient du lait
et des légumes.

Le 20, nous arrivions à Scendi, bourgade misérable et
pauvre; cependant nous avons pu y acheter du pain frais.
Aux environs, de nombreuses élévations indiquaient autant
de ruines antiques, ensevelies sous le sable. Les femmes de
Scendi nous frappèrent par leur coiffure; comme les Abyssiniennes, elles avaient de chaque côté de la tête une
touffe de cheveux et une troisième par derrière; les Wa-
téessa du lac Nyassa avaient adopté la même mode, en
ajoutant sur le sommet une quatrième touffe qui simulait
un peigne.

Scendi est remarquable comme l'endroit où Nimur dit le
Tigre, autrefois souverain de tous les noirs, mit à mort
Ismaël Pacha. Ce dernier, après la conquête de Karthoum,
était revenu à Scendi et y avait accepté l'hospitalité de
Nimur. — Je veux être votre ami, avait dit celui-ci;
fixez vous-même le tribut d'or et d'argent que j'aurai à vous
payer.

Ismaël ne soupçonna aucune trahison ; mais on avait amoncelé autour de sa demeure une énorme provision de paille pour les chevaux, et une nuit, pendant un vent très violent on y mit le feu. Ismaël, trop fier, dit le bruit public pour chercher son salut dans la fuite, périt au milieu des flammes. Un Européen obtint de Nimur la permission d'envoyer le corps calciné au Caire, où il fut enterré. On a bâti une mosquée sur l'emplacement de la maison incendiée.

Le 21, au soleil levant, nous partions pour Méroé, l'ancienne capitale de l'Abyssinie. On s'y rend soit par Koboshéca, soit par Budjerewa. Un vent défavorable nous obligea de débarquer à ce dernier port. Les pyramides se trouvent sur la rive droite près de quelques collines peu élevées. Il y en a trois groupes ; le premier se compose de quinze pyramides qui n'ont plus que la moitié de leur hauteur primitive ; les pierres de grès, dont on les avait revêtues, sont devenues tellement molles qu'elles se coupent au couteau. Dix-huit pyramides, situées à un demi-mille vers l'Est, forment le deuxième groupe ; elles sont mieux conservées et on distingue encore parfaitement des figures d'hommes et d'animaux. Les entrées de plusieurs d'entre elles étaient cintrées et ornées de figures sculptées dans le grès ; celles-ci représentaient des hommes conduisant des esclaves portant des moutons ou bien assis sur des chiens à tête de lion ; on y voyait aussi des oiseaux, des lézards, des éléphants, des processions funéraires et des femmes tenant des feuilles de palmier. Un troisième groupe qui se composait de cinq pyramides se trouve dans une vallée aride. Nous avons visité aussi trois sphinx en très mauvais état ; des murs tombant en ruines, des pavés formés d'énormes blocs de grès représentent tout ce qui reste de l'antique cité.

Comme nous cheminions graves et pensifs pour regagner notre bateau, l'esprit rempli des impressions que ces ruines éveillaient en nous, des gens de Scendi nous offraient à chaque pas des figurines, des scarabées, mais aucune pièce de monnaie !

Le 22, nous atteignîmes le port de Damur, d'où l'on apercevait dans le lointain le mont Jubl Agredah. Nous sommes allés rendre notre première visite au Mudir, Ibrahim Bey, qui nous donna une lettre de recommandation pour son collègue de Berber, afin que celui-ci nous fournît les chameaux nécessaires à la traversée du désert. Damur se compose d'une centaine d'habitations à toit plat et dont l'aspect dénote sinon la richesse, du moins l'aisance. Il s'y tient un marché le vendredi pour la vente des cotons, du sel, des paniers, des nattes, du bétail, etc. Le jour suivant nous avons passé le dernier grand affluent du Nil, l'Atbara, à l'endroit où il se jette dans le fleuve. C'est l'Astaboras de Ptolomée. La distance d'une rive à l'autre paraissait être d'environ cent-vingt mètres. Pendant qu'un vent contraire nous arrêtait à quelques pas en aval de sa jonction avec le Nil, Bombay amena devant Speke une femme qui, disait-il, souffrait beaucoup, mais comme elle ne voulut pas nous faire connaître son mal, il fut impossible de la soulager. Deux heures plus tard, Bombay revint le visage épanoui nous annoncer que sa moitié venait de lui présenter un héritier. C'était la seconde fois pendant le voyage que Bombay devenait père ; aucun des enfants ne vécut au grand désappointement de notre serviteur, qui aurait été heureux de rapporter à Zanzibar un souvenir vivant de l'expédition. On enterra le nouveau-né sur le rivage.

Bientôt nous arrivâmes à Berber où se terminait notre voyage par eau. La population s'élève à peu près, y compris celle des villages avoisinants, à 5,000 âmes. Une belle levée, qui offre en toute saison une agréable promenade, entoure Berber ; un cimetière, non fermé, se trouve en dehors de cette levée. Le grand nombre de tombeaux et l'espace considérable qu'ils occupent feraient supposer que le climat est malsain ; cependant les indigènes préfèrent ce séjour à Karthoum. Les provisions y sont moitié moins chères ; on trouve tous les jours au marché du pain de froment, du lait, de la viande, de l'avoine, des oignons. du sel, des pastèques, du tabac, etc. Les habitants jouissent d'une grande réputation d'honnêteté et les domestiques passent pour être de beaucoup préférables à ceux de Karthoum. Les gamins de l'endroit s'arrachaient les arcs et les flèches de nos Séedés, que ceux-ci échangèrent volontiers contre des dattes. Il y avait à Berber quelques troupes bien établies dans une caserne bien tenue; leur uniforme se composait d'un fez, d'une jaquette blanche, d'un pantalon court, de longues chaussettes blanches et de souliers rouges. Elles étaient armées d'un fusil à silex et à baïonnette.

Berber devint, il y a quarante ans, en même temps que Karthoum, une ville égyptienne. Musa Pacha, le gouverneur général du Soudan, se trouvait en tournée, lors de notre arrivée ; c'est de lui qu'on raconte, qu'envoyé pour subjuguer les Arabes Bagara, il les fit tous circoncire. Son *Wakeel*, Rehan Aga, vint nous visiter ; il avait vécu pendant vingt ans à Constantinople et à ma grande surprise, il ressemblait plutôt à un M'ganda qu'à un Turc. Il habitait une maison parfaitement meublée et se montra très prévenant envers nous. Le cheik du désert venait souvent nous voir, car nous devions, par son entremise, obtenir les chameaux nécessaires. C'était un homme entre deux âges, assez

corpulent et au teint basané ; il avait de beaux traits, portait une longue robe noire et un haut turban blanc. En
attendant notre départ, et pour nous abriter du soleil, il
nous procura une grande chambre obscure, entourée d'une
véranda élevée où nous nous tenions le jour. Nous avions
engagé trente chameaux à raison de 90 piastres chacun,
pour nous porter à Korosko ; nous étions au nombre de
vingt six personnes, mais il fallait deux chameaux pour
les deux guides et deux autres qu'on devait charger de
l'eau qui nous était destinée à Speke et à moi. Chacun de
nos hommes portait sur son chameau deux outres pleines.
Nous avions vainement essayé de nous procurer deux
hadjeen ou chameaux de selle, dont les allures sont beaucoup plus douces que celles du chameau de transport. La
plus grande partie des Séédés n'avaient jamais vu de chameaux et craignaient d'abord d'y monter, mais ils ne tar-
dèrent pas à prendre un plaisir extrême à ce genre de
locomotion si nouveau pour eux. Aussi la première étape
jusqu'à El Chore, où nous arrivâmes le 27 avril au coucher
du soleil, se passa au milieu d'une gaieté bruyante ;
El Chore ou le lac était sans eau dans cette saison ; mais le
Nil, qui coulait à un quart ʿ    ʾlle, couvrait à l'époque de
sa crue la plaine dans laquelle on voyait, au milieu des
herbes, quelques rares demeures. Les habitants nous ven-
daient du lait et nous apportaient de l'eau ; ils nous donnèrent aussi de quoi nous coucher la nuit. Au désert, et
parmi les Égyptiens, le voyageur est toujours sûr de rencontrer beaucoup de prévenance.

La seconde étape jusqu'à Ginancela exigea une marche
de sept heures sur une route de gravier et quelquefois à
travers de hautes herbes, dont les indigènes font de
grossiers cordages. Nous ne nous éloignions pas encore du

fleuve et le vent du nord rendait les nuits très froides, aussi cherchions-nous un abri derrière les murs des maisons. En quittant Ginaneeta, nous avions à faire vingt-deux milles en onze heures; vers le milieu du jour nous fîmes halte à Wadi Khumar, ou la Rivière des Anes, ainsi nommé parce que les zèbres et les ânes sauvages viennent s'y abreuver mais la rivière était à sec. Le Nil, heureusement, coulait tout près, ce qui nous permit de remplir nos outres. Passé Wadi Khumar, l'aspect du pays changea; on ne voyait plus qu'une solitude de sable, des vallons arides, des collines couvertes d'éclats de rochers, ni arbre, ni eau, partout un morne silence. Le lendemain, afin de nous réchauffer, nous essayâmes de faire la route à pied, mais le sable rendait la marche tellement fatigante qu'après avoir fait quelques milles nous fûmes obligés de remonter sur nos chameaux. Vers midi nous quittions ces plateaux de sable pour descendre jusqu'au Nil à Bagara, où nous fîmes halte. Les habitants nous offrirent comme abri un hangar couvert de feuilles de palmier ; ils nous apportèrent du lait, et pour reconnaître leur obligeance on leur donna une lanterne. Après un repos de quelques heures, la caravane se remit en route ; nous marchions à travers un terrain pierreux, puis arrivés à Wadi Shiroeg, autre lit de rivière desséché, on campa sous des dattiers sur les bords mêmes du Nil. Il y avait en ce lieu plusieurs habitations ; dans l'une d'elles, un métier à tisser de construction grossière se trouvait justement en activité.

Le lendemain, 1er mai, une route facile et agréable nous conduisit en quatre heures jusqu'à Aboo Hasheem, « le Père de l'Hospitalité »; on mit à notre disposition, pour nous reposer, une maison à un étage. Aboo Hasheem est situé tout près du fleuve, dans une position tout à la fois mélancolique et charmante. Nous avons vu là six à huit ânes piétiner le froment; une corde passée à la mâchoire infé-rieure et liée derrière les oreilles les empêchait de manger le grain. On avait fait halte à mi-chemin devant une habi-tation isolée, pour accomplir une cérémonie bizarre, très répandue dans le désert et que les chameliers observent afin de s'assurer une traversée heureuse. Tout le monde mit pied à terre. La cabane ne semblait pas devoir être régu-lièrement habitée; un jeune garçon qui s'y trouvait nous servit de l'eau dans des vases destinés à cet usage; un crâne de lion, attaché à une longue perche, planait au dessus de la cabane. Notre guide reçut du jeune garçon deux poignées de sable, il s'en jeta sur le corps, en mit dans sa bouche, dans ses poches, sur les chameaux, sur les armes et sur les selles, et finit par serrer avec soin les derniers grains dans le sac pendu au cou de sa monture. Le malheur était conjuré! Dans l'après-midi nous arrivions à Gœgée sur le Nil, à sept milles.

Le 2, nous étions de nouveau en route dès le point du jour; après avoir passé devant un tombeau érigé par Latiffe Pacha à la mémoire d'un voyageur de Liverpool et cheminé, non sans peine, à travers des fragments de roches schisteuses, nous arrivâmes à Musra Jahœsh, situé sur un coude du Nil qui, en cet endroit, s'incline vers l'ouest. Sur le côté du fleuve que nous longions, on ne voyait ni habi-tants, ni maisons, et nous n'avions d'autre ressource pour nous abriter contre les ardeurs d'une température brûlante, que de nous coucher à l'ombre d'un palmier, changeant de position selon le cours du soleil. A cinq heures de l'après-midi, reprenant notre marche, nous gravissions un plateau aride, sauvage, mais auquel la couleur des rochers donnait un charme étrange. J'étais à chaque instant tenté de m'arréter, pour ramasser des échantillons où le bleu contrastait d'une façon charmante avec le blanc pur du quartz auquel se mélait quelquefois un peu de rouge; d'autres fois les trois couleurs se fondaient harmonieusement. Vers sept heures nous descendions le plateau par un sentier sablonneux et nous nous retrouvions près du fleuve. La lune se reflétait dans l'eau, éclairant de sa lumière argentée les palmiers et la végétation de la rive opposée. Vu ainsi, le village d'Aboo Hasheem présentait un aspect magnifique; mais la marche était de plus en plus difficile, nous nous enfoncions dans le sable jusqu'à la cheville. Nous avions dépassé une nombreuse caravane de Berber; c'étaient des trafiquants qui se rendaient à Korusko pour y vendre des jeunes chameaux et des étoffes de poil de chameau, de fabrication indigène. Ils s'informèrent si nous avions déjà diminué la ration d'eau de nos montures, afin de les préparer à la traversée du désert où elles allaient en manquer complétement. Quant à eux ils avaient pris cette précaution et se trouvaient prêts à poursuivre leur voyage le lendemain. Nous n'étions malheureusement pas dans ce cas et notre marche en fut retardée. Je dirai ici qu'il est fort peu agréable de voyager sur un chameau de bât; on est assis à la manière des femmes, mais sans étrier; par conséquent les jambes ballottent et frottent sans cesse contre la bête; en outre, les ongles et les mains s'écaillent à cause de la sécheresse du vent qui vous donne aussi un rhume de cerveau. Manna, voyageur expérimenté, se bouchait les narines avec un mouchoir lié sur la tête, tout le temps qu'il était sur son chameau; de cette façon, disait-il, il évitait les refroidissements.

Les journées du 2 et du 3 furent employées à préparer nos chameaux. Aboo Hamed est situé sur la rive droite, vis-à-vis de l'île de Mokral. Un long mur de terre, ayant à chaque coin une tourelle, entoure les quelques cabanes dont se compose le village ; mais le sable a presque tout envahi et la plus grande partie des habitants s'est fixée sur l'île. Là, nous eûmes la visite de deux personnages qui se rendaient, non pour leur plaisir mais par ordre supérieur, dans le Soudan, la Sibérie égyptienne, et voyageaient avec une longue suite de chameaux et de chevaux. Ils avaient mis cinquante et un jours pour venir du Caire par la route de terre ; c'étaient les premiers voyageurs égyptiens que nous rencontrions. Ils ne pouvaient comprendre d'où nous venions, et nous adressaient les questions les plus étranges: le gouverneur du Soudan nous avait-il retenus prisonniers? Avions-nous servi le gouvernement abyssinien? La reine Victoria allait-elle abdiquer en faveur du prince de Galles? Étions-nous les seuls survivants de cinquante Anglais qui étaient partis de Zanzibar pour traverser tout le continent africain? Celui qui nous soumit à cet interrogatoire était un monsieur Albinan et l'autre voyageur un prêtre de beaucoup de mérite. Ce dernier, apprenant que nous venions des sources du Nil, nous dit que le Coran parlait de ce fleuve comme sortant d'un lac. Ayant satisfait la curiosité des deux exilés, nous les vîmes poursuivre leur voyage à Khartoum. Dans l'après-dîner un discur de bonne aventure vint nous trouver ; il s'assit à nos pieds, aplanit de la main le sable qui était autour de lui et demanda nos noms, qu'aucun de nous ne voulut lui donner ; néanmoins, il fit sur le sable des signes cabalistiques et finit par dire que les rigueurs du voyage pesaient lourdement sur le cœur de Speke.

Après avoir laissé nos chameaux deux jours entiers sans leur donner une goutte d'eau, on les fit boire à satiété le

5 août. Les guides attachèrent aux pieds de quelques-uns des morceaux de cuir de chèvre pour les protéger contre les cailloux et les fragments de rocher. A midi on se mit en route. Nous avions fait tuer pour nous un mouton dont la chair, coupée en petits morceaux, était cuite dans la graisse pour qu'elle put se conserver fraîche le temps nécessaire. La caravane se composait de vingt-neuf personnes y compris les deux guides, toutes montées sur des chameaux. Nous avions en outre trois hommes et deux jeunes garçons pour conduire et soigner nos bêtes. Le chemin était ferme comme l'allée sablée d'un jardin, mais aussi loin que l'œil pouvait s'étendre on ne voyait pas un arbre, pas un arbuste; çà et là un peu d'herbe rare et sèche. Quelques pigeons venaient parfois à passer au dessus de nos têtes; un martinet d'un noir de jais se posa sans crainte sur la terre à très petite distance de nous; d'autres oiseaux se montraient de temps en temps, c'étaient des bécasseaux, des létras, etc. Nous avons remarqué deux espèces de lézards et dans le sol de nombreux trous de rat. Voilà pour la vie! La mort se trouvait représentée par beaucoup de squelettes de chameaux; très peu de ces pauvres animaux avaient dû mourir sans lutte. Nous marchions dans la direction d'une colline, appelée Moogerau, lorsque soudain un lac chargé de bateaux nous apparut. — Allons vite y chercher de l'eau et du bois, s'écrièrent les Séedés. Mais c'était un mirage! Et nous venions de voir le Bahr Belama ou le faux lac, qui se présentait sous les formes les plus fantastiques chaque fois qu'une colline interceptait le courant d'air. Au coucher du soleil la caravane fit halte pendant deux heures pour laisser les chameaux prendre leur repas, puis on se remit en route et nous continuâmes, presque jusqu'au point du jour, à traverser une plaine sans fin. Cette première nuit

fut très pénible ; j'éprouvais un invincible besoin de dormir et ce n'était qu'en marchant de temps à autre que nous avions pu nous tenir éveillés.

Le 6 chacun de nous avait un si grand besoin de repos qu'il fallut nous arrêter à Aboo Iuleh Shurrutt ; on coucha à la belle étoile, et au soleil levant nous étions de nouveau en selle. Deux journées fatiguantes nous attendaient. Nous devions atteindre Furoodh en quatre heures à travers une plaine durcie par les ardeurs d'une atmosphère aride, étouffante. Dans l'après-midi nous étions à Taban ou le Tourment, où on fit halte pour donner du blé aux chameaux. Cette localité, fidèle à son nom, nous gratifia d'une tempête de poussière : un grand nuage s'avançait sur nous, venant de l'Est ; tout le monde s'étendit la face contre terre, les chameaux se retournèrent le cou allongé sur le sol, on éteignit les lumières et pendant une minute il régna une obscurité totale, durant laquelle nous étions comme ensevelis sous une pluie de sable et de gravier. Cinq minutes après, nous avions dépassé deux collines et nous entrions dans le défilé de Durb-Wart. Le chemin faisait en cet endroit de nombreux détours et devenait par moments tellement rocailleux que pour animer nos bêtes, les chameliers leur criaient sans cesse « Abdil-Ka-a-dr! » voulant dire que Dieu nous garde du mal dans ces rochers! Bientôt la vallée s'élargit ; d'âpres montagnes la fermaient de tous côtés et donnaient au paysage un aspect grandiose. Les indigènes avaient baptisé ce lieu du nom de Ipséah ou les Nues. Après une marche de dix heures, on se reposa près de quelques acacias dont les cosses ressemblaient à des boucles d'oreille. Vers six heures du soir la caravane se remit en mouvement, marchant toujours et pendant six milles dans le défilé. Jusque-là, nous avions cheminé sur un sol durci ; nous allions maintenant aborder le véritable désert de sable qui s'étendait devant nous à perte de vue. Abdil-Ka-a-dr! s'écrièrent de nouveau les chameliers qui croyaient stimuler par cette invocation l'ardeur de leurs bêtes. Il n'y avait aucune trace de route, la nuit s'approchait, mais au moins le ciel était pur, étincelant comme une nappe d'argent sur laquelle émergeaient des diamants. Les Sécdés, ne connaissant aucun danger, donnaient un libre cours à leur gaîté. Plus loin, voyant que nous n'avions pas à redouter une nouvelle tempête de sable, on s'arrêta pour se reposer, et après avoir dormi deux heures, la caravane reprit sa course jusqu'à trois heures du matin. Il semble extraordinaire que dans un désert où il n'y a ni collines, ni arbres pour les guider, les Scheiks puissent reconnaître le chemin même dans l'obscurité, mais ils ne se trompent jamais. Ils sont très vigilants et lorsqu'un des nôtres voulait se coucher vaincu par la fatigue et le sommeil, le Sceik était là pour le gourmander et le faire lever. Le 7 à minuit tout danger avait cessé, et nous cheminions sur un sol rocheux, où commencent les vallées Morad, et où se trouvent des sources d'une eau saumâtre.

A mesure que nous approchions des sources de Natron de Morad, le pays semblait s'élargir, et la surface était hérissée de roches schisteuses. Les vallées et les collines couvertes d'un sable mouvant présentaient un aspect morne et désolé. La chaleur était accablante; un corbeau vint à planer au dessus de nos têtes, cette apparition fut saluée comme un bon augure : nous allons trouver, dit le Scheik, de l'eau dans la fontaine!

Au détour d'un coude que formait l'espèce de route que nous suivions, nous vîmes tout à coup un vallon courant de l'Est à l'Ouest et dans lequel paissaient, près de quelques sources, des chameaux, des ânes, des chèvres et des moutons. Des squelettes d'animaux abondaient dans ce lieu de désolation d'un aspect si étrange que le souvenir en est comme empreint dans mon esprit. Nos chameaux ne se montraient nullement empressés de boire, bien qu'ils n'eussent pas eu une goutte d'eau depuis trois jours. La fontaine, dont nous prenions possession, était protégée contre le sable par un mur; elle était creusée à une profondeur de dix pieds et n'avait que six pouces d'eau, et cependant, bien que nous y ayons puisé toute la journée, elle n'était pas tarie, cette eau avait un goût de salpêtre. Au milieu de cette vallée de la mort, se trouvaient quelques cabanes de nattes, habitées par des Arabes et leurs troupeaux. Où ces jolies petites chèvres à poils longs et soyeux trouvent-elles un brin d'herbe? Comment peuvent-elles exister dans ce désert? Et pourtant devant nous s'ébattait un beau troupeau de soixante chèvres ! Tous les trois ou quatre jours, on les mène s'abreuver aux fontaines, et malgré l'eau saumâtre elles paraissent pleines de santé et de vigueur. Les habitants de ce lieu désolé ne diffèrent pas de ceux d'Aboo Hamed, et semblaient aussi bien portants que ces derniers. Plusieurs enfants avaient un joli visage et des yeux très intelligents; ils ont les cheveux rasés à l'exception d'une boucle qui flottait sur le front, et d'une longue tresse au sommet de la tête. Ces petits êtres avaient l'air de poulains sauvages, se sauvant au moindre bruit, s'effarouchant au moindre mot. La vallée de Morad ne renferme pas un atôme de bois de chauffage; nous n'y avons rencontré que trente arbres durant les trois jours et les trois nuits que nous avons mis à la traverser.

Le 9 à onze heures nous quittions les fontaines, nous dirigeant vers Korusko; et comme nous avions encore quelques jours à marcher sans trouver ni eau, ni bois, nous fûmes très heureux d'emporter l'eau saumâtre de Morad. Nous avions à traverser une série d'éperons rocheux, qui tous descendaient en s'amoindrissant vers le Nil. Une des crêtes qui coupaient notre chemin, à Wadi Soofoor, mesurait 350 mètres en longueur et s'élevait vers le ciel semblable à un mur bâti par les mains de l'homme.

Un sentier étroit, et quelquefois bordé de hauts rochers comme celui qui conduisait à la vallée de Dullah, reliait entre elles les différentes vallées. Çà et là se dressaient devant nous quelques palmiers d'une espèce inconnue, mais que Manna prétendait avoir déjà rencontrée à huit degrés au sud de l'équateur. Chacun de nous fit provision de semences pour le jardin botanique de Kew, mais les jeunes plantes périrent toutes. Après avoir traversé les vallées de Dullah, de Wadi Soofoor et de Phillata Jindel, nous nous sommes reposés de six à huit heures sur les sables de Wadi Mercesha; puis nous avons continué notre marche jusqu'à trois heures du matin.

En route, et pour nous tenir éveillés nous essayions autant que possible de soutenir une conversation animée dont les objets naturels, les collines, les arbres, les rochers fournissaient le sujet. Les Séedés riaient et plaisantaient en se moquant les uns des autres. Il y avait avec nous un pauvre diable à moitié idiot, nommé Mahoka, que Bombay avait acheté pour quelques mètres d'étoffe et qu'il gardait comme domestique. C'était, sauf les moments où il lui prenait des accès de rage, un bon travailleur; tant que la crise durait, crise qui, selon moi, était feinte, il refusait de mettre la main à n'importe quelle besogne. Une nuit qu'il s'était endormi, il tomba sur le dos, du haut de son chameau; on le croyait mort, mais il se releva en riant et faisant claquer ses doigts, il commença une danse guerrière.

Nous étions arrivés à la pittoresque vallée de Dullah et pendant que nous la traversions, Manna pour charmer les ennuis de la marche, me fit un récit que je consignai sur mon journal; j'en fis part à mon tour au docteur Levingston, qui lui-même avait reçu quelques informations à ce sujet. Voici l'extrait du Journal à la date du 10 mai 1863 :

— La nuit passée, pendant la route, Manna m'a parlé d'un tunnel, l'œuvre de Dieu, courant du nord au sud, entre Loowemba et Ooroongoo, — à deux mois de marche de Kazeh. — Il estime que sa largeur est d'environ 350 mètres. Il fallut à la caravane, uniquement composée d'Arabes, avec laquelle Manna voyageait, près de huit heures pour le parcourir d'un bout à l'autre. Au dessus de ce tunnel et dans la direction du lac Tangangika, coule une rivière dont les bords escarpés rendent le passage impossible. Pour la traverser on se sert de ce souterrain assez haut pour qu'un cavalier monté sur un chameau ne touche pas la voûte. L'eau n'y pénètre pas, mais les roseaux dont les Waganda font des flûtes y poussent en abondance. Les côtés sont formés d'une roche noire et lisse comme si on l'avait polie; c'est peut être du basalte? Il y règne assez de lumière pour voir son chemin. Les indigènes considèrent le tunnel comme un *m'zimo* ou endroit merveilleux; ils ne lui ont pas donné de nom, mais la rivière s'appelle Kaomou.

L'incrédulité que ce récit provoqua chez moi irrita Manna, et il me dit en ricanant : — Les gens de Wambewh ne s'y sont-ils pas réfugiés avec leurs bestiaux, quand les Watula les attaquèrent? Et si vous ne me croyez pas, parce que jusqu'ici je n'avais point parlé de ce passage singulier, informez-vous auprès d'un homme d'Ounyanyambe dont je puis vous dire le nom et qui était avec nous. Il serait bien intéressant et bien important à la fois de connaître l'opinion du docteur Levingston sur cette merveille. Manna ajouta qu'il était revenu par le même chemin qui forme la grande voie de communication entre Loowemba et Ooroongoo.

Une marche rapide de dix heures nous fit franchir le Bahr Hut'ab, la Mer sans eau, et dans la matinée du 10 nous atteignîmes Aboo Kakeed, le Père de l'Ombre, un rocher de grès situé sur une hauteur. Puis, après avoir cheminé pendant quatre heures à travers le Bahr Balama, nous avons descendu un défilé appelé El Bab où la caravane s'arrêta pour dîner. Sur son ordre, les hommes du Scheik commencèrent à battre des ossements de chameau qui gisaient là pêle-mêle, en vociférant de toutes leurs forces. Cette manifestation signifiait qu'en cet endroit il était d'usage que les voyageurs payassent la bienvenue; aucun de nous ne songeait à refuser de s'acquitter de ce tribut. Après avoir foulé dix heures durant un sable dur et uni nous arrivâmes à Oogab Ghowab où se trouve un autre rocher de grès qui nous offrit un abri contre le soleil. Un effendi ou secrétaire y avait fait creuser un puits, mais il était à sec en ce moment. Toutefois une rare végétation indiquait que l'eau ne se trouvait pas loin ou à une petite profondeur. Enfin, après deux nouvelles haltes nous étions à Koroska; le trajet avait duré seize heures. Jamais je n'oublierai les manières simples et modestes du Scheik et de ses hommes, leur empressement à se rendre utiles, et surtout la façon remarquable avec laquelle ils conduisaient leur entreprise. En route ils avaient aidé les Séedés à porter de l'eau; ramassant tout ce que ceux-ci laissaient tomber de leurs chameaux, attachant nos bagages sans jamais murmurer ni mendier. Ils prirent congé de nous en souriant et très satisfaits de nos rapports avec eux.

Des dattiers à tronc élevé, et semblables aux dattiers sauvages de l'Ouganda, indiquaient notre approche de Korosko. Nous étions tous convaincus qu'en sortant des solitudes de sable, le Nil coulait entre les collines que nous voyions dans le lointain. Le scheik nous confirma dans cette croyance et nous assura que bientôt nous allions nous désaltérer dans les eaux du fleuve. Le village de Korosko nous apparut enfin comme semé au milieu d'un amphi-théâtre de collines que la réverbération du soleil rendait impossibles à contempler !

On s'empressa de louer un diabéah avec sept hommes pour nous conduire à Shellah et bientôt après, bonheur indi-cible ! nous étions sur l'eau et nous mangions une pastèque !

L'effendi nous aida de tous ses moyens à nous éloigner bien vite d'un lieu « brûlant comme l'enfer », disait-il, et que notre équipage quittait avec joie en s'écriant « In Sha Allah ! » Dieu soit loué !

Dans la soirée du 12 mai nous descendions le vieux Nil ! En passant devant les collines de Baredy, cultivées en ter-rasses étroites, tout semblait fané, desséché, par compa-raison avec la splendide verdure du Soudan. Espérons que le gouverneur actuel de ce pays y introduira le drainage et les irrigations, car il en pourra faire ainsi une possession de grande valeur. Nous sentions que nous avions atteint la route des touristes, car nous étions assaillis désormais par les demandes de pourboires. Notre capitaine lui-même fit à ce sujet une singulière requête : les provisions étaient rares et nous avions acheté un mouton, dont il demandait la tête et les épaules, comme lui étant dues d'après les exigences sans réplique d'un usage immémorial; toutefois nous avons refusé de nous y conformer.

Bientôt nous débarquions au pont de Shellab, eu aval de Phylœ : une nuée d'âniers nous entourèrent et nous offrirent en vociférant leurs bêtes, indice non équivoque que nous nous trouvions sur une route fréquentée par des voyageurs civilisés.

Le jour où dans un petit diabéah nous devions quitter Œswam pour le Caire, un bateau à vapeur remontait le fleuve, c'était Son Altesse le vice-roi Ismaïl Pacha qui nous l'envoyait, et, le 19 mai, nous étions embarqués. Les différents madirs ou gouverneurs se montrèrent en route remplis de prévenances envers nous, et après une très heureuse traversée de trois jours nous jetions l'ancre à Boulaïr, le port du Caire. C'était la première fois que la plupart de nos Sécdés voyaient un bateau à vapeur; du reste chaque jour leur apportait de nouvelles merveilles. Les ruines de Pandoor, de Kalapshée et de Phylœ avec leurs sculptures, leurs peintures et leurs toits de pierre les frappèrent d'étonnement. — Personne à Zanzibar, disaient-ils, ne pourrait construire de pareils édifices. — Ils s'exta-sièrent en descendant le fleuve, à la vue d'un moulin à vent, des hautes cheminées et des buffles se promenant dans les villages. Arrivés au Caire on les logea au jardin public, car les habitants redoutaient de les admettre dans leurs demeures. Le 1er juin, nous les vîmes partir, ayant Bombay à leur tête, par le train de Suez, en route pour Aden et Zanzibar. Ils prirent congé de nous en manifestant d'affec-tueux regrets et priant Dieu qu'un jour il leur soit donné de nous revoir dans leur pays.

Quelques jours après le départ de ces braves amis nous paraissions devant le vice-roi qui venait de nous accorder une audience particulière. Son Altesse prit le plus grand intérêt à notre voyage et offrit à Speke de l'assister dans toute expédition ultérieure.

Le 4 juin 1863, nous prenions passage sur le *Péra*, commandant Janieson, pour l'Angleterre, où nous sommes arrivés sains et saufs après avoir accompli un long et beau voyage, plein d'intérêt pour la science, plein d'émotions de toute nature pour nous. Notre absence avait duré mille-cent-quarante-six jours.

V. N.

# TABLE DES MATIÈRES

—

Abbeville. — Typ. et stér. Gustave Retaux.

se mouiller sa paupière, plus d'une aussi, j'en suis sûre, éprouvera jusqu'au fond du cœur une de ces émotions bénies inspirant à l'âme qui les ressent le désir de travailler efficacement à réparer en partie les torts de la société, et la volonté de sauver les âmes de ses frères.

Madame de Roden a fait, je n'hésite pas à le dire, un livre d'une haute portée, un des meilleurs ouvrages qui aient paru en ce temps-ci. Je ne sais pas s'il remplit les conditions voulues pour être proposé aux suffrages de l'Académie française, mais je le crois plus digne qu'un grand nombre de livres marqués de ces palmes que l'Institut accorde chaque année aux ouvrages les plus utiles aux mœurs. (Mᵐᵉ DESCHAMPS.)

## LE CHAMP DE ROSES

### Par A. DES ESSARTS.

2ᵉ et nouvelle édit. 1 joli vol. in-12. — Prix : 2 fr.

C'est une histoire bien naïve et bien simple, et aussi simplement racontée dans le but de prouver qu'on gagne le bonheur à faire le bien.

Le dernier chapitre, les *Délices du cœur*, est vraiment pathétique. C'est un des rares livres écrits avec le cœur ; le style en est excellent du reste. (*Monde*.)

## LUCIEN DE SEILLAN

### Par A. MARC, rédacteur du *Messager de la Semaine*.

1 vol. in-12. — Prix : 1 fr

Tel fut le thème de ce roman plein d'intérêt où on ne rencontre ni situations passionnées, ni aventures à la Rocambole. — Une jeune fille riche autrefois, et maintenant forcé de donner des leçons pour vivre, devient, par ses talents et sa piété, l'unique soutien de sa famille. Mais bientôt elle est abreuvée de dégoût et elle ne triomphe de ses épreuves que grâce au comte de Seillan, le type du jeune homme accompli, qui finit même par l'épouser.

## LARS WONVED

### OU LE PIRATE DE LA BALTIQUE

### Par madame LÉONTINE ROUSSEAU.

1 vol. in-12 de 351 p. — Prix : 2 fr.

Lars-Wonved est un rejeton de la race des Valdemar qui a régné sur le Danemark. Sa famille est descendue du trône ;

mais son père et son grand-père ont servi loyalement le nouveau roi. Malgré cela ils ont été proscrits et privés de leurs biens. Lars Wonved a juré de les venger ; il arme deux navires, et à la tête d'un équipage qui lui est entièrement dévoué, il remplit la Baltique de la terreur de son nom. Plusieurs fois fait prisonnier, il réussit à s'échapper. On parvient à l'arrêter de nouveau ; il va être exécuté, quand on le trouve mort dans sa prison. Ses amis obtiennent la permission d'enlever son corps à bord d'un de ses navires. Au bout de 40 heures, ce'ui qu'on croyait mort se réveille ; il avait avalé un breuvage mystérieux qui produisait une léthargie semblable à la mort. Sa soif de vengeance s'est accrue, et il va recommencer de nouveaux exploits, lorsqu'un de ses cousins, sur le point de mourir, lui fait jurer de pardonner au roi ; le jeune fils de Lars-Wonved joint ses prières à celles du mourant. Lars-Wonved cède, et va faire sa soumission au roi, qui lui rend ses biens.

Ce roman est irréprochable et vraiment intéressant ; il convient à tous les lecteurs adultes.          (*Publ. popul.*)

## CLAIRE DE FOURONNE

### Récit bourguignon, par ALFRED DE THÉMAR.

### 1 vol. in-18 de 321 p. — Prix : 3 fr.

*Claire de Fouronne* est un petit roman très-honnête, bien écrit, et intéressant. Deux jeunes filles, deux cousines, sont élevées presque côte à côte. L'une Claire de Fouronne est restée de bonne heure orpheline et sans fortune. Confiée par sa mère mourante à la sœur d'un vieux curé de village, elle apprend dès l'enfance à se suffire à elle-même, à s'occuper de ces soins vulgaires qu'ennoblit si bien la grandeur des sentiments. En même temps, elle nourrit son esprit de lectures sérieuses, élève son cœur par la visite des malheureux et des malades, par toutes ses œuvres de charité enfin, que la pauvreté même n'interdit pas. Quant à l'autre, elle a pour père un général, bon vivant, joyeux chasseur, qui se plaît à lui laisser accomplir toutes ses fantaisies. À Paris comme à Mailly-Château, Ida de Montrevel s'entoure du luxe le plus insensé, de tous les raffinements de l'élégance ; elle ne recherche que les distractions et les plaisirs ; ne connaît que les livres les plus frivoles et se détourne avec dégoût à la vue des infirmes et des pauvres. Elle déteste sa cousine et semble jalouse de sa vie heureuse comme de ses vertus. Arrive l'âge où les deux jeunes filles doivent prendre leur place dans le monde. Ida, malgré son argent, malgré les brillantes réceptions de la maison de son père, ne peut trouver personne qui veuille penser à elle. Des revers de fortune viennent s'abattre sur M. de Montrevel. Le général se ruine tout à fait en essayant de réparer ses pertes. Il meurt de désespoir ; et sa fille, instruite enfin aux dures leçons de l'adversité, renonce courageusement au monde et va expier devant Dieu les erreurs et les plaisirs de son inutile jeunesse ; tandis que Claire, sans l'avoir cherché, trouve le bonheur avec la richesse.

Il se mêle à ce récit de gracieuses aventures, des scènes de mœurs heureusement amenées, des caractères vraiment pris sur le fait. Descriptions et épisodes, tout s'enchaîne sans trop de peine, si on veut bien faire la part de cette invraisemblance nécessaire qui fait punir le vice et récompenser la vertu. Mais si la morale est satisfaite, l'intérêt ne l'est pas moins, et on ne saurait regretter une lecture qui instruit sans peine et amuse sans danger.

## UNE HÉROINE DE SOIXANTE ANS

### Par madame la comtesse DE LA ROCHÈRE.

#### 1 vol. in-12. — Prix : 2 fr.

Un jeune officier, à peine marié, part avec son régiment pour la première expédition d'Algérie. Au bout de quelque temps, ses lettres deviennent plus rares et finissent par manquer tout à fait. Sa tante, qui l'a élevé, ayant appris que, pendant une reconnaissance, il avait disparu et que son corps n'avait pas été retrouvé parmi les morts, se détermine, malgré son âge avancé, à partir pour Alger à la recherche de ce neveu, qu'elle considère comme son enfant et qu'elle croit prisonnier des Arabes.

Après un grand nombre d'obstacles surmontés, de difficultés vaincues, pendant un voyage à dos de mulet, au milieu des Arabes encore insoumis, cette héroïne de 60 ans finit par retrouver son neveu prisonnier dans une tribu kabyle ; elle le rachète, le ramène en France, et il arrive à temps pour sauver sa femme que la douleur de la séparation avait presque rendue folle.

Ce livre, agréablement écrit et dans un très-bon esprit, intéressera le lecteur de toutes les conditions.

## LES RÉCITS DE LA MARQUISE

### Par LA MÊME.

#### In-12. — Prix : 2 fr.

Ce nouvel ouvrage de Mᵐᵉ la comtesse de la Rochère s'ouvre par les propos d'une société de petite ville et par l'arrivée de la marquise de Belmore, qui, rencontrant Clotilde dans l'exercice d'une œuvre charitable, se prend bientôt à chérir cette charmante jeune fille ; et il se termine par le mariage de Clotilde avec un aimable capitaine, neveu de la vieille dame.

Mais entre ces deux événements, dans les relations qui s'établissent entre la châtelaine et Clotilde, il s'échange des confidences qui amènent les récits de la marquise, savoir :

La fontaine de Saint-Julien, naïve légende du moyen âge :

La dame blanche de Lude, dont l'énergie et l'ingénieuse

affection font que Daillon échappe aux poursuites d'un roi despote et fantasque, près duquel il ne rentre en grâces qu'à des conditions bizarres qui donnent lieu à l'expression touchante de sentiment d'amour conjugal et d'amour paternel ; la grotte à Daillon existe encore dans le pays ;

Ernestine de Laprade qui est, si l'on veut, une nouvelle, mais si vraisemblable que le fond doit en être vrai, si naturelle qu'elle dénote une profonde observation du cœur humain, surtout du cœur des femmes, amusante en même temps dans les aventures de pension des jeunes filles, et si intéressante qu'on ne peut s'empêcher d'être ému autant qu'édifié.

A notre avis, c'est le récit captial de l'œuvre.

Comme dans toutes celles de la comtesse de la Rochère, le style est simple, clair, élégant, l'intérêt soutenu, la morale pure et irréprochable.                    (*Monde*).

# LA ROUE QUI TOURNE

### Par mademoiselle G. D'ÉTAMPES.

1 beau vol. in-12. — Prix : 2 fr.

Il n'est rien dans ce monde mobile d'aussi mobile que la fortune. Nous croyons la saisir et elle glisse entre nos doigts ; et, semblable à ces nuages qui fuient devant le vent d'orage, elle passe et disparaît presque en même temps à nos yeux.

C'est dans cette mobilité de la fortune, vieux thème de réflexions et d'études sur lequel l'imagination des poètes et des romanciers brodera jusqu'à la fin du monde des variations qui paraîtront toujours jeunes, que M<sup>lle</sup> Gabrielle d'Étampes a cherché le sujet du livre nouveau qu'elle vient d'offrir au puplic. Le héros et l'héroïne de son agréable fiction sont mis dès les premières pages et à l'heure où ils sortent pour ainsi dire du berceau en présence l'un de l'autre, mais ils n'ont de commun que les grâces enfantines et la naïveté du premier âge, car il est pauvre et elle est riche. Les années passent et la roue de la fortune tourne ; et quand, après quinze années de séparation ils se retrouvent, c'est lui qui est en haut et elle qui est en bas. Comment ces deux jeunes et nobles cœurs mettent en commun richesse et pauvreté pour ne plus faire qu'un seul et même lot, c'est ce que nos lecteurs devinent aisément, et nous ne voulons pas défleurer par une plus ample analyse le plaisir que nous leur promettons dans ce livre intéressant, que M<sup>lle</sup> d'Étampes a pu justement intituler la *Roue qui tourne*.

En résumé, c'est un bon livre, bien écrit, plein de saines idées, qui contient de salutaires et utiles enseignements et que nous signalons de grand cœur, et tout particulièrement à l'affection des mères de famille.

(*Espérance du Peuple.*)

# FRÈRE ARSÈNE

### Par E. DE MARGERIE.

#### 1 vol. in-12. — Prix : 2 fr.

Saint-Loup et Saint-Pierre sont deux bourgs de Normandie voisins l'un de l'autre et pourtant très-différents. Les habitants du premier, séduits par deux théoristes de bas étage, ont embrassé avec ardeur les théories révolutionnaires. Mais Frère Arsène, un bon religieux, a par son habileté et sa vigilance préservé les habitants de Saint-Pierre des doctrines anarchiques. Restés chrétiens même sous la Terreur, ils sont enfin délivrés par le Consulat, et justice est rendue à chacun selon ses œuvres. Les deux misérables meurent. L'un est assassiné; l'autre est puni sur l'échafaud. Frère Arsène vit honoré comme le sauveur de son pays. Ce roman est intéressant, dramatique, écrit d'une façon simple, et dans un excellent esprit. Il peut être donné à tous les lecteurs au-dessus de l'enfance.

# HISTOIRES DE CHEZ NOUS

### Par HIPPOLYTE VIOLEAU.

#### 1 beau vol. in-12. — Prix : 2 fr.

Tout le monde apprécie les ouvrages de M. Violeau, tout le monde a subi le charme de ses récits, et chacun connaît ce que l'auteur, écrivain distingué, sait donner d'attrait à ces histoires redisant les mœurs bretonnes. M. Violeau met en œuvre les meilleurs sentiments de la nature humaine, et, sans faits extraordinaires, il arrive facilement à nous toucher et à nous émouvoir. Les *Histoires de chez nous* ont toutes les qualités des précédents écrits de l'auteur.

# L'ACADÉMIE CHEZ BONNE MAMAN

### Par madame DE STOLZ, l'auteur de la *Maison roulante*.
#### 1 beau vol. in-12. — Prix : 2 fr.

# LES VAILLANTS CŒURS

### Par BATHILD BOUNIOL.

#### 2 vol. in-12 qui se vendent séparément :

#### 1° LA FILLEULE D'ALFRED OU LA FILLE DU CORSAIRE.
#### In-12. — Prix : 2 fr.

#### 2° LA CAVERNE DE VAUGIRARD.
#### Magnifique in-12. — Prix : 2 fr.

Ce dernier volume vient de paraître; il est plein d'intérêt et d'émotions : voici ce qui a été dit du premier par M. le marquis de Roys :

Ce nouveau volume de notre excellent M. Bathild Bouniol

est très remarquable, et le titre en est parfaitement juste. Est-il un cœur plus vaillant que celui de cet Alfred qui, pour rester fidèle à Dieu et à sa conscience, lutte avec tant de force contre la misère qui l'étreint et la tentation de l'or, s'il veut changer de voie; et comme il n'avait pas assez de sa propre infortune, qui accepte avec tant de dévouement la charge que Dieu lui envoie d'une petite filleule, legs d'une mère mourante. Devenue l'ange de son foyer, Dieu la lui enlève et elle meurt en lui disant qu'elle va prier au ciel pour lui avec sa mère. Oui, il est un cœur plus vaillant encore, c'est celui de la pauvre fille de cet horrible *malais* qui, après avoir vu son père assassiner le fiancé de sa jeunesse, trouve encore dans son âme assez de générosité pour tenter de le sauver, et, lorsque l'échafaud va couronner une vie si coupable, lui apporte des paroles de pardon, l'oblige à implorer celui de Dieu, et, pour qu'il puisse mourir repentant et résigné, s'engage pour lui à une vie de pénitence et d'expiation. (*Observateur du Dimanche*.)

## LES MÉMOIRES D'UN BÉBÉ

### Par madame MARIE BRAY.

1 joli vol. illustré. — Prix : 2 fr.

Les *Mémoires d'un Bébé* sont parfaitement dignes de leurs aînés. Avertissons que le *Bébé* est une charmante poupée achetée pour faire un lot dans une loterie de charité, échu en partage à une vieille et sainte fille, qui en fait hommage à la fille un peu trop gâtée d'une femme qui l'aide dans ses bonnes œuvres. Mais nous ne voulons pas gâter le plaisir qu'on trouve à lire cette histoire, où l'on retrouvera le talent et l'excellent esprit de Mᵐᵉ de Bray.

## NOUVELLES DU DIMANCHE

### Par M. le marquis DE ROYE.

1 fort vol. in-12. — Prix : 2 fr.

M. le Marquis de Roys a contribué plus que personne au succès de l'*Œuvre du Dimanche* à laquelle il s'est consacré. Ses longs et nombreux services lui permettraient de se reposer t d'attendre en paix la récompense, mais il a senti qu'il fallait quelque honnête distraction aux ouvriers de tout âge ramenés par l'œuvre à l'observation du dimanche, et le voici qui se met généreusement au travail et donne l'exemple de la publication des bons livres. Ses *Nouvelles du Dimanche* sont un livre de propagande, qui a sa place marquée dans toutes les bibliothèques paroissiales et populaires, et aussi dans les collections particulières qu'un grand nombre de personnes vouées au bien forment chez elles dans le but très-humble de procurer de bonnes lectures aux pauvres et aux ouvriers qu'elles visitent et secourent. Ce livre forme d'ailleurs une gerbe de belles et bonnes histoires intéressantes et bien écrites, que tout le monde peut lire avec plaisir et profit.

# L'ÉGLISE DE PARIS SOUS LA COMMUNE,

## PERSÉCUTIONS ET MARTYRS

Par A. RASTOUL, de l'*Univers*.
Joli vol. in-12. — Prix : 2 fr.

# JEANNE — MARIE

Par R. DE NAVERY.

1 très-beau vol. in-12. — Prix : 2 fr.

C'est l'histoire d'une Bretonne courageuse dont le mari a été condamné injustement, et qu'elle parvient à sauver grâce à des démarches vraiment héroïques. — Grand charme de sentiments et vraie fraîcheur de coloris !!!

# LA MAIN QUI SE CACHE

## Par LE MÊME.

1 joli vol. in-12. — Prix : 2 fr

Intéressant et gracieux récit, racontant un beau trait de délicate générosité d'un des hommes les plus illustres de la France, couronnant dignement un trait non moins remarquable du courage et du dévouement d'un fils. Divers incidents historiques s'enchaînent, en outre, à la trame du volume, avec un art parfait et un effet des plus pittoresques.

# L'ABBÉ MARCEL

## CURÉ D'AVON

## Par LE MÊME..

1 vol. in-12, 2ᵉ édition. — Prix : 2 fr.

Ce nouvel ouvrage de la série l'*Autel et le Foyer* sera goûté de tous les lecteurs de nos bibliothèques paroissiales. Il est impossible de retracer en termes plus émouvants la pénurie, l'angoisse et le martyre du curé de village au milieu d'une population devenue grossière, inintelligente, ennemie ou incrédule, grâce à la vapeur, à l'industrie ou aux mauvais journaux. Quelle vie laborieusement remplie, et aussi quelle vie odieusement noircie et audacieusement attaquée ! A côté de l'humble pasteur se dévouant pour le salut des âmes, l'auteur place une jeune fille, née avec le germe d'une maladie mortelle, qui, venant en aide au pasteur, se livre à toutes les œuvres de la charité la plus étendue pour faire le bien, au milieu des êtres gangrenés qui les entourent, et surtout pour obtenir de Dieu la conversion de son aïeul, qui, drapé dans l'orgueil d'une fausse science, se pique de philosophie et de scepticisme. C'est une bonne et salutaire pensée de mettre à la place de nos romans creux ou pervers cette morale attachante et ces enseignements si utiles et si vrais.

*(Revue des Bibliothèques paroissiales d'Avignon.)*

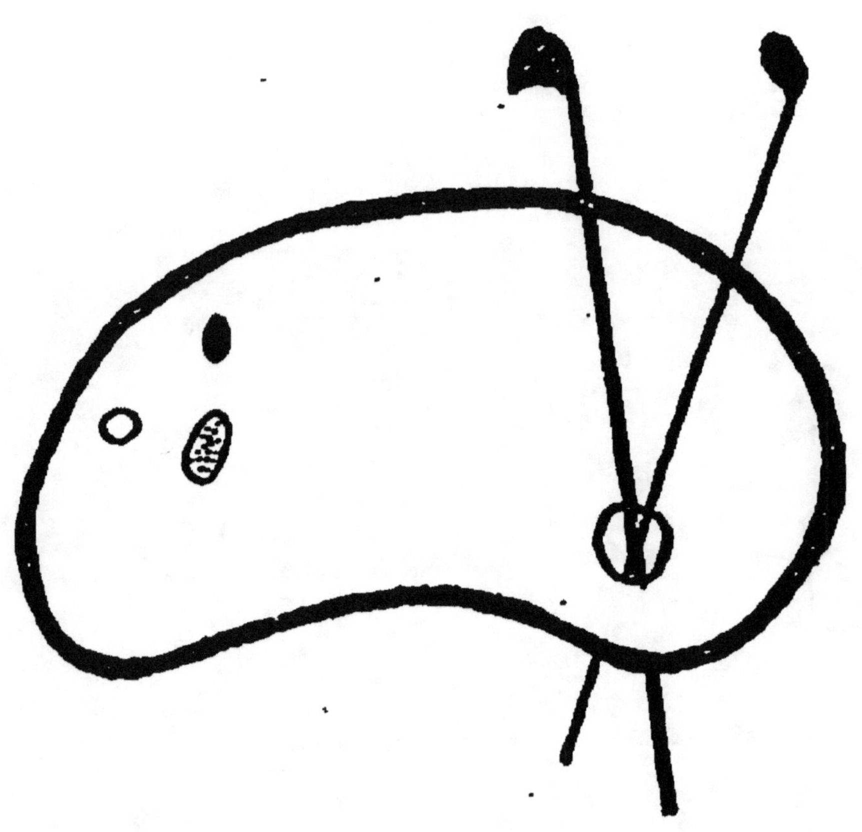

ORIGINAL EN COULEUR